中国音乐表演艺术家系列丛书

生命在歌唱

——郭淑珍艺术人生

周莲娣　著

中央音乐学院出版社

CENTRAL CONSERVATORY OF MUSIC PRESS

·北京·

图书在版编目（CIP）数据

生命在歌唱：郭淑珍艺术人生 / 周莲娣著. —北京 ：中央音乐学院出版社，2019.10（2025.1 重印）

ISBN 978－7－5696－0017－9

Ⅰ.①生… Ⅱ.①周… Ⅲ.①郭淑珍—生平事迹 Ⅳ.①K825.76

中国版本图书馆 CIP 数据核字（2019）第 170105 号

SHENGMING ZAI GECHANG

生命在歌唱 ——郭淑珍艺术人生

周莲娣著

出版发行：中央音乐学院出版社

经　　销：新华书店

开　　本：787mm×1092mm　16 开

印　　张：16.75　　字数：241.2 千字

印　　刷：三河市金兆印刷装订有限公司

版　　次：2019 年 10 月第 1 版　　印次：2025 年 1 月第 2 次印刷

书　　号：ISBN 978－7－5696－0017－9

定　　价：198.00 元

中央音乐学院出版社　　北京市西城区鲍家街 43 号　　邮编：100031

发行部：（010）66418248　　66415711（传真）

郭淑珍近照

郭淑珍简介

郭淑珍 1927 年 6 月 1 日出生在天津市，自幼喜欢唱歌，且有得天独厚的天赋。1947 年考入国立北平艺术专科学校音乐系，从此开始专业学习声乐。1952 年，中央音乐学院毕业后，公派到莫斯科柴科夫斯基音乐学院学习 5 年。1955 年、1957 年，在校学习期间分别获国际声乐比赛三等奖、一等奖和金质奖章。1958 年先后受莫斯科斯坦尼斯拉夫斯基和涅米洛维奇-丹钦科音乐剧院、乌克兰共和国里沃夫市大剧院邀请饰演歌剧《艺术家的生涯》中的女主角"咪咪"、《叶甫盖尼·奥涅金》的女主角"塔姬雅娜"。演出成功而圆满，受到广泛好评。著名音乐评论家叶·格罗绍娃在《真理报》撰文称赞郭淑珍扮演的塔姬雅娜是"普希金和柴科夫斯基式的女主人公"。为肯定郭淑珍的学习成绩和艺术成就，学院将她的名字刻在院内熠熠生辉的大理石金榜上，金榜上镌刻的大师有：柴科夫斯基、斯克里亚宾、拉赫玛尼诺夫、吉列尔斯、里赫特、梅尔赞诺夫、普列特涅夫等世界著名的音乐家。

1959 年，郭淑珍回国后，开始活跃在中国歌剧舞台上。1962 年，在中央实验歌剧院首演的《叶甫盖尼·奥涅金》中担任女主角，轰动乐坛，得到广大观众的盛赞。1989 年，获得中国唱片总公司首届"金唱片奖"。1997 年，中国唱片总公司发行《二十世纪中华歌坛名人百集珍藏版》，为她制作了个人专辑。除此之外，莫斯科唱片厂也曾收录发行了郭淑珍演唱的多首古典名曲、歌剧选曲及中、俄民歌。

20 世纪 60 年代起，郭淑珍曾随中国艺术团、中国艺术家代表团、中国文化代表团、中国青年音乐家演出团，访问过苏联、德国、瑞士、奥地利、菲律宾、美国、古巴、加拿大、朝鲜、波兰、哥伦比亚、委内瑞拉、新加坡等国家和香港、澳门地区，所到之处，她的演唱均广受好评。

除演唱成就外，郭淑珍教授还为中国歌坛培养了一大批艺术人才，被社会公认为杰出的声乐教育家。如今，她的学生中有的成为著名歌唱家，有的成为声乐教授，有的在国际上获奖。与此同时，她还一直是活跃在国内外各种国际声乐比赛的评委。连续五届担任中国国际声乐比赛评委会主席，连续四届担任波兰玛纽什科国际声乐比赛评委、连续三届担任中国台北世界华人歌唱大赛评委。除此之外，还出任第 12 届柴科夫斯基国际声乐比赛评委、日本长崎蝴蝶夫人国际声乐大赛评委、托斯蒂国际声乐大赛评委、圣彼得堡国际声乐比赛评委、贝里尼国际声乐比赛评委。在多届全国青年歌手电视大赛、全国声乐比赛、纪念聂耳和冼星海声乐作品演唱比赛及中国人唱外国歌曲比赛等高水平的大赛中，人们也可看到郭淑珍教授的身影。

郭淑珍教授把中国歌剧艺术的发展当成自己的事业。先后担任《蒂托的仁慈》《茶花女》《魔笛》《蝴蝶夫人》《阿依达》《叶甫盖尼·奥涅金》《伊奥兰塔公主》等多部歌剧的艺术总监，努力使世界优秀经典歌剧由中国演员在舞台上完美呈现。

多年来，郭淑珍教授对事业的奉献与成就得到业内与社会广泛认同与赞誉。以下为郭淑珍教授从教后所获主要奖项：

1988 年，全国艺术院校艺术歌曲演唱比赛优秀指导教师奖。

1989 年，中国唱片总公司首届"金唱片奖"。

1995 年，北京市先进工作者、全国文化系统先进工作者称号。

1996 年，北京市优秀教学成果一等奖、"宝钢教育基金"特等奖。

1997 年，国家级教学成果一等奖。

2002 年，第 12 届柴科夫斯基国际声乐比赛指导教师奖。

2004 年，全国模范教师称号。

2005 年，北京高校优秀共产党员称号、北京市优秀共产党员称号、国际传记中心颁发的"20 世纪成就奖、国际人士奖"。

2007 年，中国音乐家协会金钟奖"终身成就奖"。

2007 年，柴科夫斯基音乐学院颁发的荣誉证书及鲁宾斯坦纪念章。

2012 年，北京市人民教师荣誉称号。

2017 年，第 6 届奥斯卡国际歌剧职业生涯成就奖。

1963年中央音乐学院师生在中南海紫光阁为党和国家领导人演出，毛主席与师生亲切交谈（右一郭淑珍）

1978 年中国艺术团访美

留苏老同学在一起：李德伦（左一）、吴祖强（右三）、严良堃（右二）、杜鸣心（右一）
欢迎苏联老同学，著名指挥家鲍里斯·德福林（左四）

1989年，郭淑珍荣获首届中国"金唱片奖"

2017 年 6 月 18 日，
郭淑珍在 90 华诞音乐会高歌《黄河怨》

2017 年 6 月 18 日，郭淑珍 90 华诞、从艺从教 70 周年音乐会

2017 年 12 月 2 日，国家大剧院大师高端访谈——著名声乐教育家郭淑珍

2017 年 8 月，郭淑珍与学生李谷一

"二郭头"郭兰英、郭淑珍 2018 年再聚首

郭淑珍与国际巨星成龙合影

2019 年 92 岁郭淑珍先生近影

2019 年 2 月 4 日，
郭淑珍在中央电视台春节联欢晚会后台留影

2019 年 4 月，郭淑珍在延安参加黄河大合唱首演 80 周年活动

目录

第一章

根在长清

　　齐鲁大地上的济南市西南部，有一座古朴静谧的靠山小县城。东依泰山，西滨黄河，按中国传统风水学的理念，有山有水的地方，便是风水宝地。小县城的后面从东南向西北铺展着连绵起伏的丘陵，丘陵之上郁郁葱葱，如同一块纯美、温润的墨三，镶嵌在苍茫天地间。由于小县城坐落在山前平原和黄河洼区内，自古有"八山一洼一平原"之称。公元594年，官府将这座小县城正式命名为"长清"。长清两字，取自境内齐长城的"长"与清水河的"清"。从此，长清县名一直沿用至今。

　　据史料记载，在长清这片古老的土地上，自春秋战国时期已有众多族群百姓生活在这里。民风淳朴，生态和谐，生生不息养育了一代代齐鲁子孙，其中包括人丁兴旺的郭氏族群。如今，郭氏族群中的汉代孝子郭巨的墓祠，仍矗立在这里，并被公认为中国现存最早的地面房屋建筑。

　　斗转星移，时代变迁。古往今来，为生计、为追求、为梦想，从长清走出的郭姓子孙不计其数。但无论行多远，无论走多久，故乡永远是他们魂牵梦萦的地方，因为他们的根在长清。正因为如此，当年16岁离家闯天津卫的少年郭鸿志，娶妻生女后，常对唯一的小女儿唠叨："闺女，记住了，俺们的老家在山东长清县八里庄梁家套。""等爹赚够了买地的钱，你就跟爹一块儿回长清。闺女，你说好不好？""好！"小女儿对爹的话似懂非懂，但她猜测爹向往的地方，一定比天津卫好……然而，命运最终没成全郭鸿志的心愿，却成就了他女儿的事业。

　　郭鸿志的小女儿——郭淑珍，作为新中国第一代著名女高音歌唱家、声乐教育家，不仅自己曾在国内外舞台上绽放，而且又为国家培养出一批批优秀声乐人才。如今，92岁高龄的她，还坚持在教学一线，用如歌的生命创造着奇迹。

少年独闯天津卫

1913 年的中国，虽然由孙中山先生领导创建的中华民国已经成立，但全国局势仍处在剧烈动荡与争斗中。据史料记载，20 世纪最初的 10 年，中国社会城乡群众自发的反抗斗争如波涛相逐，一浪高过一浪。北方各省民变迭起，长江中下游各省连年灾荒，饥民成群流入城市，抢劫粮食的骚动时有发生。可想而知，全国各地均处在民不聊生的悲惨境遇中。

此时农民生活的艰难，较城市百姓，须加一个"更"字。正因为如此，出生在长清县八里庄乡梁家套村的 16 岁少年郭鸿志，决定离开已无法生存的故乡，去天津卫闯一闯。

其实，郭鸿志对故乡有非常深厚的感情，家乡的一草一木都深深扎根在他的心里。之所以要离开故土，最根本的原因是生活所迫。父母共生养了 4 个儿子，他是最小的。4 岁那年，父母相继去世。由于当时年龄太小，以至于他一直不知母亲的名字。

二叔、三叔帮着鸿志四兄弟埋葬了他们父母，最小的鸿志先是跟着祖母，之后过继给一直未婚的二叔郭云岫，二叔代去世的大哥抚养他最小的儿子。二叔是村里的"郎中"，按说应比普通农家的生活条件好一些，但实际并非如此，二叔身体不好，除了给乡亲们看头痛脑热的小病，再就是过年给人写对联有些收入，所有农活都干不了，没收养鸿志时自己勉强度日，当又添了一张嘴后，叔侄俩的日子只能是饥一顿饱一顿。好在幼小的侄儿鸿志既听话又懂事，肚子再饿也不哭闹，如果实在忍不住了，就伸出小手到水缸舀一瓢水喝，乡亲们见后无不感慨，真是个苦命的孩子……

小鸿志一点点长大了，可以外出割草拾柴了，可以担水下地了，可以烧火做饭了，可以感受二叔的不容易了。在小鸿志的眼里，二叔是个要强的人，尽管三叔在县里给官府当"师爷"，日子过得不错，但二叔再苦再难，从不沾不靠三叔。这一切渐渐催生了小鸿志的一个想法，而且随着年龄的增长变得愈加强烈。

此时，由于贫困村里有的年轻人开始外出谋生，鸿志的三哥也已离家，而且听说落脚在天津卫。这些不时传来的信息，时时撩拨着 16 岁少年的心，跃跃欲试的想法时时萦绕在他的脑海。终于，生活的贫困和对外面世界的向往，让小鸿志下定了决心。

离乡那天，鸿志身着黑色粗布衣裤、脚蹬尖口千层底布鞋，手里拎着粗布包裹，里面装着祖母为他准备的几个窝头，一步三回头。走到村口，停住脚步转过身，再次回望养育了他16 年的梁家套村，目光从树上鸟巢滑向树下磨盘，从缓缓流淌的小河升到袅袅燃起的炊烟，最后停在父母长眠的墓地，剪不断理还乱的思绪顿时涌上心头，毕竟这里的一草一木都保留着他成长的记忆，既有苦辣酸甜的滋味，也有悲欢离合的回味，他曾以为离开时自己不会流泪，但此时泪水却在脸颊滚滚流淌。他抬起胳膊用袖口擦泪，一边擦一边在心里对在地下的父母说：爹、娘，你们的小儿子鸿志，今天要去闯天津卫了，自打儿4岁时二老过世，奶奶、二叔把我拉扯长大。如今我不能再靠着二叔了，我要出去自己养活自己，等我混出人样回来，一定到墓前告慰二老。爹娘放心，鸿志到天津卫，一定要挣很多钱回来买地，等儿老了落叶归根时，永远陪伴在爹娘身边……说到这，鸿志毅然决然地转回身迈开大步，再没回头，一口气走到京杭大运河边，跳上一条北上天津卫的木船。

大运河自春秋吴国为伐齐国而开凿，隋朝大幅度扩修并贯通至都城洛阳且连涿郡，元朝翻修弃洛阳而取直至北京，奔流不息了2000多年，一直是古老中国最重要的交通命脉。有人说，古老运河上南来北往的船只，与其说承载的是各种货物，不如说承载的是各种梦想。这话不无道理。此刻，少年鸿志虽然身在船舱，心却在蓝天飞翔。尽管天津卫对他这个连县城都没去过的少年来说，只是一个刚知道不久的地名，离家多远？能不能生存？全然不知，但丝毫不影响他到天津卫立足、赚钱，再回长清老家买地、置业的梦想。

杂货铺的小伙计

一路向北的木船，经过几天几夜的航行，终于将少年鸿志带到了天津卫，在海河上游三岔河码头缓缓停靠。

海河三岔口，既是天津卫的发祥地，又是天津卫成长的摇篮。《天津卫志》记载："三岔河在津城东北，潞、卫二水会流。潞水清，卫水浊，汇流东注于海。"由此可见，三岔河口位于天津城东北处，为海河、南运河（潞）、北运河（卫）的三河交汇处。清末年间，李鸿章曾提议裁直弯道过多影响航行与停泊的三岔河口，但遭到强烈反对，未能实现。

1918 年，在天津绅商呼吁并筹捐、广大市民积极配合下，北洋政府终于开始实施对旧三岔河口裁弯取直工程。裁直后的三岔河口，上移至金钢桥以西大王庄北。北运河避去了大弯，经子牙河取直道向北；南运河侯家后至老铁桥段也进行裁弯取直，去掉了侯家后大弯，南运河与北运河在大王庙以北金钢桥以上，直接与海河干流交汇。从此，三岔河口的位置再无变动。由于三岔河码头的繁荣，当时南运河一段河道被填盖为地，逐渐形成鸟市，与附近的估衣街、锅店街、针市街等连在一起，成为天津卫巨贾商贩、三教九流聚集之地，也成为天津卫"中国地"最热闹的地方。

鸿志尚未踏上天津卫的土地，已感受到天津卫的繁华。海河两岸各种商家叫卖的吆喝声、人力车夫的叫喊声与洋车的喇叭声交织在一起，一波波地涌进他的耳朵里。他不停地四处张望，目光里既有新奇也有茫然，在心里对自己说：天津卫咋这热闹。人的表情跟长清人不一样，房子也跟长清盖得不一样。长清除新娘子嫁人时穿红袄，男女老少个个都穿得黑不溜秋，这里的人穿的却五颜六色、花花绿绿。长清的房顶是草铺的，窗是纸糊的；天津卫的房顶是尖瓦的，窗上是五彩玻璃的。更让鸿志感到惊奇的是，大街上竟然还有不少黄头发、蓝眼睛的洋人。

鸿志的惊异感觉不足为奇，当时的天津，因特殊的地理位置与历史背景，形成了城市独有的风格。鸦片战争后的 1860 年，腐败无能的清政府，被迫与英法两国签订了《北京条约》后，天津卫便被辟为通商口岸，曾经有 9 个国家在天津卫沿海河两岸辟设租界——英租界、法租界、美租界（后并入英租界）、德租界、日租界、俄租界、奥租界、意租界、比（利时）租界，老百姓习惯称这些租界为"英国地""法国地""俄国地"。

获得土地租用权后，各租界国纷纷进行吹泥垫地，疏浚海河航道，又用泥沙填平租界中的沼泽，以改善租界内的环境，以至于开埠后的天津，当时已发展成仅次于上海的中国第二大工商业城市。晚清时的天津，作为直隶总督的驻地，在李鸿章和袁世凯兴办洋务和发展北洋势力的过程中，其商贸发展、城市建设也有了显著的变化，从而，更加促进了天津中西结合的城市风格形成。特别值得一提的，当天津卫成为中国北方重要的通商口岸后，西方各国向中国输入的不仅是商品、技术、设备，还有文化、艺术、教育，由此天津也成为中国历史上"西学东渐"的开端之地。所以，后来一字不识的郭鸿志的女儿郭淑珍，有幸成为第一代接受现代教育的中国孩子。尽管那时的教育不完善、不系统，但对一直闭关锁国的中国来说，却是一个新的不一样的开端。

鸿志随着人流上岸，远远看到三哥站在岸边向他招手。鸿志在三哥的带领下，穿行在商铺栉比鳞次的大街小巷，看得眼花缭乱，走得两脚发酸，终于忍不住问："哥，你要带俺去哪？""大经路。"三哥边走边说。"到那干啥？""我给你找了个干活吃饭的地方。""干啥活？"鸿志停住脚，怯怯地问。"是个杂货铺，你当小伙计，不�工钱，但管吃管住。"见鸿志站着不走，三哥上前拉了他一把说："还不快走，怔着干啥。我跟你说，天津卫不比长清，从今往后，你眼里要有活，手脚要勤快。别让老板不待见你，老板不待见就把你赶走。知道不？！"鸿志点点头。大经路是一条直通海河三岔口的路，也是天津版图上唯一一条正南正北的路。虽然从表面上看，大经路与其他道路并无区别，但实际上却是中国近代史上留有浓重一笔的路。这条路的由来，始于1902年8月15日新任直隶总督袁世凯从八国联军"都统衙门"手下接管了天津。转年，袁世凯在直隶总督衙门北面的铁路线边，修建了后被称为天津北站的火车站。为什么袁世凯要建天津北站呢？是为自己来往于北京、天津、保定三地之间的方便。其实，当时天津已建有老龙头车站（即天津站），但因该站当时位于租界的包围之中，租界工部局规定，清朝官员若在此上下车，须得事先外交照会。可想而知，当时袁世凯官至"当朝一品"，出门八抬大轿，前有仪仗，鸣锣开道，这样威风地通过租界，俄、意、奥租界自然不答应，要求袁世凯必须安静、规矩地通过。洋人的规矩袁世凯不敢破，但又不甘心像老鼠一样悄悄地溜着走。一气之下，袁世凯便在京山、津浦两大干线的交会处修建了这个车站。与此同时，袁世凯还将三岔河口附近，原为慈禧来津阅兵"驻跸"而建的"行宫"改建为直隶总督衙门。

1903 年，袁世凯下令开建铺筑自北站至直隶总督衙门之间的路，即约两公里长的街道，取名为"大经路"。天津解放后，此路更名为"中山路"。大经路开通后，袁世凯又下令以大经路为中轴，在海河至北站之间规划建设新区。当时袁世凯建设新区的目的，就是要与租界洋人全面竞争。清代诗人张焘在他的《津门杂记》中对天津租界这样描述："街道宽平，洋房齐整，路旁树木葱郁成林，行人蚁集蜂屯，货物如山堆垒；车驴轿马，辄夜不休，电线联成蛛网，路灯列若繁星。"可见，租界的状况刺激也启发了袁世凯。在规划取名时，他要求部下以与大经路平行的为"经路"，与大经路交叉的路为"纬路"。分别以"天、地、元、黄、宇、宙、日、月、辰、宿、律、吕、调"为名，构成了"中国地"的道路网。继而，袁世凯又聘请了英、日两国工程设计师，将直隶总督衙门旁的原窑洼浮桥改建成双叶承梁式开启钢架桥，因桥是钢结构，故称"金钢桥"。这样，就使得中国地的河北新区与南市老城区连为一体，大大提升了交通能力。

毫无疑问，由于交通的便利，很快大经路周边的官署、工厂、学校、博物馆、艺术馆和公园，雨后春笋般地出现。值得一提的是，清政府还在大经路周边地区修建了许多新式学堂，如北洋女子师范学堂、北洋法政学堂、北洋工艺学堂、海军医学堂、直隶水产讲习所、直隶高等工业学堂等。还在大经路周围建立了一些慈善机构，如北洋官医院、长芦育婴堂等。另外，在中国近代史上作为民族工业兴起标志的北洋造币总厂（后称天津造币厂）、北洋劝业铁工厂、北洋硝皮厂、达仁堂药厂，都因大经路的开通而出现。

鸿志当小伙计的杂货铺，虽然门面很小，但却处在大经路上，所以能尽情感受时代的冲刷与洗礼，也为日后郭鸿志的发展创造了条件。小小的杂货铺里，堆满各种生活日用品，有吃的也有用的，"麻雀虽小五脏俱全"。除此之外，铺子一角还支了个案板，案板上放着几块肉和一把刀。三哥指着正在铺子里忙活的中年男人说，"鸿志，这位是赵二爷，铺子是他开的。过来，给掌柜磕头。"鸿志上前一步刚要下跪，赵二爷连忙拦住，说："用不着，以后就在一个锅里吃饭了，没那么多事。"赵二爷上下打量鸿志，发现眼前的这个孩子，虽然看着有些木讷，却一脸本分相，相信是个能吃苦可调教的好孩子，脸上不禁露出淡淡的笑容。

赵二爷的眼光没错，从这以后，鸿志一直在杂货铺里当伙计，一干就是十多年。赵二爷视鸿志为自己的孩子，鸿志视赵二爷为长辈。在这个小小的杂货铺里，鸿志从不谙世事的农家娃，蜕变为成熟淡定的小伙计。但不管怎么变，鸿志还是一直坚守诚实做事、本分做人的传统理念。虽然一字不识，但却打得一手好算盘；虽然还是寡言少语，但对铺子里的生意样样精通。很快，赵二爷将铺子里卖肉的案子交给鸿志，由他操持买卖，从而也为鸿志日后自己单干肉铺打下了基础。

姐姐带弟一起嫁

繁忙的日子像山里的溪水，不知不觉不声不响地流淌而过。十多年在杂货铺里操持，此时鸿志已是28岁的"小老爷们"了。如果不是清贫，眉清目秀、身材高挑的鸿志早该娶妻生子，孩子也该早立起个儿了，但眼下却仍孑然一身。虽然杂货铺周边的邻居，认识鸿志的顾客，都说鸿志是个好男人，吃苦耐劳、老实厚道，但哪家闺女都不愿意跟一个杂货铺的伙计，而是希望嫁一个可以衣食无忧的男人，有道是"嫁汉嫁汉，穿衣吃饭"。

一天下午，常来买东西的婶子走进杂货铺，见鸿志还在忙，便站在一边瞅着。等鸿志忙完手里的活儿，那婶子笑眯眯地问："鸿志，看看天津卫像你这么大岁数的爷们儿，哪个没娶媳妇，你怎么不着急呢？""婶子，这是着急的事吗。再说咱没钱没财产，人家姑娘凭嘛嫁咱跟着吃一辈子苦。"鸿志"嘿嘿"一笑，无奈地摇摇头。"婶子看出来了，你是个好男人。冲你这人品，你娶媳妇的事，包在婶子身上。""那我先谢谢婶子。不过，您可别骗人家，咱是啥条件就是啥条件。"

几天后，那婶子果真领来位40岁上下的女人。一进杂货铺，婶子指着鸿志说："看，他就是我跟你说的鸿志，这孩子人性好，本分，在这干了十多年。不信，你问问老掌柜。"赵二爷马上点头，说："没错，鸿志可是打着灯笼难找的好爷们儿。"那天，婶子带来的那女人，上上下下好一阵子打量鸿志，出门时面带微笑跟鸿志道别。

对此事鸿志没放在心上，不奢望天津卫的姑娘能看上他。没承想，转天婶子又来了，兴高采烈地告诉他，说："人家看上你了，那天来的是姑娘她妈，没问题了。准备准备娶媳妇吧。"喜信儿来得太快，让鸿志有点蒙，不敢相信这是真的。婶子拍了他一下，问他是不是不愿意。鸿志连忙摇头，说不是那个意思，是怕婶子没把自己的情况说清楚。婶子又点了鸿志脑门一下说："我跟人家说的全是实情，人家不嫌你穷，认为只要人品好就行。你也别嫌人家不富，姑娘可没什么陪嫁。对了，还有一事得先跟你说，姑娘过门后，你小舅子也跟过来，你不介意吧？"听罢，鸿志松了一口气，连忙说不介意，结了婚就是一家人了，只不过是多一张嘴吃饭，他养得起。鸿志没再说啥，赵二爷有疑问，疑惑那家人这么痛快答应，姑娘是不是哪有毛病。婶子笑了，说姑娘嘛毛病没有，一是快18岁了，过了嫁人的好时候；二是家里穷，拿不出陪嫁。听到这，赵二爷乐了，打趣说：天津卫讲话，介（这）叫豁拉嘴打架，嗨（谁）也别说嗨（谁）。

很快，鸿志在离杂货铺不远的"小关"租了两间平房，不仅迎娶了年龄相差10岁的小媳妇张文敏，同时也"娶"回了媳妇的兄弟，这是丈母娘事先跟媒人谈好的唯一条件。那天，文敏的陪嫁里，除了一套简单的被褥外，还有一对官窑青花掸瓶。前来凑热闹的人看到青花瓷瓶后，马上议论纷纷，有的猜想新娘子家有点来头，要不哪来的官窑青花掸瓶。有的推断新娘子可能家道败落，下嫁了一个伙计。不管别人怎么说，鸿志满心欢喜，心说自己终于成家了。

媳妇娘家的事，鸿志是后来从文敏嘴里得知的。文敏的妈妈原是天津卫有钱人家的小姐，嫁了山西洪洞县的财主。之后因财主去世，婆家不容只身返回天津。此时，妈妈天津娘家开始败落，妈妈回津后再嫁人生下文敏姐弟。文敏还告诉他，父亲已去世多年，母亲拉扯着她和弟弟不容易。她的婚事也因家境不好，每每跟人提亲，对方听说新娘要带着弟弟嫁，转身就走。唯有你不但没被吓走，反而愿意接受。我娘说了，头回见你就觉得你是个可以依靠的男人，说嫁给你是我的福分。

鸿志没有食言，他把不到10岁的小舅子当亲兄弟关照，天天带着小舅子到杂货铺干活，把媳妇留在家里。其实，在鸿志眼里，媳妇也像是个孩子，爱玩爱笑爱唱爱跳，处处让着媳妇。在他看来，文敏愿意嫁给比自己大那么多的男人，踏踏实实地跟自己过日子，冲这也该好好疼。所以，尽管在大男子主义盛行的环境中，鸿志却没动过媳妇一手指。当然，丈夫对自己的宽容宠爱，文敏也分外珍惜。尤其让文敏感动的，是鸿志视岳母为亲娘，母亲的后事也是鸿志操办的。还把小舅子当成自己的兄弟，小舅子成人后，鸿志帮着结婚娶妻。小舅子直到90岁高龄才去世。

就这样，郭鸿志在天津卫安了家，善良的他挑起了养活一家三口的担子。

郭家三女两夭折

　　1927 年 6 月 1 日，郭鸿志的大女儿降生。虽然受传统观念的影响，鸿志希望第一个孩子是儿子，但看到女儿第一眼，听见女儿第一声响亮的啼哭，他的心立刻柔软得像一团棉花。郭鸿志接过丈母娘手里的孩子，仔细地看着粉团一般的女儿，不知如何表达内心的激动，脱口而出："这丫头嗓门真大，刚一落生就让所有人知道她来了。"文敏问丈夫给孩子起什么名字，鸿志转身问岳母。岳母说："大名叫嘛我不管，小名叫领弟，让领弟麻利儿地领个弟弟来。"鸿志乐了，说："这名儿好，正合我意，领弟领弟领个弟弟。"

　　大嗓门的小领弟一天天长大了，小姑娘长得壮壮实实，很少哭总爱笑，笑声像小银铃在摇。街坊四邻喜欢逗她，问："小领弟，多会儿把你弟弟领来？快点领吧，你爹可等不及了。"还有人指着文敏隆起的肚子问："领弟，你娘肚子里是你领来的弟弟吗？"那时刚会走路的小领弟根本不懂大人们的话，只会睁大眼睛大声地笑。领弟 1 岁后不久，母亲又生了，但还是生了一个妹妹。不幸的是，妹妹出生不久便夭折了。这个妹妹对领弟来说，既没印象也没感觉，只是后来大人们嘴里的一段往事。

　　二女儿去世一年多，鸿志的第三个女儿出生了，三女儿生得白白净净，孩子姥姥说，冲这孩子的白劲，小名就叫"小白"。虽然仍然是个女儿，鸿志同样视为宝贝。鸿志让媳妇在家带两个女儿，自己去铺子里挣钱养家，虽然要养一大家人，但他无怨无悔，只希望一家人平平安安。没承想，鸿志这个并不高的要求，却让一场意外弄得支离破碎，也让一家人陷入深深的痛苦中。至今，郭淑珍依然记忆深刻，每每想起无比感伤。

　　那时郭鸿志一家租住的房子，呈 U 字形，坐北朝南，U 字开口处为院门，房东一家住朝南正房，左右两侧出租，郭鸿志一家住在左侧的出租房内。那个夏天异常炎热，吃完中饭院里人家习惯将铺板架到屋外树荫下，大姑娘、小媳妇和孩子们，坐在自家铺板上一边乘凉一边聊天。文敏坐在自家的铺板上，哄着领弟和不到 1 岁的小白玩。这时，对门姑娘端来一盆水，水盆里放着一个圆镜子，然后将盆放太阳下看。她一边看一边自语："都说从水盆里的镜子中可以看到太阳上的'公鸡'，我怎么看不出来呢？"邻家姑娘的话勾起文敏的好奇心，虽然她已做了母亲，但毕竟年龄才 20 岁出头。此刻，她兴奋地跑过来，伸长脖子看水盆的镜子里到底有没有"公鸡"。没想到，她一起身，原本坐在铺板中间的小白，爬到铺板边沿又一翻身，"咕咚"一声摔到砖地上，大哭不止。"娘，妹妹掉下来了。"

郭淑珍与父亲、母亲和弟弟
父亲郭鸿志、母亲张文敏、弟弟郭宝琦

领弟大声惊叫，文敏跑过来抱起地上的小女儿，发现小白的哭声越来越弱，刚才还红扑扑的小脸，一点点变得苍白，双眼紧闭，躺在她的怀中一动不动。

由于没钱去医院，当天夜里郭鸿志这个不到一周岁的第三个女儿小白，停止了呼吸。第二天一早，小领弟发现姥姥、爹和娘都不知去了哪里，只有舅舅在她身边。见领弟醒了，舅舅背着她出了家门，破天荒地给她买了一个热乎乎的烧饼。那时，小领弟全然不知从此她成了父母的"独生女"，被街坊四邻认为是"命硬的孩子"。也不会想到，日后不善表达的父亲，把她当成手心里的宝。

一次，娘因领弟淘气打了一下她的头，爹得知后把娘骂到流泪。领弟还记得，从杂货铺回家的爹，常把她扛到肩上，或让她骑到脖子上玩"骑马"。领弟长到三四岁，邻居婶子、大娘劝她娘，该给领弟扎"耳朵眼"了。文敏说给鸿志听，鸿志想都没想，说："不扎，孩子怪疼的。"还有一件至今让郭淑珍难以忘怀的事，那年春节，父亲特意给她买了一顶平绒帽子，她非常喜欢，父母带着她去姥姥家拜年时，特意戴在头上。没承想到了姥姥家，几个姨姥姥笑着问："这是你爹那个侉子给买的吧，真难看。""不难看，我喜欢。"小领弟反唇相讥，在她心里爹买的都是最好的，不许任何人说不。

就这样，鸿志用他可以做到的方式，呵护他唯一的女儿。从此以后，鸿志不许文敏离开小领弟半步，于是小领弟成了娘的"影子"。生性活泼的文敏，爱唱歌也爱唱戏，更爱听戏看戏。周边的院子或茶馆，一有锣鼓点，一有胡琴声，必定带着领弟去"蹭"听"蹭"看。在家干活时，嘴里不是哼歌就是唱戏，一时性起还自己比划两下。这一切潜移默化地影响了小领弟。至今，郭淑珍教授还时常对人说，母亲会哼唱很多民间小调，喜欢听京剧，这些对她来说影响很大，也是一种熏陶和感染，让她从小爱唱爱听。这虽然说不上是一种启蒙，至少是一种潜移默化的引导。

为了让领弟日后有个伴儿，多年后父母收养了一个男孩儿，取名郭宝琦。父母对收养的孩子视为己出，领弟也分外疼爱这个比自己小十多岁的弟弟。其实，郭鸿志的善良，不仅体现在对养子上，那些年老家的乡亲但凡到天津来的，鸿志家都是他们落脚的地方，客人来了虽然没有好菜好酒，但一定能吃饱喝足。在他看来，清河父老一家亲，打断骨头连着筋。甭管好坏，自己一定要尽心尽力。父亲的这种善良、宽容的品德，如丝丝细雨，润物无声，悄然浸透了女儿的心田。正因为如此，每每想起父亲，郭淑珍教授便感慨万分，说：当时我家虽不富裕，但却一直生活得和睦平静。超越血缘的亲情乡情，像温暖的阳光充盈在我的家。

清贫童年也快乐

1937 年，领弟 10 岁。

日升日落、冬去春来，日子像海河水缓缓流淌。在这样的家庭里，有父母的宠爱，小领弟的童年，虽然寂寞、枯燥，但却自由、多彩。蝉鸣鸟语、鱼游虾跳，像万花筒，总能旋转出色彩斑斓的各种图案。自从日本"膏药旗"出现在天津街头，头顶上出现苍蝇般飞来飞去的日本军机，领弟一家宁静、平和的日子全部被毁了。

这期间，小领弟经历了天津沦陷的苦难，目睹了大经路变得越来越萧条。由于这里是"中国地"的政治、经济、文化中心，许多重要部门都分布在大经路沿线，这里被日本军机不停地轰炸。据史料记载，1937 年日本军机的轰炸，使当时的大经路面目全非。日军的轰炸目标是财政局、迎宾馆，中山公园后边的国民党市党部、造币总厂，还有大经路与三马路相交处的高等法院，金钢桥头的市政府等。当日军地毯式的轮番轰炸扫射后，大经路及其周边道路陷入一片火海，所有建筑均遭到严重损毁，面目全非惨不忍睹。

日军不仅轰炸建筑，也扫射街头惊慌失措的百姓，许多躲避不及的人，被炸死在路上。当时《晨报》登载："东、北二站全被日机炸毁，并飞华界扫射，居民死伤无数。""日机在河北一带轰炸，数处起火，迄晚仍未熄。电话二、五、六局机器全毁，损失奇重。南开大学破坏尤甚，秀山堂、芝琴楼、木斋图书馆亦有一部分被炸。"事后有关方面统计：在1937 年 7 月底攻占天津的过程中，日军以飞机、大炮轰炸天津市区及周边地区，并对国民党天津市政府、警察局、保安司令部、火车站、造币厂、电台、南开大学、南开中学、河北省立女子师范学院等地反复轰炸，使大量平民惨遭伤亡，2000 余人在轰炸中遇难，10 万余难民无家可归。在占领天津最初两个月的时间里，日军即在市内残杀市民 3000 余人。

领弟与父母过着颠沛流离、居无定所的日子。她亲眼目睹强盗般的日本兵，到父亲的肉铺里抢了肉不给钱，父亲据理力争，日本兵虽然气急败坏地扔下很少的钱，但事后却一次次来报复。无奈之下，父亲只得关掉肉铺。在一次日本军机又来轰炸时，她与母亲一起奔跑逃命，跑到一河沟边时，炸弹在她们身后不远处爆炸，把她们娘俩重重抛起又摔下，所幸她们没有受伤。上小学之后，日本人以防止传染病为由，强迫所有天津市民接种"疫苗"，她和全校师生也一次次在学校被日本人"命令"到操场排队接种"疫苗"。当时，社会上并没有任何疫情，却没人敢问日本人为什么强迫中国人接种"疫苗"。事后领弟发现，有些同学因接种了"疫苗"，原本很健康，之后却病魔缠身。人们私下议论，这是日本人拿中国人做试验……从那时起，日本鬼子的滔天罪行，深深铭刻在小领弟的心中，让她没齿不忘。

她还经历了1939年天津洪灾。天津地处华北平原，华北平原西起太行山、北依燕山，一直以来，两座山脉的迎风区为大暴雨集中地带。而且，这片区域地形陡峭，地势低洼，土层植被覆盖薄浅，很容易形成大洪水。

从天津穿流而过的海河，主要由上游的永定河、北运河、大清河、子牙河和南运河五条河流汇集而成，海河与上游五河的形状，就像上大下小的"漏斗"。此时的海河河面不宽，泄洪能力差。因此每当上游的洪水汹涌地冲进海河，海河又不能及时将洪水泄入塘沽渤海，天津卫便成了泽国。其中有史以来最严重的一次，是1939年这场水灾。那几天瓢泼大雨不停地下，大人围在一起说的全是洪水要来的事，四周有钱有关系的人家，或投靠租界住高楼里的朋友，或往乡下投奔亲戚。鸿志思前想后，最终决定让文敏带领弟逃到唐山去，请求那里的堂兄安置她们娘俩，待天津洪水退了再回来。

战争的残酷与洪水的肆虐，虽然给领弟的童年投下浓重的阴影，却不能泯灭她与生俱来的开朗性格与多彩童心。她像路边的小花，无论生活多么艰难，也能绽放出属于自己的美丽。这应归功于父母对领弟的从不束缚，领弟可以随心所欲地到处走到处看到处听，用自己的心灵去感受身边的世界，可以让心想飞多远就飞多远。

平心而论，虽然领弟的父母并不知什么叫放飞孩子的心灵，也不知家庭的宽松生活环境，可以给女儿未来带来多少益处，但他们知道，这样不让女儿受委屈。事实证明，不束缚不强加不压制孩子的兴趣，就是给孩子敞开人生的大门，让他们去选择追随喜欢做能够做的事情。如果这样，即使再苦再难，对孩子来说生活都是快乐的。

领弟知道家里穷，父亲买不起洋娃娃，于是她就去找来各种各样的小石子，放在口袋里玩。除此之外，她还另有乐趣，就是到家附近的茶馆、戏院，去"蹭"听评书或唱戏。虽说戏文她一窍不通，但看长了听久了，她逐渐明白了戏里的"故事"，也会跟着有模有样地唱几段，情不自禁地跟着入"戏"。

那时天津还没沦陷。一天，放学后领弟路过大经路北站附近，忽然发现不远处有一尖顶房子，跟她见过的房子不一样，她非常好奇："咦，这是什么地方？"小领弟加快脚步向尖顶房子走去。没等她走到尖顶房子，一种美妙的声音突然灌进她的耳朵，那声音那么轻柔又那么温婉，那么含蓄又那么悠远，像从云里飘来的，一下抓住了她的心。她不禁停下脚步，闭上眼睛任由那声音从耳朵传到心底，犹如溪水在心底荡漾。

　　她悄悄推开大门，终于知道了那美妙无比的声音，来自那些穿着黑袍子的人，他们整齐地站在一起，手里捧着一本"书"在唱。她目不转睛地盯着那些唱歌人，很想知道他们是怎么把那种声音唱出来的，为什么跟唱京戏、唱大鼓的人发出的声音不一样。这时，有位自称是牧师的人，微笑着走到她面前，递给她几张卡片，卡片一面写着字，另一面画着一个钉在十字架上的人。牧师说："小姑娘，我们这里是'神召会'，你喜欢听这里的人唱歌吗？"领弟点头，牧师告诉她，以后可以经常来听，还可以跟他们学着唱。"我行吗？""可以的，只要你喜欢就行。"从此，领弟虽然还不明白什么是"神招会"、什么是唱诗班，也不懂什么是合声、什么是美声，但音乐的美，启迪了她本能对音乐的敏感与亲近，让她陶醉让她享受，希望有朝一日也能唱出这么美妙的歌声。

　　这次经历是命运的刻意安排还是偶然邂逅，不得而知。可知的是，这次经历撩拨起一个小姑娘对歌唱的向往，让她在清贫的生活中，看到一束美丽又不遥远的光芒，这种光芒照耀着她，让清贫的生活变得有滋有味，让枯燥的童年变得丰富多彩。这就是艺术的魅力，无论你身在何处，无论你贫贱富贵，只要热爱就可以享受它带给你的快乐与温暖。

领弟又叫郭淑珍

1937 年，10 岁的领弟终于要上学了。领弟要去读书的地方，并非真正意义上的学校，而是一所免费"短期小学"。"短期小学"是当时国民政府推行的平民教育与社会教育的场所。

据史料记载，1936 年，国民政府颁布了一系列有关社会与平民教育的重要法令，其中包括创建民众学校，编纂民众读物等内容，意在普及民众基本教育，提高国民素质。在这种大背景下，天津的绅士、实业家、有识之士以及教会，纷纷创办短期的各类学校，或引导贫民子弟识字，或引导成人脱盲，或教导人们掌握一门技能。领弟要去的这所小学，不论年龄大小，不论家庭出身，只要愿意都可以报名入学。

报名上学，不能再用领弟这个小名了。那天，学校负责登记的先生问领弟："你叫什么名字？""我叫领弟。""这可能是小名，你的大名叫什么？"先生笑吟吟地看着面前的小姑娘。领弟困惑地看了爹一眼，希望爹来替她回答。"先生，领弟是她的小名，我女儿的大名叫郭淑珍，她自己不知道。"郭鸿志略有迟疑地回答，这是他第一次说女儿的大名郭淑珍，难免有些不习惯。"行啦，郭淑珍你被录取了。"先生在登记簿上写下了郭淑珍的名字。

从叫小名改称大名，对常人来说，也许是一件再普通不过的事情。但对郭淑珍而言，从叫领弟改称郭淑珍却像是一次华丽的转身，也是她人生中的一次重要转折。当时她自己不曾想到，领弟从此渐行渐远，而郭淑珍将会开启新的生活。

在"短期小学"学习期间，郭淑珍展现出与众不同的特质，她开朗的性格、活泼的表情、甜美的声音和聪慧的天资，很快获得老师和同学们的喜爱。在大家眼里，10 岁的郭淑珍，样样比别人出色，所以也愿意与她做朋友。此时，郭淑珍也有"如鱼得水"般的感觉。她说，童年是在无忧无虑中度过的。父亲虽然没文化，但却不封建不守旧，充分满足女儿的意愿。比如，同龄的小伙伴，很多人读完"短期小学"，就被父母叫回家做手工赚钱，她们的父母大多买回织袜机或织手套的机器，让她们留在家里干活。而她爹却从没让她留在铺子里干活，也没阻止过她去上学，更没限制过她去听戏、唱歌。是宠爱还是开明？是远见还是随性？爹的心思和想法，郭淑珍至今不得而知，但爹的宽容却让她在那个时代，有极强的"优越"感，在周围平民百姓家的孩子里，只有她可以像一只自由飞翔的小鸟，像一朵快乐盛开的小花。所以在贫寒的家庭里，爹娘虽然平庸，但郭淑珍的内心始终充满阳光。

不过，爹娘的疼爱与开明，也导致了郭淑珍做过一件让爹生气的事。那天，学校发了新课本，由于没有书包，放学后她便把新课本夹在腋下，一路蹦蹦跳跳往家走。回家的路，虽然不长，但诱惑无限，吹糖人的摊前总围着一大群孩子，看吹糖人的摊贩三挖两捏，不一会儿一只飘着甜味、活灵活现的糖猴子横空出世。蜂糕小摊有另一种吸引力，小贩蒸锅上的嗡鸣声，像一只可以勾魂的手，把大大小小路过的孩子拽过来。还有路边茶摊、烧饼铺里传出的评书、京剧、歌曲，也让不少孩子驻足聆听忘了时间。小淑珍的身影常常出现在这些孩子中，有时默默看，有时静静听，有时开心大笑，有时难过落泪，总之这是她童年一条去观察世界感受生活的路，也是她一条得到快乐放飞心灵的路。

走走停停、说说笑笑，小淑珍终于进了家门，这时突然发现夹在腋下的新课本不知哪去了，连忙转身往来时的路上跑，边跑边看，希望奇迹出现，但来回找了几遍，还是没发现丢失的书，她沮丧地低着头，泪汪汪地回家。得知丢书的事后，父亲虽然很生气，但也只是责备了几句，他知道女儿不是不爱念书的孩子，也不是淘气贪玩的孩子，平日里老师留的作业，不用大人催促，全都认认真真地按时完成，成绩也一直很好。这是女儿第一次丢书，看得出非常难过非常后悔。"别哭了，爹明天陪你去学校，问问老师还有没有多余的，如果有不要钱的更好，如果没有咱花钱买。"听爹这么说，小淑珍破涕为笑，心里很是感动，这是她第一次听到从不求人的父亲，主动提出陪她去学校求老师。

第二天，爹放下店里的买卖，陪女儿一起去学校，跟老师说明来意。遗憾的是，老师说新书已没有了，要补发只能是旧课本。拿到旧课本后，小淑珍难过了好几天，在心里不停地埋怨自己。但从此之后，吃一堑长一智，她对所有事情都非常认真，再没发生类似的事。

第二章 教育改变命运

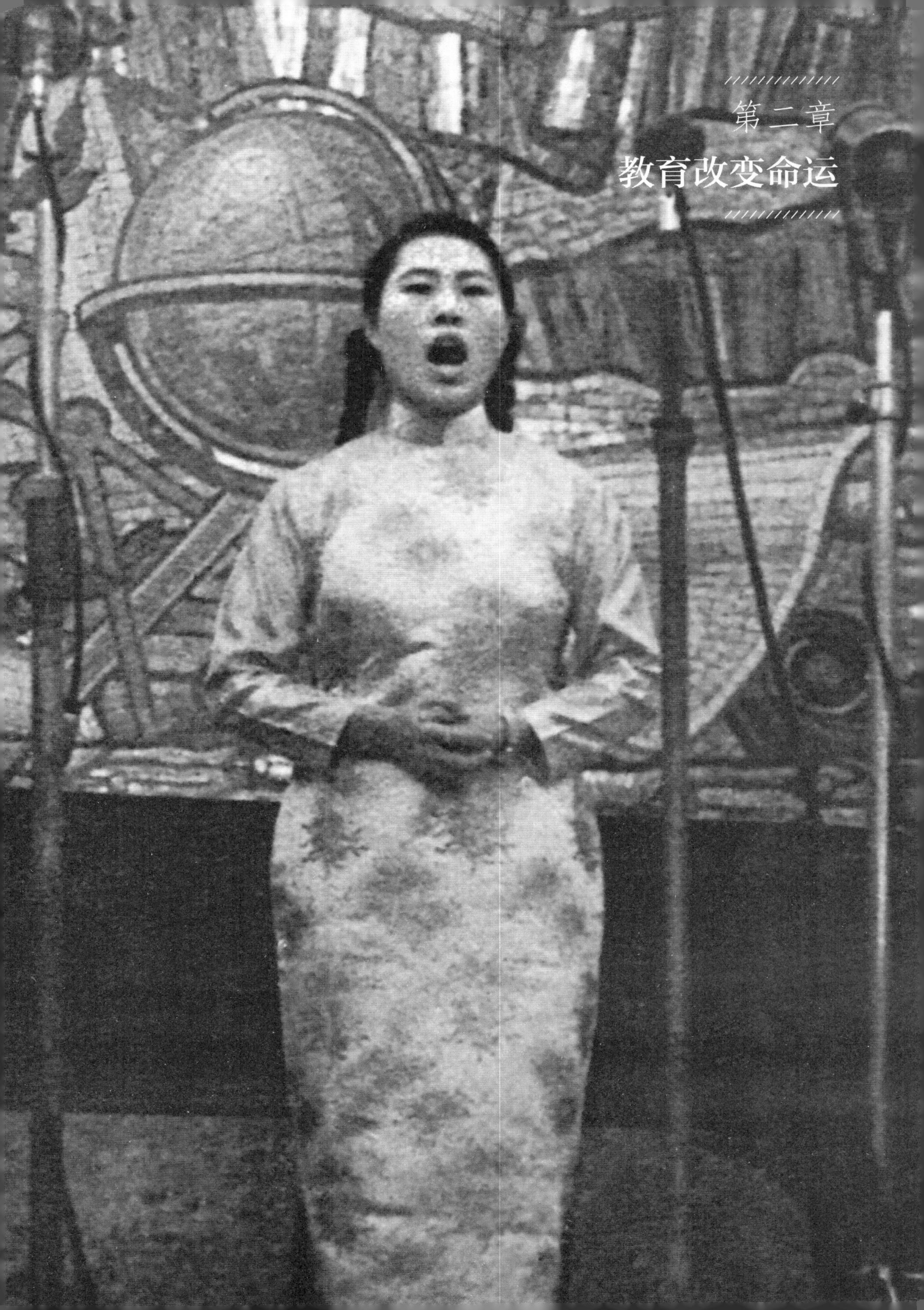

　　中国近代有过一个特殊的文化教育发展阶段，称为"西学东渐"。所谓"西学东渐"，即指西方学术文化最早向中国传播的一个过程。虽然有人认为"西学东渐"可以泛指自上古以来一直到当代的各种西方文化与物质的传入、影响、融合，但通常更多意指的"西学东渐"，则是明末清初以及晚清民初两个阶段时，西方学术思想、人文理念、宗教文化、教育体系的输入。其中教育体系有规模的"西学东渐"，晚清民初时更为强劲，"洋为中用"的变化更加明显。因此很多人认为，民国时期是我国教育发展史上的一个转折，是一个教育家辈出的时代，群星璀璨、大师云集，如蔡元培、梅贻琦、张伯苓等，他们引领了中国教育的发展，并取得了辉煌的成就。

　　20 世纪初的天津，作为中国最先被西方列强分割的城市之一，也是"西学东渐"之风最早刮起最早落地之处。在种种不平等条约下强行瓜分天津的各租界国，不断扩大地盘"圈地为国"，不惜重金建设"国中国"。租界内建起了教堂、医院、报馆，也出现了舞场、咖啡厅、电影院。柏油路取代了黄土路，电灯取代了油灯，楼房取代了平房。这些带有明显西方元素的建筑、设施、文化、娱乐等，自出现那天起，就像画家手中的笔，每涂一笔都在悄然改变城市原有"底色"，影响人们的思维与审美。久而久之，西方的文化、教育、理念以及生活方式，细雨般地浸润了这片土地。

　　有文章记载：助推"西学东渐"的，主要是来华的外国人、出国留学生，还有各种介绍西方文化、教育、人文、经济、社会的报刊、书籍，最直接的方式是以新式教育为桥梁，将西方的哲学、天文、物理、化学、医学、生物学、地理、政治学、社会学、经济学、法学、应用科技、史学、文学、艺术等传授给在校学生。当然，晚清"洋务运动"的铺垫和辛亥革命的影响，是直接导致民国时期天津教育构架发生根本变化的重要原因。中国教育落后于世界，而辛亥革命又使民族工业和经济的发展对人才的培养提出了新的要求，这一切强烈地刺激了社会，人们对教育改革的呼声尤其高亢。一时间开明绅士与有识之士合作办学之风，席卷津城。正因为如此，天津诞生了一批私立学校，最具代表性的当数 1904 年 10 月著名爱国教育家严范孙（亦名严修）和张伯苓共同创办的南开中学。与此同时还出现了一大批教会学校。这些被百姓称为"新式学堂"的学校，废除了私塾式教育，不再以"四书五经"为课本，而是参照西方教育体系开设课程，除国文外，加入了算术、音乐、美术、体育等内容。由此可见，天津可以被称为洋务派学习西方的重要根据地，也是"西学东渐"的孵化器。最具说服力的，是天津诞生了中国近代第一所现代大学——北洋大学。北洋大学的创办，结束了中国延续长达 1000 多年封建教育的历史，开启了中国教育的新航程。

民国政府成立后，设立了教育部，废除了读经讲经课，天津的普通学校实行了新的学制，加快了人才培养的速度。高等学校的教育改革付诸实施，新的教育思想、科系调整、课程改革都得以推行。尤其是新文化运动的兴起，天津教育受到北京的影响，改革的脚步走得更快，引进、吸收西方先进的教育思想，学习国外的教育理论和教育方法，推动天津近代教育的形成与发展，孕育催生了多所全国第一的新型学校。

第一次登台表演

郭淑珍结束了两年短期女子学校的学习，之后报考了天津市立十三小学。她之所以可以继续读书，一是学校为普及教育不向学生收费，二是父亲愿意让女儿多读书识字，今后可以方便与老家的人读信写信。

无论是因为上学没增加负担，还是为与老家沟通方便，郭鸿志允许女儿郭淑珍继续读书，在当时即使不是独一无二，也是少而又少。要知道按中国"女子无才便是德"的传统，女孩儿读书等同于"大逆不道"，所以祝英台不得不女扮男装去读书，所以中国才有《梁祝》的千古绝唱。那时，像郭淑珍这样普通人家十多岁的女孩儿，父母绝不可能让她们去读书，不是在家做手工，就是帮着母亲带弟妹。

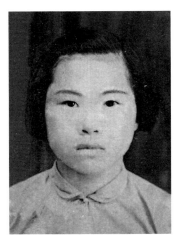

11 岁的郭淑珍（1938 年）

在当时的父母看来，女孩儿就是"赔钱货"，所以尽可能地让女儿多为娘家做贡献。郭鸿志这一有别于其他父母的态度，的确是女儿郭淑珍人生的极大幸运。尽管父亲郭鸿志此举不是"有眼光""有前瞻"地培养女儿，他不可能有意而为之地去考虑女儿前程，他只是用本能的父爱和实际需求去做选择，并在自己力所能及的情况下，给女儿郭淑珍提供成长的空间。他不会想到，这一小小空间，可以让女儿像一株幼苗破土而出，可以让她茁壮成长，可以给她的未来带来希望，但他这么做了。

郭淑珍上的市立十三小，位于天津老城西南角的南大道。此时 12 岁的她，身材比同龄女孩儿既高也壮，看上去也显得成熟。来到学校登记处，老师对郭淑珍进行了一些"小测验"，包括语文、算术方面的内容，感觉这孩子回答得既快又准。教师又问："你还会什么？""拍球、跳绳、唱歌。"郭淑珍大大方方地回答，很是自信，把在场的老师逗笑了。"那就表现一下让我们看看。"老师想测试一下郭淑珍的实际能力。"可以。"郭淑珍拿出自己所有本领，展示给老师看。之后，老师们一致认为，根据郭淑珍的实际文化水平，可以直接到四年级插班。

在郭淑珍眼里，市立十三小与短期女子学校有天壤之别。短期女子学校的同班同学，年龄参差不齐，最大的十七八岁，最小的是 10 岁的她。一个教室里大家学的不一样，一节课分两部分上，老师先给一部分同学讲算术，然后再给另一部分同学讲语文。而市立十三小的同学，年龄基本接近，老师讲课也不再分别讲。

让她感触更深的是，这里的老师个个有"学问"，最有意思的是，四年级体育兼音乐课的戴老师，唱歌课先不教唱歌，而是拿着尺在黑板上画了五条线，又在五条线的前端，画了两个怪怪的图形，问："同学们知道老师画的是什么吗？"郭淑珍和同学一起大声回答："不知道。"

戴老师是位阳光的"帅哥"，身材高挑、举止儒雅、声音洪亮。戴老师说，五条线是五线谱，这两个图形代表高音和低音谱号。之后，戴老师又告诉同学们有高音谱号的五线下加一线，上面的"小蝌蚪"是"哆"，向上挨着的是"唻"，再上一个台阶的是"咪"，再上是"发"……音阶就像台阶，越往上走声音越高。低音谱号是另一种标记形式……戴老师的形象比喻，让郭淑珍一下心领神会。戴老师又告诉同学们什么是全音符、需要唱多长，什么是半音符、什么是休止符……坐在下面的郭淑珍，越听越入神，她睁大眼睛盯着老师，这是她第一次知道五线谱可以把唱的歌写下来，不需有人一句句地教你唱。戴老师告诉同学们，认识了五线谱的好处，是所有不会唱的歌不用跟别人学，自己就能唱。"太神奇了。"郭淑珍在心里说，把老师讲的每句话，都深深记在了脑子里。那时，她不曾想到从此以后，音乐将在她的人生中有怎样的意义，更没想到与音乐看似偶然的相遇，也许是冥冥之中命运的安排。她只是好奇、喜欢、接受，用她那个年龄孩子的心智，去追随带给她愉悦的音乐。

五年级时，音乐课换成了一位年轻的女老师。根据学校教学计划的安排，女老师不再讲乐理，而是教合唱和发声，这样的课也让郭淑珍着迷。她从来不知道一首歌有两种唱法（两个声部），两种唱法单唱难听，合起来唱悦耳，"为什么呢？"郭淑珍问老师，老师告诉她这是合声的魅力，两个声部必须相互配合，才能使声音有立体感，听上去更厚实。这就要求两个声部的同学必须把音唱准、节奏唱对。老师用一个形象的比喻，告诉同学们合声音准的重要，她说一个敲成两半的核桃，若要合到一起，缝隙越小抱得越紧，越看不出裂痕，也愈加完美。

道理同学们懂了，但要唱准很不容易，合唱时不少同学经常"跑调"，不是高音声部的同学跟低音声部跑了，就是低音声部的同学跟高音声部走了。老师发现班里的同学中，只有郭淑珍"立场"最坚定，无论节奏还是音准只要唱几次便非常正确，说明这是个有音乐天赋的孩子。于是，老师经常让郭淑珍给大家做示范，甚至让郭淑珍当"小老师"教同学们唱。

　　老师的信任，大大激发了郭淑珍对音乐的兴趣。对她来说，唱歌是一点不费劲地"好玩"，开心、快乐、有意思。最让老师喜欢郭淑珍的是，她的勇敢和大方，无论在那无论何时，张嘴就唱，而且音很准，节奏不错。除此之外，郭淑珍还有很强的理解与模仿力。比如很多同学唱"田地"二字时，常把"田"（tián）字音，唱成"天"（tiān）字音。"田地"唱成了"天地"，老师一遍遍纠正，很难奏效。因为天津方言中有不少二声字发成了一声音，孩子们从小生活在这样的环境中，方言读音根深蒂固。唯有郭淑珍，老师纠正一次便准确地将"天"改成了"田"，而且唱歌时很少带方言中的齿音字。

　　除了音乐课，学校还开设了"说话课"。所谓"说话课"，就是传授学生如何用准确、生动、丰富的语言，与人交流和自我表达。从表面看似乎是培养学生的"讲述""讲演""发言"能力，但其深层次的意义，在于培养学生勇气、胆量、自信等方面的基本素质。坦荡、从容的表达，是作为社会人的起码要求，也是其基本素质的体现。从某种角度讲中国传统教育一直忽略这方面的培养，对女孩子的要求更为苛刻，"大门不出，二门不迈""行莫露足，笑莫露齿"等等清规戒律，致使所有女孩子羞于表达、不会表达、不擅长表达。

　　老师怎么上"说话课"呢？郭淑珍弄不明白。上"说话课"的还是帅哥戴老师。去过北平的同学告诉郭淑珍，戴老师说的是"京腔"，不像天津人把"人"说成"银"，把"让"说成"漾"，之后郭淑珍特别注意听戴老师说话发音，果然字正腔圆没有天津话里的齿音字，特别好听。那天戴老师上"说话课"，他微笑着让一位同学读课文，那位同学把课文读成一个声调，没有抑扬顿挫，没有轻重缓急。郭淑珍不禁暗笑，心想这位同学读课文像老和尚念经。那位同学读完了，戴老师问："他读的好听吗？"同学们摇头，齐声可答："不好听！""为什么大家觉得不好听，因为他朗读时没有感情，语音没有变化，像一碗白开水。所以，同学们要告诉别人你的感情，告诉别人你要说的故事，就要学会生动地说话。给同学们打个比方，日常生活中的对话，可以是一碗白开水。但老师讲课是一种表达，表达应该是蜂蜜水，让人喝出酸甜苦辣的味道。"

　　那节课戴老师给同学们讲了一个故事：一位少年去寺庙学武功，武僧欣然收留了他，少年很高兴，以为很快就会学到功夫，学到了功夫就可以到镖局挣银子。没想到，师傅什么都没教，便把他带到厨房，说："学武艺前，你要用手把伙房里的苍蝇都打死。"少年以为打苍蝇就是一两天的事，没承想半年过去了，一年又过去了，师傅还是没提学武艺的事。少年天天待在伙房里，看见苍蝇便心烦意乱，恨不能一下全弄死，于是用心研究苍蝇飞的速度，常在哪停落，怎么打才能一拍就准。久而久之，只要有苍蝇飞来，他能根据苍蝇发出的"嗡嗡"声，准确判断苍蝇飞来的方向，且抬手就把苍蝇夹在指缝里，后来同伴给他起了一个绰号——"苍见死"。两年后，师傅来到伙房看他夹苍蝇，见他"十夹十死"，笑着说："你把本事学到家了，可以去镖局做事了。"少年不解，但师傅却把他推出大门。少年到了镖局，人家问："你有什么本领？""我什么本领也没有，只会手指夹苍蝇。"少年有些不好意思。对方一听非常满意，马上雇用了他。后来，镖局的人发现，这位少年的本事真了不得，无论哪射来的箭哪飞来的刀，少年抬手不费吹灰之力，就能将其抓在手里……戴老师这绘声绘色、津津有味的讲述，让教室里的同学听入了迷，但对郭淑珍来说，不仅入了迷还入了心，从此她知道了什么样的讲述，才能引人入胜、打动人心。

时至今日，几十年过去了，她还清晰地记着戴老师的音容笑貌，而这个"故事"的内容与内涵，也影响了她的一生。因为这个有意思有意义的故事，通过老师的生动"表达"，对她既是一种享受，也是一种教育，她从中悟出一个道理——生动的表达和交流，是非常重要的，不会或不擅表达的人，就不能感染别人。

不久，在老师的鼓励下，郭淑珍走上讲台，模仿老师说话的语音节奏，给同学们讲了一个从书里看来的故事，故事的题目是《谁偷了鸡蛋？》：有一条蛇常去农夫家偷鸡蛋。每次偷蛋时，蛇都悄悄地先把鸡蛋吞进嘴里，然后爬到树上磕碎鸡蛋，美美喝下去。蛇以为这样，农夫就不知道谁偷了鸡蛋，它可以天天不费吹灰之力吃到美餐。蛇很得意，日复一日地偷了好多个鸡蛋都没被农夫发现。农夫很着急，但又一筹莫展。蛇藏在树上眯起眼睛嘲笑农夫，嘲笑农夫真蠢，是个大笨蛋。然而，就在蛇忘乎所以的时候，农夫却发现了蛇掉在树下一堆堆蛋壳，难道树还会偷鸡蛋吗？农夫一抬头，看到了正在酣睡的蛇，冷笑了一声，小声骂道，原来偷蛋贼在这呢。蛇偷了蛋，该如何惩治呢？农夫不知所措，农夫的儿子出了一个聪明的主意。"什么聪明办法呢？"郭淑珍学老师，故意停顿了片刻，同学们瞪大了眼睛，急切地想知道农夫的儿子想了什么聪明办法。这时郭淑珍做出轻松的表情，继续讲："农夫的儿子做了一个木头蛋，悄悄地放在鸡窝里，然后躲到房后观察。蛇又悄悄地爬来了，它不知今天鸡窝里的是个木头蛋，仍然张开大嘴一下把木头蛋当鸡蛋吞了下去。"讲到这，郭淑珍模仿蛇张大了嘴，同学们忍不住大笑。"蛇得意地爬到树上，不紧不慢地想把木头蛋咬碎，但怎么也咬不碎。蛇生气了，用尽全身力气去咬，一次两次三次……木头蛋没咬碎，却把自己的舌头咬断了一截，疼得从树上掉了下来。这时农夫和他的儿子出现在蛇的面前，农夫狠狠地踢了蛇一脚，说你这个自以为是的偷蛋贼，看你还敢不敢再来。再来，打死你！蛇害怕了，慌忙逃走，从此再不敢来偷鸡蛋。"郭淑珍讲完了，同学们还沉浸在故事中，有人说"为什么不打死偷蛋蛇"，有人问："蛇又爬到哪去了呢？"郭淑珍笑着轻叹了一口气，说："可怜的蛇啊，后来由于偷不到鸡蛋，又不愿意去找食，最后饿死了。""郭淑珍故事讲得太好了，同学们说对不对啊。"戴老师说完，同学们为郭淑珍鼓起掌来。郭淑珍听到掌声，不好意思地低下头，在心里说："这样讲故事才有意思，同学们也特别爱听。"

教育变"填鸭"为启发，变呆板为活跃，变一言堂为互动式，是现代教育与传统教育的最大区别。事实证明，教育效果取决于教育方法。爱因斯坦说，唤起独创性的表现与求知之乐，是为人师者至高无上的秘方。

郭淑珍有幸赶上了中国近代教育的发展阶段，虽然那时她还只是十几岁的孩子，还不能体会出教育的进步作用，但一位位老师对她在求知路上的引导，却实实在在地让她打开了心扉，开阔了眼界。让她懂得用眼睛观察，用耳朵聆听，用心灵感受各种不同的知识，汲取其中的营养，不断充实自己的头脑。

自古中国师道尊严，老师在学生心中如同一个没有温度没有感情的"偶像"，只有惧怕没有亲近，只有尊重没有感情，只有服从没有交流。但市立十三小学，却改变了寻常百姓家女孩的命运。郭淑珍在学校接受的不仅是知识，还有人文氛围。有一件让她难忘的事，有一天她看到高年级的同学穿了一双新皮鞋来上课，同学说鞋是在北平买的，款式新颖。一位女老师看后很喜欢，便大大方方地试穿了一下……郭淑珍看到此情此景，心里陡生异样感觉，师生间那种平等、轻松的接触，让她觉得很亲切，"原来老师挺好接近的，还能试穿同学的皮鞋。"这件事彻底颠覆了老师原本在她心中冰冷、严厉、呆板、无情的印象。从此，她对老师再不惧怕和疏离，老师像大朋友，她可以不懂就问，不会就学。凭着这种主动交流、请教的态度，郭淑珍受益匪浅，进步很大。

发奋考入"官立中"

1942 年，郭淑珍从市立十三小学毕业，轻而易举考入普育中学。普育中学是一所私立学校，如果家庭能承担学费，她可能一直会在这里读下去。但自打上初中，父亲虽然没说让她终止学业，但郭淑珍隐隐担心，有朝一日父亲会因负担过重让她退学。

此时，郭淑珍的家已从大经路搬到"中国地"——天津老城西南角的南大道。所谓"中国地"，是老百姓相对租界地而言，那时天津有英、法、意、美、德、奥、俄、日、比九个租界，人们习惯在租界国名后加个地字，即英国地、法国地等等，中国人聚集的地方叫中国地，租界地占天津卫面积的五分之四。天津租界与上海、青岛租界不同，上海、青岛的租界是公共租界，天津的租界相当于租界国的"飞地"，拥有绝对的主权，租界内设有政府、军营、医院、教堂、娱乐场所等设施。租界是中国人不可以随便出入的，尤其是中国普通老百姓，更不可以到租界里逛。天津法租界与英租界的花园门外，当年曾竖着一个牌子，上面写着"华人与狗不得入内"。那时很多长年生活在天津的中国人，没到过租界，包括已长到了十多岁的郭淑珍，也不知租界里什么样。当时租界里黄头发、蓝眼睛的外国人，趾高气扬的样子给天津卫百姓的感觉是，他们是这块土地的主人，不是他们强占了天津卫，而是中国人寄人篱下。

"中国地"的南大道，是天津卫中下层百姓的聚集地，房屋租金便宜，生活成本低。对郭淑珍而言，这个家既是一家人生活起居的地方，又是父母做生意的铺子。一间不大的房子，开门即是卖肉的案板，案板垫的很高，父亲站在案板后卖肉，母亲坐在案板前的小凳上用荷叶当纸给顾客包肉。郭淑珍家的肉铺很"火"，"火"的原因是，铺子里有个年轻的"女招待"，即她的母亲。当时，女人是不该经常抛头露面的，何况还是做生意。但父亲没钱雇伙计，不得已让媳妇一起干。父母很忙，白天卖生肉，晚上卖熟肉，即使如此，全家人为节省开销，多年保持一天只吃两顿饭。房间后半面，是全家人的"起居室"，也是郭淑珍回家写作业的地方。起居室上方搭了一个阁楼算是卧室，晚上全家人都睡在上面。艰难的生活，对郭淑珍一家人来说，也很难保证。此时的天津已沦陷，汪伪政权与日本人沆瀣一气、狼狈为奸，导致社会动荡、民不聊生。晚上睡觉时，郭淑珍听到父亲常叹着气对母亲说，哪里的房子被烧了，什么东西又涨价了，生意怕是越来越难了……

漏屋偏逢连天雨，此时的天津卫，除了日本入侵者带来的人祸，还有百年不遇的洪水天灾。1939 年天津的洪灾，损失惨重。除了自然原因外，还有日军为了削弱抗日武装力量，所采取的决堤放水的恶行，致使海河流域沿岸的防汛抗洪设施遭到破坏。日军扒开大清河、子牙河、滹沱河和滏阳河等河沿岸的182处河堤，肆虐的洪水吞噬了天津卫。郭淑珍家所在的南大道一带，也是洪水重灾区之一。

尽管父亲在女儿面前没说过日子艰难，也没说过让女儿退学的话，但郭淑珍却已能感觉家境一年比一年艰难，每年母亲只能给她做一件新布衫，每次都做得又肥又大，一件布衫至少穿几年，等布衫长短肥瘦都合适时，已经破旧褪色。好在郭淑珍对穿着没过高要求，从小父母教育她，只要出门有衣穿、回家有饭吃就该知足，她从不跟同学攀比，在她心里只要能继续上学比什么都强。她太喜欢学校了，在学校不仅可以学到很多东西，更重要的是，学校里有那么多同学。虽然同学们的家庭各不相同，有富的也有穷的，但彼此间没有什么隔阂，大家一起学习一起唱歌，一起玩耍一起回家，感觉太阳每天都是新的。所以，那时的郭淑珍，尽管家庭条件不好，父母没上过学，不识字，但在她心里没有一点点自卑的阴影，反而是老师、同学喜欢的同学，甚至还推选她当了班长。同学们的家长也喜欢她这个"大嗓门"的孩子，每次到同学家，只要有人说："大嗓门，给我们唱一段。"郭淑珍一定会大大方方地唱上一曲，或是京剧或是时调或是小曲。

"怎么办？"15岁的郭淑珍常常在心里问自己。此时，她既不想给家庭增添负担，又不愿中断学业，一时间实在难以找到两全的解决办法。时间一天天过去，从初一升到初二，她的心理负担也逐渐加重。这时，她从教会合唱团同学那里得知一个消息，直隶省省立女子中学不收学费，而且那个学校校园很大，有学问的老师也多，还有实验室、钢琴等等。那刻，郭淑珍心潮澎湃、思绪万千，心想如果自己能考上女一中，岂不既可读书又可免费。"能考上吗？"兴奋之后，她又担心能否考上。因为她听知情人说，人们所称"官立中"的省立女子中学特别难考。去还是不去？思来想去，郭淑珍还是下定决心投考"官立中"，发誓努力考上。性格决定命运，郭淑珍就是天生不服输的性格，她相信努力和坚持，一定能梦想成真。

上苍眷顾有志者，命运成全追梦人。1943年，郭淑珍通过自己的发奋努力，如愿考上当时隶属直隶省、名气响当当的省立女子中学。这所学校自创立起严守录取看分不看人、注重能力不注重出身的标准，即使达官权贵的"千金"，没有考试成绩，只能望校兴叹。收到录取通知书那天，郭淑珍心花怒放，虽然结果在她意料之中，但梦想成真时仍有不真实的感觉。考进"官立中"，是郭淑珍的梦想，但也有遗憾，遗憾的是还要重读初一，好在学校是免费的，多读一年书也没给家庭增添负担。

女儿考上不花钱的"官立中"，对父亲郭鸿志来说，无疑是件开心的事。作为父亲，郭鸿志与人不同的是，虽然没有文化但不因循守旧，虽然安分守己但不顽固狭隘，虽然是买卖人但不贪心。正因为如此，他虽然没说过支持女儿去新式学校读书，但也从不反对，更没把女儿关在家里做"女红"，再早早给女儿找婆家。他觉得自己所能给予女儿的，除了信任、宽松、自由，再就是让女儿开心，按她自己的想法去追求。

"官立中"坐落河西区，家到学校的距离不近。学校没有住宿，天天上下学交通很不方便。"爸，我想有辆自行车。"郭淑珍小心翼翼地探爹的口风，毕竟当时自行车是个"大件"，一般百姓家庭很少买得起。听女儿这么说，郭鸿志想了一下，没说话只"嗯"了一声。

几天后，父亲指着屋外说："去，试试行不行。"郭淑珍愣了一下，又马上领悟，爹让试试的一定是朝思暮想的自行车，于是连蹦带跳地跑出去。果不其然，一辆拼凑的自行车停在门外。看到自行车，郭淑珍既高兴又扫兴，高兴的是毕竟这是自行车，可以骑着去上学。扫兴的是，这辆自行车太"特别"了，车把车架不是一种色，车大梁是自来水管做的，车把、脚蹬也是从旧车上拆的。总之，外形很不协调，一看就知是"拼凑"，这样的拼凑车通常只有家境差的男人骑。马路上女孩子们的车，外形轻巧、颜色漂亮，而且还是上下方便的弯梁。夏天，骑着漂亮自行车的女孩子，在路上裙裾飘飘、欢声笑语，是都市一道亮丽的风景线，郭淑珍常常情不自禁驻足观望。此刻，郭淑珍一言不发地站在车前，郭鸿志看出了女儿的心思，说："不管啥车，只要能骑就行。咱不跟人比，要比比真本事。"郭淑珍是个懂事的孩子，听爹这番话不禁心感惭愧，她点点头高兴地推车试骑去了。从此，这辆父亲亲手"攒"的自行车，伴随郭淑珍读完三年"官立中"。

教育滋养心灵

郭淑珍向往的省立女子中学，是一所什么样的学校呢？

该校创建于 1895 年，创办人为清政府官吏盛宣怀。秀才出身的盛宣怀，在中国近代曾发挥了举足轻重的作用，是位传奇的人物。他既是官办商人、买办，洋务派代表人物，也是著名的政治家、企业家和慈善家，被誉为"中国实业之父""中国商父""中国高等教育之父"。

盛宣怀一生创造了 11 项"中国第一"：第一个民营股份制企业——轮船招商局；第一个电报局——中国电报总局；第一个内河小火轮公司；第一家银行——中国通商银行；第一条铁路干线——京汉铁路；第一个钢铁联合企业——汉冶萍公司；第一所高等师范学堂——南洋公学（今交通大学）；第一个勘矿公司；第一座公共图书馆；第一所近代大学——北洋大学堂（今天津大学）；创办了中国红十字会。他还热心公益，积极赈灾，其中社会影响面最广的是，创造性地用以工代赈方法疏浚了山东小清河。

盛宣怀的教育情结，始于甲午战争后，严酷的事实血的教训，让他意识到国家欲图自强，筹设学堂、培育人才是关键。他在给朝廷的奏折中说："自强首在储才，储才必先兴学。""西国人材之盛皆出于学堂。"

1895 年 10 月 2 日，盛宣怀通过直隶总督王文韶，禀奏光绪皇帝设立新式学堂。光绪帝御笔钦准，成立天津北洋西学学堂，后更名为北洋大学。此为中国近代史上的第一所官办大学，也是天津大学的前身，这一天也成为中国第一所大学建校纪念日。

北洋大学堂创建后，盛宣怀秉承"事事研求"的人生宗旨，不断丰富和完善"中学为体，西学为用"的办学方针，形成了"西学体用"的思想理念。首先，他采用专家办学模式，奏明皇帝"须遴选深通西学体用之员总理"，聘请美国教育家丁家立具体掌管设在天津的大学堂，并聘请了一批外籍教员。1896 年盛宣怀还在上海创办南洋公学，后成为上海交通大学、西安交通大学、台湾交通大学的前身。1897 年在南洋公学首开师范班，是为中国第一所正规高等师范学堂。1909 年在南洋公学首开航政科，后发展为独立的吴淞商船学院，即大连海事大学、上海海事大学前身。这些大学以及后来创办的南洋公学附设译书院、电报学堂等教育机构，为近代中国培养了一大批各学科优秀人才。

直隶省省立女子中学，是中国最早的公立中学之一。最初学校设在海河西岸不远处的梁

1943 年郭淑珍（左）在中学篮球场
与同学梅宗娥、王志英合影
—
1943 年郭淑珍（中）与中学同学合影

家圆博文书院旧址内，校名为天津北洋学堂（中西学堂）二等学堂。盛宣怀创办这所"官立中"的背景，是进入 20 世纪后，中国"兴学育才，教育救国"的社会呼声愈加强烈，使他意识到培养人才的重要性。该校 1910 年的校名为"德华中学"，可理解为培养有道德有才华之人的学校。1924 年后更名为直隶省省立女子中学、河北省立天津女子中学。由于历史悠久、成果卓著，如今学校被文史及教育专家称为"兴学沃土，教育宝地"。因为这里展示了中国 100 多年的兴学历史，积淀了丰厚的文化底蕴，逐渐形成"朴毅敬诚"的校风和"进德修业"的学风。

1924 年，当该校正式更名为直隶省省立女子中学时，根据国民政府对近代女子教育的要求，确定以"朴毅敬诚"为校训，旨在培养学生朴素、刚毅、谦恭、诚实的优秀品质。可见，郭淑珍通过自身的努力，考入"官立中"，就是跨入了中国近代最具创新性的学校，也是走上了人生的另一个台阶，打开了通向新时代的另一扇大门。尽管当时单纯的她并未意识到这些，但事实是当时这所中国教学条件最好、师资力量最强的国办中学，在她确立人生观的重要阶段，给予了她人生积极光明的引导，让她开阔了眼界，为日后成才创造了条件。

走进"官立中"，郭淑珍走进一种全新的生活。学校平等、单纯的学术氛围，让郭淑珍很快融于其中。在"官立中"读书的 3 年里，每天清晨，她骑着"自来水管大梁"的自行车，穿着母亲做的布衣布裤布鞋，心中充满热切地往学校赶。清晨的阳光一路相伴，让她感觉太阳每天都是那么明媚。无论是老师还是同学，无论是校园还是课堂，都与她之前的生活截然不同，她像一块吸水海绵，尽可能吸收各方面的营养，同时也在快速成长。

　　在"官立中"的班级里，身材高挑、朴实善交的郭淑珍，一直给同学以成熟、稳重的印象。其实，郭淑珍天性本真、热情好动。同学们发现，她不仅爱唱歌，而且还爱运动。同学中家境好的，多从小娇生惯养、体弱性懒，业余时间很少参加体育活动。在那些同学和她们家长的心中，女孩子虽然不必再像过去笑不露齿行不露足、大门不出二门不迈，但也不可以"疯疯颠颠""登梯爬高""抛头露面""大声说笑"。所以在"官立中"，多数女生的着装，除校服外还是旗袍或长裙，唯有郭淑珍短衣长裤，素颜短发，笑声如铃，走路生风。她的这种"开放""勇敢"，得益于家庭的宽松，在她脑海里，没有任何禁忌，没有任何约束，只要喜欢的，只要有益的事情，她都敢做第一个"吃螃蟹的人"。学校的篮球场、运动场，对她充满诱惑，每天课间或放学后，只要有时间，她都跑去活动两下。学校开设的体育课，对她更是如鱼得水，什么运动项目都积极参加，打球、跑步、攀爬，但凡有学生在运动的地方，一定有"假小子"郭淑珍的身影，一定是她玩得最投入最开心。"假小子"是同学们送她的绰号，她很喜欢，更喜欢像"假小子"去帮助别人。

生活两点一线

"官立中"校门开在英法两租界内的繁华街道上。一条路通两国，法国人称之为大法国路，英国人称它为维多利亚道，又因它贯穿两个租界中心，而被称为"中街"。"中街"从铺设开始，就被规划为金融街。时至今日"中街"已改名为解放北路，但其功能依然，历经百年风雨，这条2300米的金融街及其建筑，大多仍保持原有风貌，承载当年的"风云故事"，见证它的历史变迁。

郭淑珍考入的"官立中"，就在这条街的南端，校园身后是水运繁忙的海河，每天除了各国的商船来来往往，还有搭载各国侨民的远洋邮轮、军舰，两侧船栏上飞扬图案各异、鲜艳夺目、迎风招展的彩旗，把海河装点得媚俗而妖艳。德国俱乐部、英国俱乐部与之毗邻，民国著名女作家张爱玲钟爱的起士林咖啡厅、大光明影院、音乐厅等交际娱乐场所，近在咫尺。当年这里的繁华景色，可从张爱玲的小说中窥见一斑：临街的落地玻璃窗外，不时匆匆走过挽着绅士的阔太、小姐，或花枝招展的妓女，还有缠着红头包布的印度人和穿着长袍马褂的中国商人……钻出门缝的咖啡香气飘散在街头，点染着租界的味道。

尽管"官立中"招生遵循择优录取的原则，但能进入这所学校的学生，多半还是官宦有钱人家的小姐，生长在"中国地"的郭淑珍实属凤毛麟角，但郭淑珍没有丝毫自卑，她自信自己是凭本事光明正大考进学校，一点不比别人差。有这种好心态，她与同学交往时不卑不亢。她热情结交朋友，因为家里没有兄弟姐妹。就这样，郭淑珍一点点地吸引了身边同学，还有的成了她的"闺蜜"。虽然开始也有同学瞧不起她，认为来自"中国地"的她，平庸、粗俗、卑微，但一段时间后，她们发现郭淑珍不仅学习成绩好，而且文体样样行，歌尤其唱得好，只要有她在的地方，一定热热闹闹、欢声笑语，于是也渐渐成了她的朋友。

"官立中"内外诱惑无限。面对诱惑，很多人难以抗拒。抗拒诱惑需要克制和理性，有理性无克制是空谈，有克制无理性是盲目。生活中不乏难抵诱惑、失去目标，最后前功尽弃走向歧途的年轻人。所以有人说，经得起诱惑的人，才能成大器干大事。正值花季的郭淑珍，身边的诱惑多种多样，如果没有足够的定力，很难不为之动心。但天性纯朴的她，似乎有本能防御能力，天天穿过灯红酒绿的世界，始终置若罔闻。能够坚持这样，究竟是天性还是理性？也许冥冥之中的某种引导，让这个15岁的女孩，保持初心傲然前行。

郭淑珍每天的生活两点一线，骑着笨重的自行车从家到学校，再从学校回家，除了学校

1943 年郭淑珍
在学校旗杆前留影

活动和合唱队排练，再没参加过别的活动。一天，有位女同学兴奋地对她说："昨天晚上做梦在跳舞，脑海里全是蹦嚓嚓的三拍子。"郭淑珍知道这位同学的父亲是广告公司的老板，家庭很富裕，放学后经常参加社交活动。"什么是蹦嚓嚓旋律？"郭淑珍不懂。"你怎么连蹦嚓嚓都不知道，谁不知道这是交际舞啊。""不知道。"郭淑珍还是一脸茫然，她真的不知道，她从未踏进舞厅半步，怎么可能知道交际舞。女同学耸耸肩，一脸不屑，觉得郭淑珍像外星人。

难道郭淑珍真对周围一切漠然处之吗？并非如此。爱美之心人皆有之，何况花季女孩儿，哪有不爱漂亮不爱美的。如果说舞厅、酒吧、咖啡厅，与她以往的生活相距甚远，但此刻她的身边，聚集的却多是靓装、时尚、吃过见过的同学，她们的衣食住行自然在影响着郭淑珍。当时，让郭淑珍怦然心动的，是很多同学都穿露脚趾的皮凉鞋，她很喜欢，多次想象自己也有一双这样的凉鞋，就像灰姑娘幻想穿水晶鞋。终于，一向听话的她，第一次跟父亲要求买一双露脚趾的凉鞋。那天，父亲一边听她说话一边忙着手里的活儿，眼皮没抬，说："哪有女孩子家穿露脚趾的鞋，成什么体统，上学学的是本事，不是学臭美。"父亲在家里从来一言九鼎，郭淑珍不敢再说下去，她知道父亲的脾气，尽管父亲在某些方面已经很开通，尽管他对自己也很宠爱，但他内心深处仍有传统的底线，仍然认为女孩子穿着不能过分随便。

通常父亲严厉，女儿一定会敬而远之。但郭淑珍与父亲的关系恰恰相反，有心里话愿意对爹讲，有不开心的事愿意告诉爹，父亲在郭淑珍的心里是一片温暖、一种依靠、一棵可以依靠的"树"。那时，自尊心极强的郭淑珍如果在外面受了委屈，从不在人前落泪。回到家里，见到母亲也不落泪，唯独见到父亲，眼泪怎么也忍不住，像断线的珍珠一串串往下落。

两点一线的方式，贯穿郭淑珍的三年初中生活。试想，假如在某时某刻某事上，郭淑珍两点一线的生活节外生枝，那么她的人生又该如何呢？

幸运遇到李洪宾

在"官立中"郭淑珍最幸运的事，莫过于遇到了第一位专业声乐启蒙老师——中国早期男高音歌唱家、声乐教育家李洪宾。

20世纪30年代的天津，音乐、美术教育蓬勃发展。西式学堂在天津的兴起，新的教育体系中把音美课提到重要位置，各校纷纷聘请了一些从国外归来的音乐、美术教员。其中最具代表性的，如沈心工（1903年回国任教）、李叔同（1910年回国任教）等人。他们回国后在西方民歌的曲调上填加中国歌词，改编成最早的校园歌曲教学生演唱，在中国近代音乐史上也被称为学堂乐歌。如李叔同写的女声三部合唱《春游》、齐唱《祖国歌》等，都被归纳在学堂乐歌内。

天津最早专业美声演员，有王春芳和刘海皋，刘海皋是著名钢琴家刘诗昆之父，在上海国立音专学习过一年。王春芳则在上海国立音专一直学到毕业。他们回津后，一边教学一边参加演出。除此之外，王毓芳、李妙娴、杨韧秋等歌唱家，也活跃在天津舞台。位于天津市中心的维斯礼堂，是天津基督教的主要活动场所，也是很多人学习声乐的好去处。这里的唱诗班吸引和培养了很多歌唱人才，楼乾贵、李光羲等20世纪40年代都在这里活动，李洪宾老师也经常出现在这里，并举办声乐专修课。

基督教女青年会、男青年会是天津歌迷钟爱的两个群众团体，女青年会招收了很多热爱声乐的女学生参加合唱队，男青年会也吸引了不少热爱歌唱的人才，郭淑珍同时加入了两个合唱队。女青年会合唱团的音乐老师是李洪宾，钢琴伴奏刘畅标，指挥刘畅怀。男青年会的指挥兼作曲是张肖虎，钢琴伴奏为李菊红，有时也请南开大学乐队担任伴奏。两个团体的指挥、伴奏、声乐老师都有很高的专业水平，后来均成为中国乐坛的艺术大家。

郭淑珍在男青年会合唱队第一次接触《圣诞曲》，担任领唱的是李洪宾、叶臻、严仁冀、严仁谭。在女青年会合唱队接触到亨德尔的《弥赛亚》。合唱队每星期排练两次，郭淑珍放学以后便赶去参加排练，从5点钟练到7点多钟回家。此时，汪伪政府与日本人担心遭国军轰炸，通告全市不许开路灯，排练之后郭淑珍骑着自行车摸黑往家赶，父母常常为她捏一把汗。父亲说："你天天摸黑回家，学校不怕你们路上出事吗？"郭淑珍"嗯"了一声，想搪塞过去。母亲问："你爸问你话呢，这么晚回来干吗去了？""还能干吗，在学校做功课呗。"郭淑珍不得不撒谎，生怕说真话，父母不让她再去参加合唱队排练。

郭淑珍
学生证照片
（1943 年）

天津作为中国北方最重要的工商业城市，由于特殊的历史原因，当时各方面发展均走到全国前列，尤其是文化方面受"西化"影响，变化很大。当时天津举办过多场以"音乐夜"为题的音乐会，演出过海顿的《创世纪》中的双四重唱——《上苍在告诉》。这些演出活动深深影响了郭淑珍，让她对艺术的追求变得更加强烈，更加关注一些歌唱家情况。比如，经常钢琴伴奏的刘金定、张伟琳、李菊红，女高音歌唱家王复生、女低音歌唱家严仁囊、男高音歌唱家李洪宾、男低音歌唱家严仁谭等，都是她崇拜的艺术家。

让郭淑珍激动不已的，是李洪宾老师每周末从北京赶到天津，免费到学校教授声乐、钢琴。当时，学校喜欢唱歌的同学很踊跃，都希望得到李老师的指点，当时郭淑珍最好的同学郑慧斌报了李老师的声乐班，郭淑珍报了李老师的钢琴班。那时她想，唱歌有什么可学的，我没学不也能唱吗。的确，郭淑珍来到"官立中"不久，就在学校演唱了《阳关三叠》，受到师生们的一致好评，所以没报声乐班。

郭淑珍崇拜李老师，李老师周末来学校上课，她上完钢琴课，又去旁听声乐课，她想知道唱歌到底学什么。不去不知道，一去很开窍。终于发现唱歌光有好嗓子不行，还有那么多方法要学。有了方法后，唱歌不仅不费劲，而且还能把歌唱得更好听。所以，她把"蹭课"听来的方法，牢牢地记在了脑子里，感到很有帮助。郑慧斌每次上课，郭淑珍是忠实的"陪读"。久而久之，郭淑珍的演唱水平渐渐超过了学声乐的同学。有一次，李老师给郑慧斌上课，李老师的要求，郑慧斌怎么也做不到，非常着急。站在一旁的郭淑珍也替她着急，心想："这么简单怎么会做不到呢，我给你示范一下。"没承想，她的这一示范，让郑慧斌颇感意外。下课后，她对郭淑珍说："你没学声乐都唱得那么好，李老师也认为你是声乐的好苗子，干脆咱俩换班吧。我去钢琴班，你来声乐班。"

搞艺术确实需要天赋，所谓天赋就是与生俱来的先决条件。用老百姓的话说，天生就是唱歌的材料，有音色、有音准、有音域，领悟力强。其实，不仅声乐演员需要天赋，学习任何艺术都要有一定的天赋。天赋是成功的本钱，没有本钱的努力，最终难有成就。郭淑珍有得天独厚的演唱本钱，她的音域宽，既有中音也有高音，中音浑厚结实，高音明亮集中；音色美妙漂亮。接触过郭淑珍的老师，一致认为她是天生会唱的孩子。这得益于她有个爱唱的母亲，天天小曲不离口；还得益于大经路上的商家，为招揽生意开门就放留声机，让她天天免费听歌星周璇、白光、宫秋霞、郎毓秀的歌，所以郭淑珍从小就会唱《天伦歌》《满园春色》那些20世纪30年代的流行歌。除了歌还有京剧、曲艺对她的影响都很大。因为喜欢便去模仿，一遍遍地听，一遍遍地唱，像不像三分样。就这样，虽然没跟专业老师学过，但那时的郭淑珍，已下意识地做到了会吸气会控制。

上学前她给街坊邻居唱，上学后给学校同学们唱。在市立十三小读书时，每周一的周会课，她是班里名副其实的"主角"，京剧老生、老旦、青衣、小生的段子都会唱几段，唱了京剧还可以唱单弦、京韵大鼓。最拿手的是京剧《钓金龟》选段，老旦张氏的"叫张义，我的儿啊……"还有《甘露寺》中老生乔玄的"劝千岁，杀字休出口……"多种艺术的影响与浸润，实际上给郭淑珍提供了多种借鉴与营养。

从此之后，每当有的同学到高音换声区唱不上去时，李老师便说："郭淑珍，你来给她做示范。"最初郭淑珍推辞，觉得自己不是学声乐的，不好意思给学声乐的做示范。但李老师对她们说，你们就得像郭淑珍那样唱，她的方法很对很好。她唱歌时知道用气，喉咙不紧张，所以唱多高都不难。老师为什么这么说，当时郭淑珍不理解，但唱歌确实对她来说，无论唱多高的音都不费劲。那时，她还不知道最好的演唱方法，是放松的、自然的演唱。要做到放松和自然，就要学会运用方法，方法是打开声乐艺术世界的金钥匙。

郭淑珍跟李老师学钢琴，但平常却没琴可练。她想出了一个办法，在纸板上画琴键，每天在纸板上练指法。后来有位同学告诉她，某个仓库里有架旧钢琴，郭淑珍喜出望外，之后常常到仓库去练琴。这时，郑慧斌再次跟她商量换班，郭淑珍犹豫地问："李老师同意吗？"郑慧斌说："李老师特别希望你学声乐，总在我们面前夸你。"这回郭淑珍信了，露出了微笑。就这样，郭淑珍与郑慧彬私下调换了班，从此与声乐结缘一生。

郭淑珍毕业照（1946 年）

　　1947 年，考入国立北平艺术专科学校，是郭淑珍人生音乐之路的起点。

　　虽然在天津"官立中"，郭淑珍已经接受了一定的音乐启蒙，对音乐有了粗浅的认识与感受，但毕竟是普及式的教育，不系统、不专业，充其量是激发了她对艺术的兴趣与热爱，考入北平艺术专科学校，才是郭淑珍正式踏上艺术之路的开端。

艺专点燃梦想

1946 年，郭淑珍在"官立中"三年的初中学习即将结束。毕业后何去何从？那段时间，她整天都在想这个问题。她知道自己不能跟别的同学比，别的同学有父母家庭帮助选择未来，或继续深造或嫁"金龟婿"，她们可以坐享其成，无忧无虑地走下去。而自己必须为自己选择未来，找到一条热爱又适合的人生之路。

平心而论，当时的"官立中"，虽然是新式学校，在一定程度上打破了封建传统，开始培养招收女生，但从实际效果看，真正培养出有作为的女生屈指可数，社会大环境没有改变，传统观念仍根深蒂固，即使有些女学生想干出一番事业，也难以找到发展的舞台，她们就像在茫茫大海中的一条小船，再勇敢也无法征服惊涛骇浪。难怪有人说，当时官办女中，与其说是时代的进步，不如说是时代的"点缀"。也许这话过于苛刻，但从效果看也不无道理。"官立中"不少毕业的女孩子，多半又走回家庭，相夫教子消遣度日。

郭淑珍知道，自己的家庭和父母不可能给她任何帮助，父亲送她上学的目的很单纯，就是可以给他阅读、回复老家来信。当时在父母的心里，女儿最好的归宿是嫁个一生吃喝不愁的好人家，上几年学足够了。后来，随着时代的变化，社会倡导女孩子也要走出家门参加工作，他们的观念有所转变，认为女儿如果能学法律或当医生、老师最好，但又觉得这一目标很难实现。这时，他们从女儿嘴里得知有个助产士学校，感觉这是个"金饭碗"，永远有需求，竭力主张郭淑珍考助产士学校。

如果站在父母的角度看，他们为女儿未来的选择实实在在，毕竟哪朝哪代谁来谁走，天下女人都得结婚生孩子。以往，中国女人生孩子不去医院，也没医院可去，全由走街串巷的"接生婆"一手包办，生死安危凭自己运气靠"接生婆"经验。直到有了助产士学校，一批批有医学知识的助产士毕业后，越来越多的产妇开始选择助产士接生。当时助产士是女性的最好职业之一。至于女儿嗓子好喜欢唱歌，在父母看来是不能当饭吃的"瞎玩"，即使唱得再好，也不能让女儿去吃"开口饭"，干"下九流"的行当。

其实，当医生也是郭淑珍的梦想，但医学院要高中毕业生，她的学历不够。也许是天意，正当她一筹莫展迷茫不知所措时，一个喜讯从天而降，让她豁然开朗。

又到了合唱团排练的日子，郭淑珍准时来到排练场。这时她看到男队员靳先生正兴致盎然地与人交谈，内容是国立北平艺专回迁招生的事，而且还提到不用交学费。这话让郭淑珍心头一动。郭淑珍知道靳先生是天津某小学的音乐老师，平日里古道热肠，乐于帮助别人，合唱团的人喜欢称他"小靳老师"。见郭淑珍来了，小靳老师立即转向她说："郭淑珍，你的嗓子那么好，歌唱得也好，还那么喜欢音乐，应该去考北平艺专。""郭淑珍你肯定能考上，机会难得。""北平艺专不错，校长是大画家徐悲鸿。郭淑珍你声音条件好，天生就是女高音的料，不当歌唱家太可惜。"大家了解郭淑珍的条件，附和小靳老师的话，觉得北平艺专招初中毕业生，对郭淑珍是千载难逢的机会，应该去考考。"什么北平艺专？我怎么不知道。"郭淑珍一头雾水，她的确不知道北平艺专是什么学校。见她茫然的表情，小靳老师笑了，说："郭淑珍，徐悲鸿你知道不知道？""听说过，他是画画的，跟北平艺专有什么关系？""你呀，真是孤陋寡闻。徐悲鸿是大画家没错，他是法国留学回来的，擅长画马。他画的马奔放有动感，别具一格，他还是北平艺专校长。"见郭淑珍还是没听明白，小靳老师耐心解释道："徐悲鸿是国立北平艺专的校长，北平艺专音乐系有声乐专业。你应该去考考，你在声乐上有天分，一定能考上。""他们招初中生吗？"郭淑珍问。"招，艺专不是大学，只要初中毕业就行，你一定要去考，千万别错失良机。"小靳老师努力说服郭淑珍，郭淑珍也觉得的确是个打着灯笼难找的机会。

　　郭淑珍心动了。北平艺专招生的消息，对她像是一阵清风，吹散了心头笼罩的雾霭。郭淑珍太喜欢唱歌了，对她而言唱歌是最幸福最美好的事。尽管当时唱歌还不能成为职业，也不算是一条出路，毕业后能干什么呢？郭淑珍顾不上想。中国有不少戏剧班子，有梅兰芳、叶盛兰、马连良、程砚秋那样的"老板"，但却没有以唱歌为职业的歌唱家，更没有专业歌舞团。美声是舶来的艺术，进入中国后一度只是上流社会的爱好消遣。那些家境贫寒天生有好嗓子的人只能在歌舞厅唱歌，地位低贱，被人们称为"歌女"。郭淑珍很幸运，赶上了中国开始有北平艺专这样的艺术学校，赶上了能够科学系统培养艺术人才的专业老师。回家路上，郭淑珍感觉繁星点点像为自己照亮，树叶沙沙像对自己耳语，她在想，苍天知我心，当苦于毕业后不知如何选择时，北平艺专招生了，而且自己的条件基本吻合。或许这就是命运的安排，让我在最合适的时机有了最合适的选择。郭淑珍情不自禁地笑了，车骑得飞快，耳边"唰唰唰"的风声，让她感受了"飞"的感觉。

初闻北平艺专

郭淑珍要报考的，是国立北平艺术专科学校音乐系。

国立北平艺术专科学校，被称为近代中国艺术教育的摇篮。创建于 1918 年，在中国近代教育史上占有重要一席之地，尤其是在中国艺术教育方面，具有奠基的作用。作为中国历史上第一所国立美术学校，筹建伊始便聚集了一大批有志于中国教育发展的有识之士，曾任北大校长的著名教育家蔡元培先生是最早的倡导者。蔡元培先生认为，只要人们认识美，懂得美，一切就都还有希望。他甚至提出"美育可以替代宗教"，号召"文化运动不要忘了美育"，还撰写了《美育实施的方法》。

蔡元培提出创建艺术教育学校，不是偶然的。1918 年，推翻了封建王朝、北洋政府统治，走进共和的中国，人们渴望建立新气象的时代。作为中华民国首任教育总长的蔡元培，他接受过西方教育，对西方教育的先进性感同身受，全民美育是他的理想。蔡元培倡导的美育，包括"社会美育"和"专门美育"，他的这一理念受到教育部的认同。1917 年，时任教育总长的范源濂，派遣在教育部任职的郑锦去日本考察，之后创办北平艺专。郑锦成为第一任校长，校址位于北京西城前京畿道一座四合院内。

1922 年，北平艺专增加了戏剧和音乐等科系，并聘请了一批年轻有为的教师，其中 26 岁的林风眠是他们中的佼佼者，他曾仿照法国沙龙办法，以北平艺专为中心举办大规模"艺术大会"，宗旨是"实行整个的艺术运动，促进社会艺术化"，深得蔡元培赏识，因为这也是对蔡元培全民美育理想的积极推动。大会包含中西绘画、图案、建筑、雕刻以及音乐演奏、戏剧表演、舞蹈表演等。齐白石、陈半丁、王梦白、萧谦中、汤定之、陈少鹿、邵逸轩等名家悉数出席。林风眠亲自为艺术大会设计广告，张贴于街头，引起轰动。这次活动可谓是北京最早，也是中国最早的艺术博览会之一。

1928 年，蔡元培实施教育改革，将华北大学区的高校组合成国立北平大学，北平艺专也成为国立北平大学艺术学院。但由于改革失败，北平艺专又重新改为国立北平艺术专科学校。学校历经了 5 次改名后，1930 年，翻译家严复的后代严智开担任校长。

尽管北平艺专发展的路，坎坎坷坷、颠簸不平；尽管各任校长主张各异，侧重不同，但学校还是不断发展壮大，培养出一批批优秀人才。不幸的是，1931 年抗日战争爆发，古城北平遭受重创。沦陷后的北平，社会动荡不安，百姓痛不欲生。北平艺专部分师生被迫迁移至湖南沅陵、云南昆明、四川璧山，最后转至四川重庆，转移的学校因为不在北平，更名为国立艺术专科学校。留守在北京的师生，因为北平被更名为北京，所以学校也更名为"国立北京艺术专科学校"，并先后迁址到北京阜成门内井儿胡同和北京东城东总布胡同。

1945年抗战胜利，北平艺专重新隶属南京国民政府，暂名为"教育部特设北平临时大学补习班第八分班"。1946年，复名为国立北平艺术专科学校，徐悲鸿出任校长。这是徐悲鸿第二次出任北平艺专校长，他曾经在1928年年末担任过北平艺专校长，但第一次当校长的时间仅为40余天，辞职的原因是教学主张以及人事发生问题。对徐悲鸿而言，这是一次失败的经历。再次出任校长，徐悲鸿带来了与他共同筹办中国美院的同僚以及他在全国发现的青年才俊，共20多人。

虽然徐悲鸿从事的是美术专业，但作为校长，他对艺专的音乐教育同样重视，立即恢复了音乐系，并委派赵梅伯主持工作。当时音乐系分声乐、器乐、作由三科，另设民族器乐副科。学制五年，分初级、中级、高级三阶段。

被录取父亲不许上

初中毕业后，同学们各奔前程。郭淑珍心里念念不忘的是北平艺专，下定决心去北京报考。

报考艺专，父亲并不支持。父亲不止一次对郭淑珍说，岁数小唱着玩玩可以，唱着高兴，我不拦着。长大了不能再这么疯疯颠颠的，让人笑话。父亲有这种想法，郭淑珍多少可以理解。当时在社会上，吃"开口饭"的"戏子"最不受老百姓待见。何况郭淑珍的父亲是一个传统观念很强的人，不支持女儿考艺专，自然在情理之中。

然而，父亲的态度不能泯灭郭淑珍报考艺专的决心，这是她的梦想，不可能从心里割舍。报考的日子一天天临近，郭淑珍不敢把自己的决定告诉父亲。父亲放心了，认为女儿已经放弃了原有的想法，不会自作主张去考北平艺专。

东方露出鱼肚白，远处传来报晓的鸡鸣。郭淑珍一骨碌坐起身，问："娘，几点了？""早着呢，再睡会儿。""不睡了，一会儿还去北平考试呢，赶早不赶晚。""是得早起，火车不等人。"父亲接茬，也起身披衣下地，给女儿准备早饭。

"早去早回，别让我们惦着。""您放心，考完我就回来。"父亲送郭淑珍到车站，这是女儿第一次出"远门"，父亲不放心地一再叮嘱。火车开了，父亲还站在站台上冲郭淑珍摆手，目光里带着关切和牵挂。

到了北平艺专，负责声乐考生的主考官是赵梅伯。那时，郭淑珍根本不知此刻坐在长桌后的考官，是中国最早在欧洲受过严格正统音乐教育的音乐家、合唱指挥家、教育家，也是第一个将中国民歌介绍到西方的人。赵梅伯先生最早在西方舞台演唱欧洲古典、浪漫歌曲与近代歌曲，第一个在欧洲歌坛上为中国人夺得声乐头奖。他还曾先后创建西北音乐学院、北平艺专音乐系、香港音乐院等，为中国的音乐教育做出了开创性的贡献，在国内外乐坛享有很高威望。赵梅伯先生撰写的《黄钟史》，较早向西方介绍了中国的音乐及历史；撰写的《唱歌的艺术》是中国声乐专著中具有较高实用价值的作品。郭淑珍站在考官面前，赵梅伯问："你准备唱什么曲子？""我唱意大利歌曲《我亲爱的》。""好，那开始吧。"

赵梅伯认真听完郭淑珍的演唱，什么话也没讲，然后又请下一位考生。离开考场，郭淑珍有些忐忑，不知自己考的结果会如何。"怎么才能知道结果？"郭淑珍问考场外的工作人员，对方告诉她，录取结果几天后在报纸上公布，请她注意之后几天的报纸。带着满心的疑惑，郭叔珍坐上回天津的火车。

等待结果的那几天，对郭淑珍来说感觉很漫长。不过，最终的结果还是如她所愿，她从报纸上刊登的艺专录取名单上，看到了自己的名字。按照艺专要求新生报到的时间，郭淑珍兴高采烈地走进学校。望着蓝天上的朵朵白云，抚摸着身旁的棵棵松树，那一刻，郭淑珍的内心充满喜悦，她祈祷自己由此开始的艺术学习之路，会平坦顺利、学业有成。

来到艺专后的一个月很快过去了，在这段日子里，郭淑珍和所有新生一样，主要任务是熟悉校园、学习校规、安置住舍，接触最多是负责教务的老师，专业课尚未开始。由于只带了一个月的生活费，郭淑珍必须回家找父亲要下月的生活费，于是，她向老师请假，得到批准后匆匆赶回天津。

父母不知郭淑珍回家的目的，以为是女儿想家偷着跑回来了。父亲说："不兴老往家跑，好好上学才是正事。""我不是偷着跑回来的，是回家拿生活费。"郭淑珍接着父亲的话茬说。这时，她发现父亲的脸色顿时变了，本来就很严肃的表情又多了一层愁容。"别上了，在家呆着吧。"父亲不容置疑地说完，推门走了出去。父亲的话对郭淑珍来说，像一盆冰水从头浇到脚，虽然回家的路上她已意识到，要生活费父亲可能不高兴，毕竟家里的买卖小，多年只能量入为出，没有多余的钱。之前，父亲之所以没阻止她考北京艺专，也是以为学校全管了，包括管吃管住。听父亲把话说得那么绝，郭淑珍感到一种不安，因为她知道从小到大，父亲的话从来说一不二，一旦说出绝不改口。

无奈之后是痛苦的割舍。郭淑珍没回北京艺专，但留在家里也无所事事，况且对声乐的热爱，因中断变得更加强烈。对郭淑珍来说，不让上艺专尚能接受，不让唱歌比死还难受。虽然父亲再三警告她只能在家呆着，哪也不能去，但父亲毕竟还要照看铺子挣钱，不可能整天看着女儿，让郭淑珍大门不出二门不迈。很快，郭淑珍与合唱队的朋友们又联系上了，而且又悄悄地参加了排练。一天排练结束后，队友小靳老师对郭淑珍说："我们在中原公司对面的新中央搞了一场音乐会，你出个独唱节目。""可我能行吗？"郭淑珍说。小靳老师肯定地回答："你独唱没问题。答应吧，到时我们开车接你。""好吧。""你应自信，一定会成功的。"对方的话，给了郭淑珍极大的鼓舞。

由于那次演出，郭淑珍第一次坐轿车，第一次在舞台上独唱，第一次体验到站在舞台上的自己，那么从容那么自信，歌声像从心底涌出……之后，郭淑珍又被邀请到天津广播电台录音。从此，她的歌声通过电波传遍天津。

又能唱歌了，从表面看郭淑珍似乎很开心，而且父亲也没再坚决反对。殊不知，对自己这样的状况，郭淑珍并不甘心，内心仍有强烈的求学欲，希望自己成为有真本事的人。得知女儿的心思，父亲第一次妥协，说："你可以考当律师、医生、老师的学校，这才是正经的行当。"郭淑珍听出父亲的话外音，知道在父亲看来，搞声乐就不是正经的职业。其实，当律师、老师、医生，郭淑珍也可以接受，但仅是初中毕业的她，根本不具备考那些学校的资格，人家要的是高中毕业生。权衡再三，郭淑珍想只要能去上学，不管什么学校都行。于是，她跟父亲说考助产士学校，因为助产士学校面向初中生，而且父亲也不反感。果不其然，父亲答应了，明年她可以再去考。

不需再考直接上

　　一年过去了，又到了招生时间。遵父之命郭淑珍又要进京考助产士学校。行前，父亲问："这回该考啥学校心里明白吗？"郭淑珍明白这是父亲在"敲打"她，暗示她不能再自作主张。"知道，报助产士学校。"父亲点点头。

　　这次与郭淑珍同去北京的还有几位同学，其中有两位要考北平艺专。几个女孩儿说说笑笑上了火车，车上想考艺专的同学请求郭淑珍陪着去，她们知道郭淑珍去年考过，道儿熟。郭淑珍生来古道热肠，见同学希望她帮助带路，想都没想立刻答应："没问题。"

　　来到北京，助产士学校考试在先，郭淑珍考完之后带着同学往北平艺专走。"郭淑珍，你的嗓子那么好，不上艺专上助产士学校，多可惜啊。""别说了，我爹不让上，我也没办法。"说说笑笑，她们走进北平艺专大门。此时，郭淑珍不禁感慨，去年考试的情景历历在目。本来是陪同学来报考，但到了报名处郭淑珍忍不住又报了名。

　　还是去年的那个考场，还是赵梅伯老师主考。郭淑珍走到门口，脚步有些迟疑，她在想："赵老师还能记得我吗？他会问自己为什么不来上学吗？"后面的同学把郭淑珍推进考场，她悄悄坐到最后一排。前面的同学一个接一个地考完了，该到郭淑珍了，她站到考场中间。赵梅伯老师见到郭淑珍，感觉有些面熟，他端详片刻，说："你是又来考试吗？"一个"又"字，说明赵梅伯老师已想起去年来参加考试的郭淑珍，当时郭淑珍给他留下了深刻印象。郭淑珍点头，说："是，我来考试。""你去年不是考上了吗，为什么没来上？""我爹不同意。"郭淑珍回答。"那你今年来考，他就同意了？"赵老师问。不知为什么，赵老师的问话，让郭淑珍心里有了一种冲动，也多了几分勇气，她脱口而出："他同意了。"赵老师笑了，回答道："那就好。你应该学声乐，这是艺术。"赵老师的话让郭淑珍觉得心里热乎乎，她以为自己还要考，赵老师却说："如果你父亲同意了，今年你就不用考了，到时来学校报到就行。""真的？"对赵老师的话，郭淑珍很意外，激动地走出考场。

　　赵梅伯老师免考郭淑珍与其说是欣赏，不如说是"慧眼识珠"，他像伯乐发现了千里马。民间相传伯乐原是天上管马的神仙，后来被引申为能发现人才的人。春秋时代的孙阳是最初被称为人间伯乐的人。孙阳研究马精通马，后人们逐渐忘了他的真名，而称他为伯乐。

　　郭淑珍第一次考试时，赵梅伯便发现郭淑珍是个难得的声乐好苗子，她声音条件好，有本钱还会唱。不能不承认，有些没有学习机会的歌者也能唱得不错，这是模仿、感悟、苦练

郭淑珍 1947 年被北平艺专录取

的结果。特别是那些有"本钱"的人，即使没专业学，也可达到一定的水平。有"本钱"又通过专业学习的人，成功的概率和实际水平要远远高于"自学成才"的人。赵梅伯坚信如果经过专业系统培养，郭淑珍一定会成为出色的声乐演员。事实证明，赵梅伯的确是声乐界的"伯乐"，而郭淑珍正是可以驰骋舞台的"千里马"。

再次违抗父命，会有怎样的结果，郭淑珍想都不敢想。回家的路上，郭淑珍愁肠百转，两腿灌铅般地沉。回家后，她不敢见父亲，先把实情告诉了母亲。俗话说，知女莫如母。母亲"哼"了一下说："我就知道你还要去那个什么（艺）专，你爹是瞎子点灯白费蜡。干吗跟我说，去跟你爹说吧。"母亲虽然心里想帮，但却故意要激一下女儿。"娘，我不敢说。您帮我求求爹，就让我上艺专吧。""我求他管用吗？""那怎么办，我就要上艺专。"郭淑珍急得眼泪直打转。母亲心软了，给郭淑珍出了一个主意——把表舅请来当"说客"。"能行吗？我爹他能听表舅的？"母亲点点头。

郭淑珍要找的表舅，是母亲姑姑的儿子，毕业于南开大学，姑父在海关做事，家境殷实。在租界住三套院的大宅，雕梁画栋，非常气派。郭淑珍小时候姥姥和母亲常带她去姑姥姥家帮忙做活，在郭淑珍眼里，姑姥姥一家人都和善可亲，表舅尤其对人彬彬有礼。郭淑珍不止一次听父亲夸表舅："肚子里有墨水的人，就是不一样。"

郭淑珍找到表舅，一股脑把考北平艺专的事全说了出来。表舅听完逗她说："多好的事啊，咱的领弟不是领弟是灵弟。""可我爹不让上，您帮我求求吧。真怕他今年还不同意……"表舅明白了郭淑珍的来意，笑着拍拍她的肩膀说："甭着急，表舅找你爹去。这都什么年代了，还这么守旧。你放心，表舅一定能说服你爹。"听表舅这么说，郭淑珍脸上笑开了花，忙给表舅深深鞠了一个躬。

表舅在收音机里听过郭淑珍的演唱，深感表姐的这个女儿有歌唱的天赋，是个有前途的孩子。所以，当郭淑珍来恳求时，他愿意尽全力去帮。表舅来了，母亲和郭淑珍佯装不知，躲出门外。父亲非常惊喜，这位小舅子从未上过门，他连忙让座上茶。"姐夫，别忙了。我来有件事求您。"表舅向从门缝偷窥的郭淑珍挤了一下眼睛，不露声色地坐下。"一家人，什么求不求的，有嘛事您尽管说，只要我能办到的没二话。""您肯定办得到。"聪明的表舅给姐夫"挖"了个坑。"那好，说吧。""说之前，您得先答应办。""办，一定办！"见对方那么肯定，表舅道出了实情。他说领弟有这方面的天赋，别的孩子想去没本钱，所以你当爹的应该支持。再说，现在是什么时代了，艺术也是本领，不是什么"丢口饭"……郭淑珍知道表舅的话爹未必赞成，但爹是个要面子的人，答应了事不会反悔。果不其然，听完表舅的话，父亲凝神想了想，长叹一声说："行，我不管了，也管不了了，她爱上啥学校就上啥学校吧。"

尽管因为父亲不同意，郭淑珍晚上了一年艺专，但她对父亲没有丝毫埋怨。开学的日子到了，她带着行李离开家门时，父亲眼圈红了，为不让女儿看到眼泪，父亲马上揉眼睛，佯装淡定。那刻，郭淑珍感到一阵难过，意识到从今以后，再有委屈很难到爹面前痛哭发泄了，这棵可以依靠的大树，随着自己长大渐行渐远。

北平艺专故事多

1947 年，郭淑珍终于如愿成为国立北平艺专的学生。

此时，北平艺专在东总布胡同。东总布胡同位于北京市东城区东南部，东起建国门北大街，西至朝阳门南小街，南与顶银胡同、贡院西街、南牌坊胡同相通，北与大羊宜宾胡同、宝珠子胡同、总布胡同、弘通巷、北牌坊胡同相通。郭淑珍入校一年后，艺专搬迁至"帅府园"。

"帅府园"位于王府井大街东边的一条胡同内。据传，这个院落最早是唐代名将罗艺的府邸，清光绪时称此处为"帅府园"。郭淑珍拎着简单的行李，走向校园内的一幢日式两层"U"字形小楼。小楼上为美术系下为音乐系，比东总布胡同的旧校舍宽敞许多。

艺专办学环境的改善，背后有不少"故事"。当时，虽然徐悲鸿校长在原有基础上有所扩建，但校舍仍很窄小，办学很困难。于是，徐校长恳请时任北平行辕主任的李宗仁，另拨一所宽大一些的校舍。为了达到这一目的，徐校长不仅请张大千先生画了一幅墨荷赠送给李宗仁，自己还画了一幅奔马赠给他。李宗仁被感动了，承诺尽全力帮助，并很快拨了一处宽敞的地方给北平艺专，即现在中央美术学院的院址。不过，虽然李宗仁大笔一挥将"帅府园"给了北平艺专，北平艺专却请不走住在园内的驻军。驻军迟迟不肯退房搬走，徐校长又不得不给军中要员画了多幅画，终于把园中驻军请走。在这年的开学典礼上，徐校长带着感激的心情讲道：我们能有这么宽敞的校园，要特别感激李德麟先生（李宗仁号），所以学校将大礼堂命名为"德麟纪念堂"。说完，他用手指了指礼堂横匾，横匾上的字是徐悲鸿亲自书写的。

这年，与郭淑珍一起进入北平艺专音乐系学习的，声乐班有教蕴瑜、李九德、高云、马青萍、刘诵芬、李桄等，钢琴班有陈文、孔德墉、范珍茹、王萍。

启蒙老师珍妮·汉基

　　为培养郭淑珍，系主任赵梅伯精心挑选最
适合她的老师，最后决定由美国女中音歌唱家
珍妮·汉基作为郭淑珍的启蒙老师。

　　北平艺专的外籍教师不少，有教音乐理论的
德国老师，教视唱练耳的俄国老师，教小提琴的
波兰老师。将郭淑珍交给珍妮·汉基培养的原因，
是郭淑珍考试时，唱了一首女中音歌曲，给赵梅
伯留下深刻印象，所以他认为郭淑珍是女中音，
女中音老师带女中音学生最合适。

　　珍妮·汉基老师来自美国，30 岁出头的她，
金发碧眼身材高大，胸腔共鸣非常好。珍妮·汉基
不仅自己可以登台演唱，声音淳厚、流畅，是位富
有感染力的女中音歌唱家，而且还有丰富的教学经验，
可以培养学生。当年，珍妮·汉基放弃自己在美国的
事业，跟当外科医生的丈夫汉基来到中国，丈夫在北平开
办了道济医院，并出任院长，同时还兼任北平协和医院外科主治
医生。珍妮经常参加北平教会的各种活动，包括教会唱诗班的演唱。

20 岁的郭淑珍在
北平艺专校园

一个偶然的机会，徐悲鸿了解到珍妮·汉基既是歌唱家，又有声乐教
学方面的经验，便立即与她取得联系，诚聘她为北平艺专声乐教师。
此时，音乐系只有两位正式老师，一位是赵梅伯，一位是珍妮·汉基。
辅助教学的是赵梅伯的两位研究生张树南、王巧玉。显然，赵梅伯将
郭淑珍交给珍妮·汉基老师教，说明他重视郭淑珍。同样，在珍妮·汉
基所教的六七个学生中，她也最喜欢郭淑珍，认为郭淑珍无论自身条
件还是音乐悟性，都是难得的声乐人才，接受专业系统的训练后，有
希望成为优秀的歌唱家。

　　第一天上课，珍妮·汉基老师用不太熟练的汉语对郭淑珍说："我

们先唱练声曲，这是学声乐的必修课。"珍妮·汉基老师坐到钢琴前，将《帕诺夫卡练声曲》放到谱架上。作为专业声乐教师，珍妮·汉基深知练声曲对学美声的学生来说至关重要。意大利是"美声"的发源地，"美声"唱法经几百年传承与发展，形成科学而完整的发声体系。在这个体系中，练声训练是最初也是最重要的教学环节，世界上一流音乐学院，都是通过大量"练声曲"训练，培养学生发声技巧与歌唱能力。如博尔多尼（Bordogni）、孔空（Concone）、瓦卡依（Vaccaj）、帕诺夫卡（Panofka）、托斯蒂（Tosti）、里其（Ricci）等作曲家、声乐教育家所写的练声曲，都是对学生进行日常系统训练的教材。实践证明，经过这些训练后，学生基本可以做到声音位置统一、气息饱满通畅、喉咙自然放松，养成正确的发声习惯，掌握一定的演唱技巧。时至今日，世界各音乐学院的入学考试，均按考生所报考年级，进行练声曲的专门考核，以衡量考生的实际水平。

珍妮·汉基老师做示范，郭淑珍按照老师的要求学唱。珍妮·汉基老师半个音半个音地向上走，郭淑珍半个音半个音地往上唱，直唱到 HIGH C（嗨 C）不费劲。HIGH C（嗨 C）是女高音的衡量标准，能唱出漂亮、饱满的 HIGH C（嗨 C），必须同时完成三方面的准备，一是将气息沉入"丹田"，二是提起软腭打开喉咙，三是找准发声位置，腹部给力，气息将声音打到头腔。听郭淑珍唱完这首练习曲，珍妮·汉基老师笑了，说："郭小姐，你不是女中音，虽然你的中声区不错，但你的高音更漂亮，应该是女高音。"听珍妮·汉基老师这么说，郭淑珍有点蒙，心想赵梅伯老师说自己是女中音，怎么到了珍妮·汉基老师这里，又成了女高音呢？"那赵老师为什么说我是中音呢？"郭淑珍忍不住将疑惑说了出来。"赵老师说的没错，你的确中声区很好，可以唱女中音，但是你也可以唱女高音。依我的看法，你更应该向女高音发展。不用担心，我去跟赵老师解释。"就这样，珍妮·汉基老师一直按照女高音的训练方法训练郭淑珍，直到她离开中国。

珍妮·汉基老师会一点汉语，郭淑珍会说一点英语，可想而知两个"半瓶子醋"在一起上课，自然少不了肢体语言。讲解气息沉下去的重要时，珍妮·汉基老师的中文说不明白，就改用英语说；郭淑珍的英文水平，能听一知半解，复杂的内容还是不明白。师生俩便开始"瞎子摸象"式教学。珍妮·汉基老师以身示教，做呼吸示范时，她将郭淑珍的手放在自己的腰腹部，让她感受歌唱时应该怎样呼吸，气息应该吸到哪里。如何找到打开喉咙的感觉，珍妮·汉基张开嘴又做示范,郭淑珍盯着看,认真模仿反复体会,终于找到了喉咙打开的感觉。

俗话说,师傅领进门,修行在个人。郭淑珍深知珍妮·汉基老师虽然教得很好,如果自己不按照老师的要求努力用心练,也无法进步。郭淑珍入学第一年,艺专还在东总布胡同,学校住宿条件非常糟糕,春夏两季尚且好过,但到秋冬时,古老的四合院阴冷潮湿,西北风怒吼着抽打窗棂,在玻璃上结出厚厚的冰花。皑皑白雪在诗里是一道美丽的风景,但在单薄简陋的四合院却是一场严峻的考验。宿舍没有暖气,偌大的空间只有一个小小的炉子,碗口大的炉膛,散发的热量微乎其微,待在宿舍里的人,必须时不时地站起来活动,否则手脚就会生冻疮。

即使如此,郭淑珍也不能在宿舍练声,怕打扰别人。她把能穿的衣服全穿上,再穿上棉鞋、戴上手套,把自己包裹得严严实实,只露脸在外,跑到有太阳的空地上练。每天除了练两小时珍妮·汉基老师留的作业外,她还坚持练两小时的视唱。视唱课是赵梅伯老师要求完成的,视唱对学乐器的同学一点不难,那是他们的强项,但却是郭淑珍的弱项。但她不甘落后,以勤补拙,视唱成绩稳步提高,最后可以与学乐器的同学比肩。

一年的时间,珍妮·汉基老师给郭淑珍打下了非常好的基础,又尽可能地给她创造登台锻炼的机会。登台表演对声乐演员来说,是非常重要的锻炼。舞台锻炼的不仅是演唱,还有心理素质。要知道没有好的心理素质,不敢在大庭广众面前从容、放松、自然、完美地演唱的人,即使水平再高也难正常发挥。

当时学生演唱机会很少,好在珍妮·汉基老师是基督徒,教会经常组织宗教歌曲演唱会,每每这时,她便带着郭淑珍一起参加演出,还让她在清唱剧《弥赛亚》中担任独唱。郭淑珍天生不怵上台,加之多次锻炼后,一次比一次进步,演唱受到一致好评。后来,在学校举办的声乐比赛中,教蕴瑜获第一名,郭淑珍获第二名。为鼓励郭淑珍更努力学习,珍妮·汉基老师还将她从美国带来的乐谱送给郭淑珍。那时中国没有音乐书籍出版,老师教学用的乐谱都是他们从国外带来的。珍妮·汉基老师将自己的乐谱送给她,在郭淑珍眼里真是一件无比珍贵的奖品,更让她感动的是,珍妮·汉基老师还在谱子的扉页上写道:送给我有漂亮声音的学生郭淑珍。

遗憾的是,珍妮·汉基老师只教了郭淑珍一年。1948 年因中国内战,美国政府陆续撤走了在北平的机构与侨民，珍妮·汉基老师随夫回国。也许因为走时匆忙，也许怕自己伤感，珍妮·汉基老师是悄悄离开学校的。得知这一消息，郭淑珍既难过又遗憾，她期待有朝一日再见到自己的启蒙恩师。

1978 年，郭淑珍作为中国艺术家代表团成员赴美参加演出，到了美国后，她心怀期待向接待艺术团的 3M 公司艺术小组的同行打听，希望获得珍妮·汉基老师的消息，但对方回答却让她非常失落，"听说过这个人，她可能还健在，但我们没有联系方式。"如果时间允许，郭淑珍一定会去寻找珍妮·汉基老师，但艺术团行程紧凑，政治纪律严格，她只能放弃自己的想法……

时至今日，每每想到珍妮·汉基老师，郭淑珍的心里充满温暖，觉得那是一位可敬可爱的"引路人"。

伯乐恩师赵梅伯

赵梅伯先生

珍妮·汉基老师走了，谁来教郭淑珍呢？

"慧眼识珠"将郭淑珍招入北平艺专的系主任赵梅伯，接替珍妮·汉基老师，亲自指导郭淑珍。其实，工作繁忙的赵梅伯完全可以将郭淑珍安排给他的助手，但惜才爱才的赵梅伯不放心，他要亲自教，希望把郭淑珍这一难得的声乐人才培养出来。

师从赵梅伯，使郭淑珍对自己有"伯乐"之恩的赵老师，有了进一步的了解。赵梅伯 1905 年 8 月生于浙江奉化，父亲为上海圣约翰大学早期学生，后在邮政局工作，平生喜欢音乐，还拉得一手好京胡，爱唱京戏。赵梅伯小时候便能吹笛拉琴，自幼入私塾，天生一副好嗓子，音乐天赋初步显露。10 岁时，父亲工作调动至南昌邮局，他遂转学到大同中学，后转入豫章中学。赵梅伯在学校里接触到很多美国民歌、黑人歌曲、赞美诗及运动歌，这是他真正喜欢音乐的开始。由于资质甚佳，唱诗班指挥汤普森女士对他特别赏识，对他进行声乐训练，使赵梅伯很快成为一名校园歌手。1921 年，赵梅伯从宁波斐迪中学毕业后，考入沪江大学。

1929 年，中（国）比（利时）庚款委员会决定，选拔 20 名学生赴比利时留学。当时前来考试的学生有百余名。24 岁的赵梅伯脱颖而出，不仅成为选派赴比利时留学的 20 名学生之一，还成为留学生中唯一进入音乐学院的，收到比利时皇家音乐学院的录取通知书。其余的均入理工科院校。

创建于 1832 年的比利时皇家音乐学院，是欧洲最早的音乐学院之一，也是巴黎音乐学院的姐妹学院。历史可以追溯到 1813 年，从那时候起，它便是比利时最高水平的音乐与艺术教育殿堂，培养了无数享誉世界的音乐大师。为培养高水平的音乐人才，学院创建伊始不仅修建了豪华、漂亮的音乐厅，而且还修建了宽敞、大容量的音乐类图书馆，使之跻身于世界十大音乐类图书馆。比利时皇家音乐学院对考生要求极为严格，赵梅伯入学前，比利时皇家音乐学院从未招收过中国学生，可见如果赵梅伯没有出色的音乐天赋，比利时皇家音乐学院不可能录取，更不可能将他编入正班（非外国人班）与欧洲学生同一课堂学习。

赵梅伯在皇家音乐学院师从维南教授，维南教授是比利时著名的圣乐男高音歌唱家。所谓圣乐，虽然通常是指天主教与东正教弥撒（弥撒在基督新教的部分教派里称为崇拜，许多的基督新教教派没有崇拜，没有礼仪）中的礼仪音乐以及教会在祈祷时的神圣音乐，后来圣乐不仅只在教堂演唱，也走向了社会舞台。很多伟大的音乐家及音乐大师，比如贝多芬、巴赫、亨德尔、莫扎特等都是教会培养出来的，他们最开始的创作都是圣乐。圣乐一直被认为是古典音乐的起源。古典音乐之后，又渐渐产生罗曼蒂克音乐和现代音乐。对于学习音乐的人来说，不研究圣乐，如同孩子不知道母亲是谁，所以圣乐被认为是音乐的"母亲"。圣乐有许多经久不衰的世界名曲，如亨德尔的《弥赛亚》、海顿的《创世记》；还有张肖虎先生的《圣诞曲》、我国著名合唱指挥家马革顺的《受膏者》等等都属圣乐范畴。

被称为圣乐歌唱家的人，一定具有深厚的艺术底蕴和演唱天赋，维南教授就是这样一位歌唱家。教中国学生是他的第一次，最初他对赵梅伯怀有种种疑惑，不知这位来自东方神秘中国的学生，能否学好西方音乐，能否掌握美声演唱。在他的印象中，中国人的嗓子只能唱京剧。没承想，赵梅伯很快颠覆了他的概念，让他刮目相看。赵梅伯不仅声音条件好，而且还有很强的领悟、模仿能力，更重要的是这个中国学生非常努力。这一切让维南教授很快喜欢上了他的中国学生，除了学院安排的课时外，他还主动给赵梅伯免费加课，并在学院提供奖学金方面给予赵梅伯很多帮助。为鼓励赵梅伯，维南教授还破例将巴黎音乐院采用的新派《发声练习曲》赠予赵梅伯，并在上面留言"致予爱徒赵梅伯"。

能获得维南教授的喜爱，说明赵梅伯的确非常用功。出国前，他对法文一窍不通，但聪慧加上刻苦，第一年赵梅伯能流利地使用法语，第二年能用法文演讲中国音乐。当时比利时、瑞士、法国等国的音乐学院每年都采取公开考试制，由主科教授向校长提出哪些学生有资格参加考试。考评委员会成员除校长外，其余五名都是外国专家或著名歌剧演唱家，考试要求极其严格，考试成绩达到50分满分，为头等奖毕业生，考分在45分以上的获二等奖，但须再练一年后重新考试。

在如此严格的考试中，赵梅伯第一次参加公开考试，便得了"提名"奖，第二次参加得了与头等奖仅一分之差的二等奖。虽然没得一等奖，但由于该年考试特别难，加之参加考评的比利时音乐家过多，教育部又限制名额，导致评判出现不公平。尽管如此，音乐评论家 Tinel 还是特别赏识赵梅伯，写评论时仍把他排在第一位，这是对赵梅伯的莫大鼓励。赵梅伯在校期间，比利时皇家音乐学院院长约瑟夫及维南教授，也曾撰文盛赞赵梅伯惊人的语言接受能力、高水准音乐诠释能力、超强的乐感、扎实正确的声乐技术、高尚的风格，尤其是他完美地把中国音乐之美以自己的理解介绍给西方人，实属难能可贵。

平心而论，介绍中国音乐不是赵梅伯应有的责任，但他认为中国历史悠久、文化灿烂，虽然中国音乐与西方音乐不同，但并不等于中国音乐不优秀。西方人不了解中国音乐，自己有责任让西方人去了解。所以在紧张的学习、社交、演出之余，他抓住一切时机把中国音乐介绍给欧洲人。

为更好地传播中国音乐，1933 年赵梅伯在萧淑娴的鼓励与帮助下，第三次抱病参加比利时皇家音乐学院公开考奖，终于获得头等奖（罗雷亚学位），兼获爱尔乾奖学金。华人在欧洲最高学府中学音乐而享有此殊荣的，赵梅伯为第一人。对他的成功，中国驻比公使致函祝贺。1934 年 2 月，赵梅伯应安德生博士与中国驻美大使之邀由欧赴美，纽约全国广播电台 NBC·WEAF 特意为他举办了广播音乐会，这也是美国人第一次听到中国人用美声演唱歌曲。之后，纽约中美协会、康奈尔大学、巴尔的摩市、维吉尼亚州以及美国中西部城市密歇根、伊利诺等市都盛情邀请赵梅伯举办独唱音乐会。他还在芝加哥安息会的百老富大学担任短期声乐教员，一时间在美国社会掀起了赵梅伯热。

1935 年，赵梅伯编写的英文版《黄钟史》，在美国马里兰州巴尔的摩市出版。之后他在美国多所大学考察音乐教育，尤其注意声乐科的考察。1936 年 7 月 19 日，赵梅伯回国。1939 年，他将中国音乐史及乐器、乐曲汇编整理出法文版《黄钟史》，由中比国际大学出版社出版。该书出版后，好评频出，引起欧洲音乐界对中国音乐的注意。之后，赵梅伯专赴法国介绍中国音乐，他用法文演讲介绍中国音乐，请萧淑娴女士用琵琶伴奏示范，在法国音乐界引起轰动。

郭淑珍是赵梅伯以女中音招进来的，但此时郭淑珍通过跟珍妮·汉基老师一年的学习，已成为标准的女高音。第一次上赵老师的课，郭淑珍有些紧张，一是因为赵梅伯是系主任，二是因为赵老师当时名气很大。没承想，赵老师很平和地说，我是男高音，你是女高音，看来我教你是天意。我们一起努力，你会有作为的。赵老师的一席话，让郭淑珍放松了心情，又很受鼓舞，同时也对赵老师更加敬佩。

赵梅伯始终认为郭淑珍是优秀之才，郭淑珍也没辜负恩师栽培，师从赵梅伯后，演唱水平进一步提高。一年后，学校组织声乐比赛，一等奖是名叫王煜的男生，郭淑珍取得了第二名的好成绩。这之后，赵老师尽可能给郭淑珍创造演出的机会。比如，学校只有六人的女声小合唱队，成员都是赵梅伯亲自选定的"尖子生"，郭淑珍榜上有名。可以说在艺专音乐系，郭淑珍是大家公认的"优等生"。

事实证明，郭淑珍的确如赵梅伯老师所预见的，是位难得的声乐人才。成为歌唱家后的郭淑珍，对赵梅伯老师更加崇敬，不止一次对人说，赵梅伯老师就是她的"伯乐"，此生遇到赵梅伯，是命运的厚爱。虽然后来赵梅伯老师先去了香港，后去美国定居，但郭淑珍一直期待再见到自己的"伯乐"，让他再听自己的演唱。1962年，郭淑珍随中国青年音乐家演出团赴港澳演出，赵梅伯先生听了郭淑珍演唱后，热泪盈眶，拉着郭淑珍的手说："你的进步太大了，已经是歌唱家了。"

1978年，郭淑珍与刘诗昆、周广仁等一批艺术家赴美演出，郭淑珍作为女高音歌唱家，表演了独唱节目。遗憾的是郭淑珍在美演出，赵梅伯当时在香港没去看演出，但他的另一位学生费明仪，给郭淑珍做了现场录音。之后，又将录音辗转送到了香港。赵梅伯听了郭淑珍的演唱录音，再次激动得流下眼泪。他对身边人说：郭淑珍的演唱非常好，我一直相信她能成为女高音歌唱家，我为她感到骄傲。

郭淑珍的心愿终于实现了。1996年，郭淑珍的学生温燕青在美国洛杉矶举办音乐会，温燕青1982年荣获匈牙利布达佩斯第二届科达伊·艾凯尔国际歌比赛特别奖。学生盛邀恩师郭淑珍参加。郭淑珍到美国后，立即与费明仪联系，希望获得赵梅伯老师的地址，此时赵梅伯已定居美国。郭淑珍立即写信给赵梅伯，表达了想去探望恩师的意愿，同时希望他能来听自己学生的演唱会。

郭淑珍（三排右一）与
北平艺专女生宿舍三斋同学合影

1997年，郭淑珍在中央音乐学院
举办的赵梅伯教授从教70周年座谈会上发言
—
1996年，郭淑珍与学生温燕青
到美国赵梅伯家看望恩师

　　郭淑珍与赵梅伯这对师生，1949年从北平艺专分别，相隔47年后，终于又在美国相见。那天，郭淑珍紧紧拥抱老师，往事历历在目，在她心中赵老师的形象一直是儒雅潇洒玉树临风，但眼前的老师已步履蹒跚、壮士暮年，郭淑珍情不自禁潸然泪下。赵梅伯听了郭淑珍学生的演唱后，非常高兴，赞不绝口。音乐会结束后，赵梅伯老师诙谐地对郭淑珍说："你的学生是你的徒儿，是我的徒孙儿。""您说的对，我是您的徒儿，她是我的徒儿。"说罢，师生二人开怀大笑。

艺专进中央院出

1950 年，佩戴中央音乐学
院校徽的郭淑珍
—
1949 年，郭淑珍在
中央音乐学院校园留影

　　1949 年 10 月 1 日，对郭淑珍来说是终生难忘的一天。那天一早，她穿上自己最漂亮的衣服，迎着初升的太阳，兴高采烈地与艺专的老师同学一起来到天安门广场，参加新中国成立庆典，亲耳聆听毛主席向全世界庄严宣布中华人民共和国成立。虽然天安门广场郭淑珍来过多次，对这里的一切非常熟悉，但那天的天安门广场在她眼里却变得很不一样，天空湛蓝如洗，红旗迎风招展，鲜花盛开怒放，锣鼓响彻云霄，歌声此起彼伏，天安门广场就像一片欢乐的海洋。她从没见过如此热烈的场面，从没见过这么多张喜悦的笑脸，从没感受过这么激动人心的时刻。她和同学们一起狂欢，从清晨直到夜晚……

　　郭淑珍天性单纯，但多年来国破家亡的悲惨经历，内战不断、民不聊生的无尽痛苦，逼迫着她去观察现实去思考问题——谁是

中国未来的希望？事实教育了郭淑珍。1949 年 1 月 15 日，解放军打败国民党守军攻进天津城，天津从此回到人民的怀抱。之后，解放军为保护古城北平，与北平国民党华北"剿（共产党）总"司令傅作义艰难谈判，终于在 1949 年 4 月，使北平和平解放。这一切让她深切地感受到，共产党的英明，解放军的勇敢，只有共产党才能领导中国，才是中国人民的希望。从那时起，她从心里热爱拥护伟大的共产党。

1949 年 7 月 2 日至 19 日，中华全国艺术工作者代表大会在北京召开，这标志着新中国艺术事业建设的开端。在这次会议上，毛主席亲自出席并讲话，对包括郭淑珍在内的风华正茂的年轻艺术人才，更是一种激励与鼓舞。这时传来消息，根据形势需要，集中优秀师资创办高端音乐学府，北平艺专将与南京国立音乐院、常州少年班、东北鲁迅文艺学校音工团、华北大学文艺学校音乐系以及分设于上海、香港两地的中华音乐院等音乐教育机构合并，成立中央音乐学院。1949 年 12 月 18 日，国家政务院批准成立中央音乐学院，被誉为"中国小提琴第一人"的马思聪为首任院长，1950 年 6 月 17 日，中央音乐学院因北京校舍扩建，全体师生到天津借校舍复课，并在天津举行成立典礼。

由北平艺专的学生变成中央音乐学院的学生，郭淑珍觉得最大的变化是，身边一下聚集了那么多艺术精英，每一个名字都闪闪发光——吕骥、马思聪、李焕之、严良堃、汤雪耕、韩里、张鲁、喻宜萱、朱工一等等。与此同时，她还感受到，他们每一个人对新中国都充满热情与希望，都希望为新中国的文化艺术事业发展做贡献。

新中国成立伊始，百废待兴。1949 年至 1950 年间，全国许多地区发生水灾、虫灾和旱灾等严重自然灾害。为保障灾区人民生活，恢复和发展生产，在各级人民政府号召下，全国各界积极采取各种有效措施救灾，其中对灾民的赈济是当时救灾度荒工作的重要举措之一。刚创办的中央音乐学院也不例外，于 1950 年 1 月 21、22 日，在天津耀华中学礼堂为赈灾举办第一场义演音乐会，组织了专门人员筹备演出。三位演出主任分别为李元庆（时任研究部主任）、李焕之（时任音工团团长）和李凌（时任教务处副主任）。负责节目编排的是指挥家严良堃、歌唱家汤雪耕和小提琴家韩里。

那是一场令人激动的演出，也是一场高水平的艺术盛会，不仅充分展示了新组建的中央音乐学院的实力，同时也表现出学院师生强烈的爱国热情。身为校长的马思聪先生以炽热的爱国热情，登台演出小提琴独奏并上场指挥管弦乐队。中央音乐学院教师和优秀学生的精彩演出在社会引起强烈反响，郭淑珍作为合唱队员，也参加了这次演出，心里非常自豪非常激动。

由于赵梅伯的离校，学校指派沈湘继续培养郭淑珍。

沈湘与郭淑珍是"老乡"，出生在天津。1933 年考入南开中学，参加校歌咏团。18 岁时在天津市歌唱比赛中获第一名。1940 年考入燕京大学英国语言文学专业，选修音乐课程，师从美籍声乐教师范天祥夫人。1941 年考入上海国立音乐院，师从著名俄籍声乐教授苏石林、德籍犹太女中音拉普教授学习声乐，1944 年因拒绝为日本人演唱被校方开除。自费随意大利音乐家帕器学习，同年在上海兰心大戏院举办首场个人独唱音乐会。1945 年，他从圣约翰大学毕业。大学毕业后，沈湘一直活跃在舞台上，多次在平（北平）、津两地举行个人独唱音乐会。1947 年，沈湘应邀在北平师范大学音乐系任教，1949 年兼任北平艺专音乐系、燕京大学音乐系声乐教员，1949 年随北平艺专音乐系并入中央音乐学院。

跟沈湘老师学习，郭淑珍心里很高兴。入学以来，从北平艺专到中央音乐学院，她先后师从三位老师，三位老师都非常优秀，郭淑珍从心里感觉到自己很幸运，感觉学校重视对自己的培养，所以她也倍加努力。由于扩建，中央音乐学院暂时迁到天津，郭淑珍跟外地同学一样住校，把全部时间和精力放在学习上。1950 年 5 月 9 日，中央音乐学院在本校礼堂举办声乐系学生学习晚会，这场晚会上的所有演唱者，都是大家公认的成绩佼佼者。薄薄节目单上面的字是手写的，如今几十年过去了，但对郭

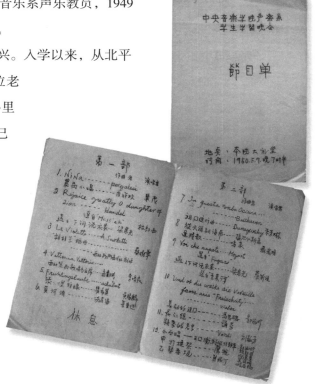

淑珍来说，这张朴素的节目单仍弥足珍贵。

在那天晚会上，罗昕祖演唱了《燕燕下河洗衣裳》，刘诵芳演唱了《长江谣》，郭淑珍声情并茂地独唱了金帆作词、马思聪作曲的歌曲——《美丽的祖国》。这首歌是马思聪先生作曲的《祖国大合唱》中的一个乐章，另外一首歌曲是她用德文演唱的歌剧《自由射手》中的咏叹调，由喻宜萱先生指导。之后，她又参加了小合唱的演出，受到师生们一致好评。

在郭淑珍看来，喻宜萱是她的第4位老师，她从喻先生那里学到了不少东西，喻先生也认为她是优秀的声乐人才。特别让郭淑珍感到骄傲的是，那年中央新闻电影厂拍喻先生的教学片，导演要求喻先生找一位学生一起拍摄，喻先生在她的学生中选了又选，最后确定了郭淑珍。在影片中，她教郭淑珍演唱德国作曲家维柏的歌剧《自由射手》中的咏叹调，师生两人配合默契，顺利完成了教学片的拍摄，受到导演的好评。郭淑珍也在这次拍摄中有了很大收获，她认为有机会接受喻先生指导，非常难得，终生受益。

参加民族访问团

中央音乐学院建院后的第三天，已是大三学生的郭淑珍，接到一个光荣而特殊的任务——参加中央西南民族访问团，随二分团文艺组赴云南工作。

那天，学校领导把郭淑珍找到办公室，将学校的决定告诉她，希望她能勇敢地承担起这一重任，为新中国建设贡献力量。领导还告诉她，访问团要求学院派各专业最优秀的同学参加，包括弦乐、管乐、手风琴及作曲系的同学。学院派了哪些同学呢？声乐系派出的除郭淑珍外，还有罗忻祖。弦乐的同学有毛应韦、赵峰，小号是廖胜京同学，拉手风琴是李信德同学。与他们同行的，还有中央音乐学院音乐工作团成员。所有被派出的人员被分到三个分团。

说来也巧，郭淑珍即将随访问团赴云南时，父母不在天津，到山东老家探亲。她回家告别时小舅妈在。听郭淑珍说要离开天津，小舅妈连忙阻止，说她做不了主，无论如何等姐姐、姐夫回来再说。郭淑珍的舅妈比郭淑珍还小一岁。当年郭淑珍父亲与母亲结婚时，答应岳母给小舅子娶媳妇，郭鸿志说到做到。为留住郭淑珍，小舅妈使出浑身解数，她知道郭淑珍喜欢自行车，便说："淑珍，只要你不去云南，舅妈送你一辆新自行车。"小舅妈以为郭淑珍会改变主意，没承想，郭淑珍还是毅然决然地随团出发了。

中央为什么要组建民族访问团呢？当时郭淑珍并不明白。但当她实地参加了访问团的工作后，由衷地感到这是党和国家的一个意义非凡的决策。中国是一个多民族国家，少数民族多分布在偏远贫困落后地区，他们不仅生活艰苦，通讯更不发达，有些地区甚至到新中国成立后，还过着原始部落的生活。为让边陲少数民族百姓了解共产党，了解党中央的民族政策，毛泽东主席提议，组建中央民族访问团深入所有少数民族聚集地区，访贫问苦，宣传共产党的民族政策，传达党和国家对少数民族同胞的深切关怀，以达到疏道民族关系、加强民族团结的目的。自 1950 年 7 月到 1952 年底，中央先后共派出 4 个民族访问团，走访了几乎所有少数民族地区。

中央最先派出的是西南民族访问团，也就是郭淑珍参加的访问团。访问团由刘格平担任团长，费孝通、夏康农为副团长，全团共 120 余人，分别深入西康、云南、贵州等少数民族地区进行访问，主要任务和活动是：对少数民族上层人物及各界代表进行专门访问；根据不同地区、不同民族的具体情况，召开各种座谈会、各民族代表会或民族联谊会；召开群众大会，传达中央人民政府对各兄弟民族的深切关怀，宣传党的民族政策；在少数民

1950 年，中央西南民族访问团二分团成员在昆明
"天下第一汤"合影（站立左三为郭淑珍）

族地区举办民族干部短期培训班，协助具备条件的少数民族地区建立自治区或自治县。1950
年 7 月 2 日，访问团出征的当天，《人民日报》发表题为《送西南访问团》的社论，可见访
问团何其重要。当时为便于访问，西南访问团共组成三个分团：一分团去西康，刘格平兼任
团长；二分团去云南，费孝通兼任团长；三分团去贵州，夏康农兼任团长。民族访问团的工
作，极大地增强了各民族之间凝聚力和向心力，巩固了祖国大家庭的团结，她多次听到当地

穿列宁装的郭淑珍

少数民族同胞称他们是"毛主席派来的访问团"。

　　成为访问团成员后，郭淑珍第一次穿列宁装，戴解放帽，她在镜子前端详自己，心潮起伏，感觉很骄傲。她在想，自己从小到大只生活在天津、北京大城市，老家山东长清，还是几岁时娘带着去的。此行要去的地方，

同学说非常遥远还很神秘，如果不是新中国成立，自己做梦也想不到去这个地方。她还想，在那么多同学中，自己能参加访问团，实在非常幸运，必须努力工作，不辜负学校对自己的信任。

　　郭淑珍的自豪不是没有道理，学校选派她参加访问团，的确是精挑细选，因为这是一项重要而艰巨的政治任务。根据访问团的要求，选派的同学必须具备一定的思想觉悟，家庭关系清楚同时业务过硬。郭淑珍三个条件都符合：家庭成员简单，只有父母和弟弟，父母是老实本分的生意人，弟弟尚未成年。从自身情况看，郭淑珍从未出过校门，思想单纯、品德端正，是大家公认的好学生，而且郭淑珍的业务能力在三年级学生中名列前茅，基本功扎实、视唱能力和演唱水平高，完全符合访问团的要求。

　　郭淑珍被分在费孝通任团长的第二分团的文艺组，文艺组成员北京来了13人，又在当地吸收了3个人，他们个个都是专业里的"尖子"，工作中可以独当一面。文艺组的主要工作是结合党的政策，采用当地民间艺术形式和民歌旋律，及时编排节目进行演出，用这种通俗易懂、喜闻乐见的方法，去感染、教育、影响少数民族群众，让他们感觉到新旧中国的不同，感受到党和政府对他们的关怀。

　　中央西南民族访问团搭乘的列车，缓缓离开北京站，向西南边陲奔驰。访问团先到武汉，再乘船到重庆过三峡，又从重庆坐飞机到昆明。一路上，年轻的音乐人，欢声笑语，热情激昂，郭淑珍也特别高兴，但有个小"插曲"让她有些郁闷。在火车上，有人提议让

她这位中央音乐学院的高材生给大家唱首歌活跃气氛。"没问题，我给大家唱一首《黄水谣》。""欢迎！"在座的人热烈鼓掌，大家熟悉又喜爱这首歌，它是冼星海创作的《黄河大合唱》中的一段。郭淑珍大大方方地站到车厢的通道上，开始充满激情地演唱：黄水奔流向东方，河流万里长，水又急，浪又高，奔腾呼啸如虎狼。开河渠，筑堤防，河东千里成平壤，麦苗儿肥呀，稻花香，男女老少喜洋洋。自从鬼子来，百姓遭了殃，奸淫烧杀一片凄凉，扶老携幼逃亡四方，丢掉了爹娘，回不了家乡。黄水奔流日夜忙，妻离子散天各一方……郭淑珍自认为演唱时方法正确，气息通畅、吐字圆润，若在老师那里肯定得高分，没承想访问团的同志们说她把正宗的中国歌曲《黄水谣》唱得"洋腔洋调儿"，少数民族老百姓肯定不喜欢听。虽然郭淑珍能理解大家的意见没有恶意，但心里还是很不舒服，一时接受不了。心想，凭什么说我"洋腔洋调儿"？第一，我唱的是中国歌；第二，我唱的是中国词；第三，我是中国人。

尽管不服气、想不通，生性好强的郭淑珍还是希望自己的演唱，能得到少数民族同胞的喜欢和接受，后来事实也教育了她，少数民族观众最喜欢听的还是他们当地的民歌。为让少数民族群众接受他们的宣传，郭淑珍努力学习少数民族歌曲，努力演唱歌颂新时代的作品，这些作品是解放区文艺工作者创作的内容通俗、语言简明、曲调活泼的秧歌剧。为唱好这些作品，郭淑珍不再把注意力放在方法上，而是注重感情投入，注重吐字清晰，注重运用少数民族方言，结果她的演唱大受欢迎。

每天夜里，郭淑珍躺在床上回忆白天的工作，反思自己的演唱，她感觉像换了脑筋一样，意识到参加民族访问团实际上是给了自己一个难得的实践的机会。自己过去对民族音乐只是喜欢，但在运用方面的确有差距。而且发现民歌并不好唱，民歌在语言的处理上有很多讲究。过去自己虽然对此有些了解，但没有认真研究过，现在自己要从感性上、从艺术实践中去摸索体验。好在自己过去学唱过京剧，有一些基础，应该从中汲取营养。这时郭淑珍还意识到，美声与民族唱法，没有高低之分，只是风格不同，方法不同。

月光照在窗前，郭淑珍脑海里不禁浮现自己在小学周会上唱京剧时的情景，她唱过老旦的《钓金龟》，唱过老生的《甘露寺》，等等。自从学了美声唱法后，几乎很少演唱过民族作品。所以她下决心抓住这次机会，多学习民族音乐，加强对民歌的了解，多学习多实践多

1950 年，西南民族访问团成员
在浪漫的"月亮泉"边

　　吸收。有了明确的认识后，郭淑珍主动向当地歌手学习，认真研究他们的演唱，有了很大的收获，大家一致认为她的演唱方法有很大变化，她也感觉无论在知识上还是艺术上，自己在声乐演唱上有了重大突破和丰富积累。可以说这次访问团的工作实践，让郭淑珍对中国民歌有了新的认识和理解，她愿意用一生去研究和探索。

　　文艺组仲伟（组长）、刘行、张科、冰明、李济民、赵峰、李信德、胡松华、廖胜京、

郭淑珍与访问团演出组成员在
"人民音乐家"聂耳墓前留影
（二排左一为郭淑珍）

苏丹等十五六位成员，具体分工是，张科、冰明表演舞蹈，李济民笛子独奏，赵峰拉大提琴，李信德手风琴伴奏，胡松华、郭淑珍独唱、重唱，郭淑珍兼打击乐。除此之外，还有创作人员，如廖胜京等人。

　　在西南民族访问团工作的那段时间，尽管生活条件艰苦，工作任务繁重，但却是充满激情和朝气的红火日子，也是郭淑珍从学校走向社会，从学生转变为演员，从单纯开始走向成熟的人生重要阶段。她深感自己开阔了眼界、了解了社会、懂得了责任、锻炼了能力、提高了觉悟，而这些是在课堂上学不到的。社会这所大学，给了她很多新的人生启示，让她懂得了要先学会做人，才能成"家"。他们踏遍西南边陲，充分感受西南少数民族独特、淳朴的民风与音乐，收获很大。他们在昆明的"月亮泉"边畅想未来，在人民音乐家聂耳墓前立志，在参天的榕树

郭淑珍在访问团扮演彝族大妈
—
郭淑珍扮演藏族女青年
—
郭淑珍与胡松华表演对唱《张大妈开会》

下留影，在汉口的长江旁眺望……郭淑珍跟大家一样，年轻的心在祖国的广阔蓝天飞翔，美妙的歌声在村村寨寨回响。

那时，负责作曲的同志经常夜里创作了一首新歌，郭淑珍第二天就可以上台演唱，这种能力来源于她有很强的识谱能力、音乐记忆力，有很高的演唱水平。更难得的是，她可以根据作品调整演唱方法，在访问团郭淑珍演唱最多的歌曲是《妇女自由歌》《翻身道情》《信天游》《王大妈要和平》《王二嫂过年》等各地民歌，她在演唱中吸收了很多民族演唱方法。唱藏族民歌时，她身穿藏服是位藏族姑娘，唱彝族歌曲时，她是穿彝服的张大妈，胡松华是粘着棉花当胡子的彝族老汉，他们的对唱表演《张大妈开会》，颇受彝族百姓欢迎，误以为他们就是地道的彝族人，亲近感油然而生。1951 年，这个节目还曾入选中南海怀仁堂为外国元首演唱的曲目，受到好评。

事实证明，以艺术为桥梁，把党和国家的关怀送进少数民族心田，是一种非常有效果的工作方法，对此郭淑珍感触很深。在那里她和访问团的同志一起，走进深山少数民族同胞家，与他们亲切交谈，宣传新中国的民族政策，转达党中央的关怀，使当地群众深受感动。与此同时，郭淑珍也觉得自己收获很大，她意识到作为一名文艺工作者，只有深入基层，才能汲

郭淑珍（右一）与村民亲切交谈

郭淑珍（二排左二）访问
云南昆明石林蓑衣寨

取艺术营养，才能找到民族文化的根，才能知道 56 个民族组成的祖国大家庭中，蕴藏那么丰富的艺术瑰宝，有待去发现去挖掘去传播去传承。

遗憾的是，这次访问之旅一年多就结束了。1952 年初，郭淑珍带着满满的收获回到学校。回校后老师和同学们感觉郭淑珍变了，变化在于她的演唱更自然淳朴，与人交流更热情真诚，思考问题更成熟全面。

"火线"加入共产党

从西南民族访问团回到北京后，有种愿望在郭淑珍心里日趋强烈。她的愿望是什么呢？加入中国共产党，成为光荣的共产党员，为国家为社会做更大的贡献。

从思想单纯、不问政治的普通学生，到要求进步、积极向上的新青年，郭淑珍变化之所以这么大，与她在西南民族访问团工作一年多的经历有直接关系。参加西南民族访问团之前，郭淑珍莫说对共产党组织的性质、任务等方面的内容所知甚少，就连新民主主义青年团的有关知识也了解不多。

中华人民共和国成立后的一天，北平艺专校园公示栏上，贴出一份长长的名单，名单上的人有雕塑系的、油画系的、国画系的，还有音乐系的。那天，途经公示栏的郭淑珍不由得停下脚步，认真看名单上的名字，有她认识的也有不认识的，名单上只有一个她熟悉的同学叫谢丰增，是音乐系学钢琴的，后来成为徐悲鸿的儿媳。"这名单上的同学要去干什么呢？是去上学还是要工作？"单纯的郭淑珍站在名单前有些茫然。后来，她遇到谢丰增，问："公示栏上的名单有你，你们要去干什么？""不干什么，那是新民主主义青年团积极分子的名单。""什么样的人算是积极分子？"郭淑珍虽然不知积极二字的含义，但发现名单上的都是比较优秀的同学。谢丰增同学没直接回答郭淑珍的问题，而是若有所思地说："你若也想积极，可得想好想明白了，否则就会闹情绪。"说罢，谢丰增同学走了，留下郭淑珍一头雾水地站在原地，她实在搞不懂"想好想明白了"到底是什么意思。

来到西南民族访问团后，郭淑珍最强烈的感受是，团里的同志不是党员就是团员，他们有的来自延安鲁迅艺术学院，有的来自解放区的华北大学，总之，他们早已接受党的教育，思想觉悟都比较高。团里只有两名"白丁"，郭淑珍是其中之一。生活在这样的集体中，郭淑珍从他们身上看到了许多，也学到了许多，思想开始发生变化。她发现团里的同事工作热情都很高，遇到困难从不抱怨不后退，接到任务相互配合共同努力，有了成绩不争不抢谦虚礼让……这些让她很受教育，逐渐明白了这叫党员和团员们经常讲的"觉悟"。由于郭淑珍工作认真，能吃苦耐劳，访问团青年团组织活动时，总是邀请郭淑珍"旁听"，包括青年团组织的生活会，也让郭淑珍参加。第一次参加青年团生活会，郭淑珍很是意外，两位跳舞的青年团员在会上坦诚指出对方身上存在的问题，希望尽快改正共同进步。这时她得知，这种方式叫批评与自我批评，是组织活动内容之一。渐渐地，她明白了青年团有哪些活动，要成

郭淑珍（右二）与访问团同事
夏仲恒、罗忻祖、刘行在从汉口到重庆的途中

为青年团员应该怎样努力工作，也对青年团组织有了进一步的了解。

一年多的朝夕相处，一年多的相互配合，郭淑珍的表现得到大家的一致称赞，评价她不仅专业能力强，而且作风朴实、不怕吃苦，思想进步很快。因此，访问团的青年团干部，主动找郭淑珍谈话，希望她尽快申请加入共青团组织。这是郭淑珍所期望的，她兴奋地点点头……

1952年初，学校派人事干部宋哲燕将郭淑珍接回天津。回到学校，生活节奏一下从紧张繁忙变得轻松舒缓，让郭淑珍有时间回味在西南民族访问团发生的"故事"，有时间总结整理自己的心得体会。往事在脑海里像过电影：

——西南边陲的乡村，少数民族之间矛盾很深，寨与寨、村与村、帮与帮之间的"血拼"时有发生。每当"血拼"发生后，总有一些父母失去儿子，一些妻子失去丈夫，一些孩子失去父亲。矛盾越来越多，仇恨越来越深，但却没人帮他们沟通。为阻止少数民族地区的这种争斗与残杀，民族访问团的党员干部，一次次地冒着生命危险深入到他们家中，耐心启发开导。

——为保护访问团成员的安全，一个连的解放军战士与之同行。当访问团遇到武装土匪和藏匿在深山的国民党残兵时，冲在最前头的是连队中的共产党员，危险时刻郭淑珍听到最多的一句是：共产党员跟我来。日常工作中，有资格承担最艰难工作的，也是共产党员。

身边党员的所作所为，深深教育了郭淑珍，使她意识到共产党的无私无畏，也意识到共产党所做的一切，是为人民的利益，是为解救贫苦百姓于水深火热之中。她亲眼目睹边陲少

数民族地区部族"头领""寨主""吐司"家中，有豪华的家具、地毯，有成群的牲畜，还有大批的家奴，"头领""寨主""吐司"们过着很富裕、舒适的生活，老百姓却食不果腹、衣不遮体，生命不如草芥。是共产党解放了受苦受难的老百姓，将土地、粮食、牲畜分给他们……

对共产党的深刻认识，郭淑珍不是从书本中得到的，而是从身边党员干部身上感悟的；对共产党的深厚感情，也不是盲目冲动的，而是在实际工作中产生的。曹火星创作的《没有共产党就没有新中国》这首歌，她唱过无数次，每唱一次便感觉对党的认识加深一步，对党的感情增进一层。"共产党辛劳为民族，共产党他一心救中国，他指给了人民解放的道路，他领导中国走向光明，他坚持抗战八年多，他改善了人民生活，他建设了敌后根据地，他实行了民主好处多。没有共产党就没有新中国，没有共产党就没有新中国。"这通俗朴实的歌词，是郭淑珍了解共产党的最好教材，她用歌词对照现实，愈加觉得共产党的伟大、崇高。所以，她希望自己更快进步，争取早日成为一名共产党员。可以说，一年多访问团的历练，既是郭淑珍人生的一次转折，也是她思想的一次升华，她越来越明确了自己的前进方向，越来越懂得了应该成为一个什么样的人。

1952年，在河南修建白沙水库的工地上，郭淑珍递交了入党申请书，中央音乐学院民族声乐教授汤雪耕、著名作曲家吴祖强为她的入党介绍人，他们了解郭淑珍，在修建水库的工地上，吴祖强与郭淑珍朝夕相处，目睹了郭淑珍如何在艰苦的工作条件下，从对政治不关心的大学生，成为积极为党工作，不断提升改变自己的新青年。1952年11月29日，郭淑珍站到党旗前，举起右手宣誓，我志愿加入中国共产党……

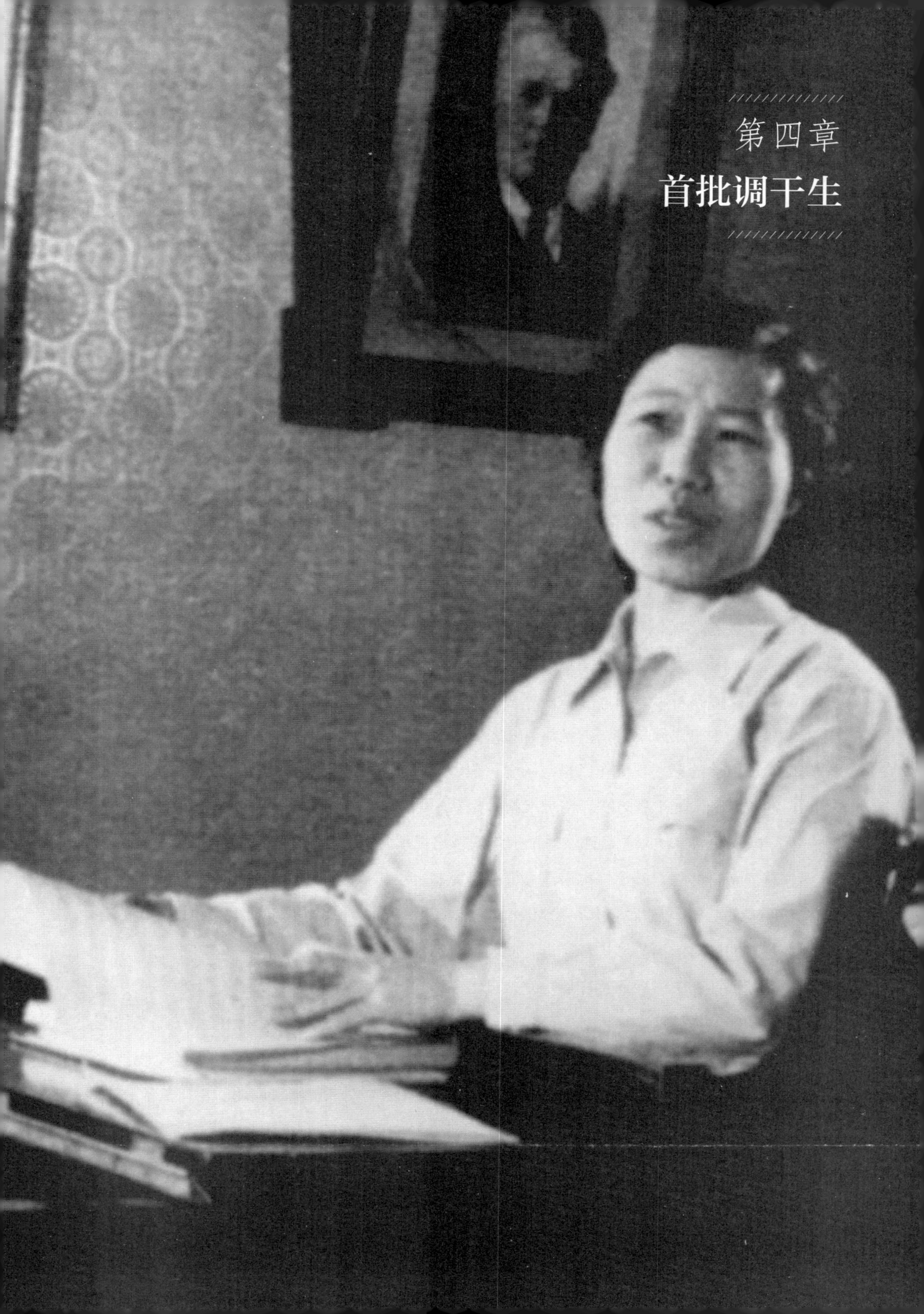

第四章

首批调干生

没上讲台去水库

　　1951 年 12 月，结束了西南民族访问团工作回到学校，郭淑珍收获颇丰，不仅在演唱上更加成熟，思想境界也得到很大提高。她更加热爱祖国，热爱自己的事业，立志把终生奉献给祖国的艺术事业。她的心愿能实现吗？很快郭淑珍就有了答案。

　　继续跟沈湘先生学习一段后，已经毕业的郭淑珍，希望自己尽快走上工作岗位，自食其力。此时，国家筹备成立中央民族歌舞团，向社会公开招聘各类艺术人才，郭淑珍觉得这是一个难得的机会，打算前去应聘。没等她去报名，民族歌舞团筹备组已向她诚表敦聘意，表示愿意接收。他们了解郭淑珍的实力，自身条件好，演唱水平高，道德品质优秀，难得的女高音。假如那次中央民族歌舞团将郭淑珍招走，郭淑珍的人生路就将转向舞台而不是讲台，她会成为优秀的女高音歌唱家，而不是优秀的声乐教育家。然而，就像冥冥之中命运的再次掌控，当郭淑珍向学校领导提出"我已经毕业了，想参加工作"时，学校领导马上回答："想参加工作是好事，留校当老师吧，当老师也是工作。"这一结果虽然出乎郭淑珍的意料，但她转念一想，既然都是工作，无论到民族歌舞团还是留校都一样。就这样，郭淑珍放弃了中央民族歌舞团的诚邀，由学生转身变老师，人生开始了新一页。留校任教后，学院交给郭淑珍的第一项工作，是与同学一起上河堤——赴河南参加白沙水库建设。

　　白沙水库是治淮工程之一。治理淮河，是新中国建设的第一个全流域、多目标的大型水利工程。国家主席毛泽东先后四次对淮河治理作出批示，发出"一定要把淮河修好"的号召。周恩来总理亲自部署召开第一次治淮会议，研究制定了"蓄泄兼筹"的治淮方略，使治淮工作有了明确的政策。从 1950 年冬开始，政府组织实施了治理淮河的三期工程建设项目，有计划、有目的地对淮河流域进行从点到面的综合治理，以遏制淮河水患。

　　接受任务前，郭淑珍通过广播得知，自 1950 年 6 月起，淮河流域阴雨连绵 20 多天，造成非常严重的洪灾，豫皖境内受灾面积达 4300 多万亩，灾民 1300 万人。治淮第一期工程已于 1951 年 7 月完成，参加一期工程的民工达 300 万人，来自全国各地参加建设的工程技术人员在 1 万人以上。郭淑珍参加的是治淮第二期工程，第二期工程国家调动了 8 万多名干部，动员了近 80 万农民走上工地。修建河南禹县白沙镇北的白沙水库，是治淮的重要工程之一，水库控制面积为 985 平方公里，1951 年开工兴建。1952 年 4 月水利部部长傅作义与苏联专家到工地指导，反复研究后于 7 月提出《白沙水库工程修改设计》方案，要求 1953 年建成。

1952 年，胸前佩戴中央音乐
学院校徽和"一定要把淮河修好"
纪念章的郭淑珍

按说，郭淑珍刚刚出色完成了西南民族访问团
任务，在深山老林里生活工作了那么久，有理由向
院领导请求不去。但是，郭淑珍想都没想，愉快地
踏上了征程。在她看来，组织的安排必须执行，没
有讨价还价的理由。在修建水库工地上，郭淑珍将
两条辫子捆在一起，头戴草帽挽起裤腿肩挑竹筐，
与大家一起奋战，全然看不出她是中央音乐学院
的年轻教师，倒像从小生长在农村的"铁姑娘"，
身上看不出一丝娇气，把劳动看得很光荣。1952
年回到北京后，她特意戴着中央音乐学院的校徽和
"一定要把淮河修好"的纪念章，到照相馆拍了一
张纪念照。

郭淑珍吃苦耐劳、争强好胜的性格，与她的家
庭出身和成长环境有关。笼子里长大的金丝雀，不
能展翅翱翔；自然中成长的鸟，可以搏击风雨。孟
子说："故天将降大任于斯人也，必先苦其心志，
劳其筋骨，饿其体肤，空乏其身，行拂乱其所为，
所以动心忍性，曾益其所不能。"孟子这段话，如
今仍被有志者引为座右铭，以此激励自己在逆境中
奋起。根本原因，是文字中所蕴含的那种至高无上
的英雄气概和浓厚的悲剧意识。可以说，崇高的献
身精神，是对生命痛苦的认同承受，是对在艰苦环
境中不屈不挠精神的弘扬。

一份急电回学校

在白沙水库建设工地，人们看到郭淑珍与所有建设者一样，吃住在工地，挥洒汗水为水库早日建成而苦干，她希望可以见证水库的落成。遗憾的是，最后她没能等到水库竣工那天。1952 年 7 月的一天，郭淑珍正抬着土筐向大坝走时，突然听到身后有人喊："谁是郭淑珍？"郭淑珍停下脚步，放下土筐，向喊话的人望去，发现是邮局的同志。"我是郭淑珍。""有你电报。""哪来的电报？""好像是中央音乐学院发来的，你自己看吧。"递过电报邮递员走了，接过电报郭淑珍心生疑惑，不知学校为什么给她发电报。那时，通讯不发达，写信是最常用的联系方式，但寄信要很长时间才能收到。电话也很少，偌大工地只有指挥部才有一部。一旦遇有紧急的事情，通常是发电报。郭淑珍撕开电报信封，看到电文纸上只有四个字——速回学校。与此同时，也在治淮工地上的院长办公室领导、学生会主席吴祖强也被口头通知马上回学校，说是有重要任务，具体是什么任务，他们也不知道。

郭淑珍马不停蹄地往学校赶，到了学校才知道，学校决定推荐十多位青年教师参加留苏（联）预备班考试，其中声乐 2 人，包括郭淑珍。其余的为作曲系或其他系的教师。根据国家有关部门规定，所有被推荐者，必须先参加文化课考试，成绩不合格者取消推荐资格。通过文化课考试的人，再参加俄文专修学校留苏预备部一年的学习。

那是一段时间紧压力大的时光，学校的工作要做，文化课补习也不能耽误。郭淑珍与学校推荐的十几位同事一起，天天下班后到普通中学补高中文化课。课上，有人常常打瞌睡，人在心不在。最终文化课考试结果，两个推荐声乐考生中只有郭淑珍通过。除她之外，通过文化课考试的还有两个人，一位是后来成为著名指挥家的李德伦，另一位是著名作曲家，后来成为中央音乐学院院长的吴祖强。

获得这次保送机会，郭淑珍非常高兴。她与当时的年轻人一样，对被称为"老大哥"的苏联，有太多的美好憧憬。那时，中苏两国的关系是同志加兄弟，无论国家与国家，还是百姓与百姓，感觉彼此亲密无间，因此有人说，那段时光是中苏的"蜜月期"。郭淑珍最了解的，是苏联有很多世界级的艺术家，他们的大名早已镌刻在她的心中——柴科夫斯基、拉赫玛尼诺夫、穆索尔斯基、鲍罗丁、格林卡、斯特拉文斯基、里亚多夫、斯克里亚宾、肖斯塔科维奇、普罗科菲耶夫等等。当想到自己能到这些大艺术家的祖国去学习时，郭淑珍心中充满热切与期待。

1952 年，郭淑珍（二排左二）与
声乐系同学在北海公园
—
1952 年 11 月 7 日，郭淑珍（右一）
与同学在北海公园九龙壁前

　　1952 年 8 月，郭淑珍终于接到北京俄文专修学校留苏预备部的培训通知，被分在预备
部第 25 班，开始为期一年的俄文学习。

　　北京俄文专修学校，创建于新中国成立后的 1949 年，毛泽东主席亲自题写校名。之所
以创建这所学校，一是国家建设急需培养大批俄文翻译人员，二是急需将各方面的优秀青年
人才送到苏联培养，当他们学成回国后，成为各领域的带头人。苏联专家鲍米诺娃、马蒙诺
夫、毕丽金斯卡娅等人先后到北京俄专任教。之后，北京俄专先后又成立了俄专二部、俄专

1953 年 7 月，郭淑珍（右一）
与留苏预备部第 25 班师生合影

三部。1952 年 2 月，根据国家的需要，北京俄文专修学校又成立留苏预备部，借用定阜大街原辅仁大学部分校舍。

教育部对预备班学员的选拔非常严格，为此高等教育部、教育部、人事部联合发布了《关于 1953 年选拔留苏预备生的指示》，指示中说留苏学生是直接向苏联学习，是培养高级专门人才的最有效的方法，对祖国建设有着极其重大的作用。因此，各有关部门、机关、学校的负责同志应视此工作为重大的政治任务，认真按照选拔办法的规定，亲自领导，保证做好选拔工作。指示中还规定 1953 年度推荐留苏人员共 2795 名，录取留苏预备班 1700 名。

预备班对学员的"硬件"要求非常严格。第一，学历条件：由机关选送的干部，报考"研究生"须达到大学毕业水平，并从事研究工作或实际参加与其所学有关的工作一年以上，成绩优良，确有培养前途；报考"大学生"须达到高中毕业（或相当高中文化程度），或大学一二年级肄业水平。由高等学校选送的，报考"研究生"限于教授、副教授、讲师、助教及成绩优良的研究生；报考"大学生"限于高等学校（包括专修科）一年级学生。第二，身体条件：须经指定的卫生机关检查合格者。第三，年龄条件：报考"研究生"限 35 岁以下，"大学生"限 17 岁以上 25 岁以下。报考文科与艺术类研究生和大学生，语文、政治基本理论、俄文为必考科。

由此可见，郭淑珍与当年一起被国家选送去苏联的年轻人，个个都是优中选优，肩负着国家的嘱托与厚望，后来在他们中确实涌现了一大批各行各业杰出人才，新中国第一位女中将聂力是当年留苏预备班的学生。

　　国家对这批年轻人寄予厚望，1953 年 7 月 25 日，高等教育部在中南海怀仁堂举行欢送赴苏和东欧留学生晚会，周恩来总理出席了会议，他殷切希望留学生们在国外学习期间，要注意身体、努力学习、遵守纪律，为新中国争光。

　　国家对这些留苏人员的重视，可从 1957 年 11 月 17 日，他们在苏联接受国家领导人的接见中得以印证。那次接见留学生的党和国家领导人有毛泽东、邓小平、彭德怀、乌兰夫、陆定一、杨尚昆、胡乔木等同志，上述这些国家领导人在访问苏联时，特别安排了在莫斯科大学会见 3000 名留学生、实习生。在会见上，毛泽东主席满怀豪情地对在场留学生说："世界是你们的，也是我们的，但是归根结底是你们的。你们青年人朝气蓬勃，正在兴旺时期，好像早上八九点钟的太阳，希望寄托在你们身上。"当时，在台下聆听毛主席讲话的郭淑珍热血沸腾，在心中默默发誓，一定努力学习，将来为祖国艺术事业的发展贡献力量。

　　据统计，从 1950 年到 1959 年 9 年中，国家共派遣了留学生 16000 余名，其中 91% 前往苏联，8% 派往其他社会主义国家。他们之中三分之二的人学工科，学成归国后，均成为我国社会主义建设中的骨干力量，为新中国的各行各业建设做出了卓越的贡献。其他专业的留学生回国后，也都成为专业的领军者。

　　就这样，通过层层选拔与考试，郭淑珍作为国家选派的第一批艺术类调干学生，于 1953 年踏上为期 5 年的赴苏留学之旅。

入学考试一次过

莫斯科的 9 月，秋高气爽，蓝天白云，绿树红墙，美丽如画。

在一年中最浪漫的时节，莫斯科迎来了第一批来自中国的艺术留学生，他们将进入世界著名的音乐学院——莫斯科国立柴科夫斯基音乐学院深造，这些肩负祖国重任的青年人，很多与郭淑珍一样，学成之后成为为中国艺术事业发展做出了突出贡献的艺术家，如吴祖强、李德伦、严良堃、徐宜、林应荣、黄晓和等。

此时郭淑珍 26 岁，身材挺拔、脸庞圆润、五官端正，两条粗黑的长辫子甩在身后，周身散发着青春的气息，像清晨的阳光和煦、清新、明媚。论相貌她虽然算不上漂亮，但她灿烂的笑容和银铃般的笑声，总能吸引众人的注意，给大家留下难忘的印象。

美丽的莫斯科国立柴科夫斯基音乐学院，位于红场旁不远处的大尼金斯基街，绿树环抱的校园，教学楼犹如沉浸在绿海中的美丽岛屿，浪漫而又多情。郭淑珍第一眼看到她时，不由得睁大了眼睛，仿佛置身梦中世界，这里的美超出了她的想象。走进校园，抬头环顾黄墙蓝顶的教学楼，聆听秋叶"沙沙"细语，身披金色阳光，眼前的一切亦真亦幻，郭淑珍不由得感到有种醉意在心头荡漾。她轻轻走上广场的宽大台阶，忽然听到一段段飘来的旋律，或温婉或急促，或明亮或忧郁，或跳跃或沉静……那刻，这座音乐学府在郭淑珍心里无比神圣，仿佛自己已伫立在圣殿的门口，与斯波索宾、斯克里亚宾、普罗科菲耶夫、拉赫玛尼诺夫等这些伟大的艺术家近在咫尺。她在想，未来的 5 年，自己将在这里通过音乐与大师们神交，感受他们留在这里的气息，享受他们营造的氛围何等幸福。她在心里对自己说，眼前的这一切，做梦也想不到，自己出生在中国最普通的百姓家庭，身后没有任何可以炫耀的东西，一路走来如果没有一位位识才爱才的恩师，如果没有共产党缔造的中华人民共和国，自己这个小草般的女孩儿，岂能一步步走到这个音乐圣殿的门口。国家提供了宝贵的深造机会，自己必须努力学习，更快进步，用优异的成绩报效可爱的祖国。

难怪郭淑珍如此激动，创建于 1866 年 9 月的莫斯科国立柴科夫斯基音乐学院，是举世闻名的音乐教育学府，也是世界最优秀的音乐学院之一。莫斯科国立柴科夫斯基音乐学院是继圣彼得堡音乐学院之后，俄国成立的第二个音乐学院，原名为莫斯科音乐学院，创建者为杰出的钢琴家、指挥家尼古拉·鲁宾斯坦（Nikolay Rubinstein）（1835—1881）。创建初期，柴科夫斯基曾在此任教，后为了纪念柴科夫斯基，更名为莫斯科国立柴科夫斯基音乐学院。

1953 年，在莫斯科留学期间的郭淑珍

一直以来，莫斯科国立柴科夫斯基音乐学院被世人誉为音乐的圣殿，在古典音乐领域具有象征意义的地位。

莫斯科国立柴科夫斯基音乐学院的教学，以严格、严谨著称。自创建起，但凡进入该校的学生，必须有长时间的音乐教育经历或极高的天赋，再经过严格的资格考试、面试、入系考试等层层筛选，才能进入大学一年级学习。无论何人，如果某一项成绩达不到要求，只能先入预备班学习一年。按照这个标准，名义上已从中央音乐学院毕业的郭淑珍，实际专业学习根本达不到柴科夫斯基音乐学院要求的"须有长时间的音乐教育基础"的要求，所以只能报考学院本科一年级，而且还要通过学院的专业考试。

月光照进房间，树影婆娑像一张凌乱的网挂在窗前。躺在床上的郭淑珍睡不着，觉得心里也像有张乱网，剪不断理还乱。自己能否通过即将到来的入学考试？能否顺利通过俄语审核？能否直接进入一年级？此时，她有些信心不足，从入学北平艺专到中央音乐学院毕业虽然时间是 4 年，但 4 年中一年去了西南民族访问团，一年在河南白沙水库建设工地劳动，再加上参加学校的各种活动，专业学习时间满打满算最多只有一年半，依自己目前的水平能达到学院的要求吗？好在读俄专时，沈湘老师一直帮她准备，不仅学会了用意大利语演唱莫扎特歌剧《费加罗的婚礼》中伯爵夫人咏叹调，还学习了威尔第的作品，以及用俄语演唱的苏联作品《俄罗斯》《安东尼达》等……想着想着，郭淑珍不知什么时候睡着了。

那时前来莫斯科国立柴科夫斯基音乐学院深造的有多国留学生，全部来自社会主义阵营国家，除了中国还有朝鲜、捷克等国家。宽大的考试现场宁静而严肃，仿佛空气被凝固，到处弥漫着无形的压力。负责考试的几位专家正襟危坐在考场前方，桌上摆着考生带照片的登记表，每进来一位考生，他们都会认真打量一番。考试开始了，郭淑珍与朝鲜民主主义共和国的金春喜在同一考场，金春喜先走进考场，郭淑珍站在门外仔细聆听，感觉她唱得很好，不免有些压力。没容郭淑珍多想，便听到老师在叫"郭淑珍同学请进来"。郭淑珍下意识地抻抻衣襟，在心里对自己说："就像平常演出那样，投入、专注。加油！"然后沉稳地走进考场。说来也怪，当郭淑珍站到专家面前时，内心的紧张倏然烟消云散，她轻吐了一口气，这口气吐出了所有杂念，只留下演唱作品中人物的情感，情绪很快平复。于是，带着微笑开始演唱沈湘老师帮她准备的咏叹调。

　　结果出来了，郭淑珍顺利通过入学考试，以正式生身份编入学院新生一年级，而朝鲜留学生金春喜则被留在预备班学习一年。

师从叶·克·卡杜里斯卡娅教授

　　1953 年 9 月，郭淑珍正式入学，声乐主课师从苏联人民演员、列宁金奖获得者、莫斯科大剧院艺术指导叶·克·卡杜里斯卡娅教授；表演课师从人民演员里普斯基教授。在斯坦尼斯拉夫斯基剧院，郭淑珍得到表演艺术家格·克里斯奇和穆·梅里特采尔教授的指导。

　　叶·克·卡杜里斯卡娅是苏联非常著名的歌唱家，一生出演过 40 多部歌剧，塑造过 44 个主要角色。从 20 岁开始登台演出，叶·克·卡杜里斯卡娅教授在舞台上闪耀了近 30 年，曾与俄罗斯当时世界著名男低音歌唱家夏里亚斌同台演出歌剧《伊万·苏萨宁》，饰演过"茶花女""露斯兰""柳德米拉"。郭淑珍来苏留学时，她虽然已经离开舞台，但她音乐会的录音仍常在收音机里播放。叶·克·卡杜里斯卡娅教授的一些歌迷，每次听到广播，便带着鲜花到学校看望，以表达对她的敬仰。给郭淑珍安排这位杰出的艺术家为主科老师，足以说明学院对这位中国留学生的重视，对郭淑珍充满希望。

1955 年，郭淑珍（右二）在叶·克·卡杜里斯卡娅教授（左二）的教室上声乐课
右一：塔玛拉·米拉什基娜，左一：叶·缅特维德柯娃艺术指导、钢琴伴奏

　　叶·克·卡杜里斯卡娅是位和蔼可亲的教授，也是著名抒情花腔女高音，有一头金黄色的头发。平时，她胖胖的脸上总是带着微笑，湛蓝色的眼睛，透着温和、睿智的光芒。但给学生上课时，叶·克·卡杜里斯卡娅教授却是一副严肃认真的表情，学生有任何懈怠、敷衍，都逃不过她的眼睛。郭淑珍从第一眼见到她，就喜欢上了这位像母亲一样亲切的教授，深感能师从如此杰出的艺术家，是自己最大的幸运。当然，叶·克·卡杜里斯卡娅教授也十分欣赏她的中国学生。

　　在音乐学院，大家公认叶·克·卡杜里斯卡娅教授不仅有"点铁成金"的能力，还有一双挑选人才的"慧眼"。她对郭淑珍考试的演唱给予了充分的肯定，在她看来这位留着两条粗黑辫子的中国学生，身上带有东方姑娘特有的文静与纯朴，热情不失矜持，端庄不失大方，这是成为艺术家的基本素质。另外，郭淑珍的本质条件也很出色难得。总之，郭淑珍在叶·克·卡杜里斯卡娅教授眼里，是一块可以雕琢成器的璞玉，也是一棵可以长成参天大树的好苗子。

　　在柴科夫斯基音乐学院，郭淑珍开始接受高水平的专业教育和严格的正规培养。在声乐教育方面俄罗斯有自己的学派，但也逐渐汲取了很多意大利学派的精华。从沙皇时代开始，便不断请意大利教授到俄罗斯教声乐。除了把意大利艺术家"请进来"，俄国的艺术家也不断"走出去"。比如柴科夫斯基曾在意大利生活过多年，他的作品有诸多意大利元素。"请进来""走出去"的结果，使俄国的艺术不断完善升华，最终形成自己的学派。

　　值得一提的是，柴科夫斯基音乐学院虽然重视学习意大利人的科学发声方法，与此同时又非常注重自身民族精华的传承。俄罗斯民间音乐和民歌非常丰富，这片广袤的艺术沃土，既培养出一批如夏里亚宾这样世界公认的杰出歌唱家，也涌现出如格林卡、里姆斯基-科萨可夫、拉赫玛尼诺夫、鲁宾斯坦、穆索尔斯基、柴科夫斯基等举世闻名的作曲家，他们的很多作品成为世界经典。毫无疑问，一个国家声乐艺术发展水平的高低，从某种角度讲，与作曲家有密不可分的关联。意大利声乐艺术的高水平，与威尔第的创作分不开，没有威尔第歌剧中英雄人物的需要与影响，不可能彰显戏剧性男高音、女高音的魅力，也不可能有歌剧艺术的璀璨光芒。同样，俄罗斯有那么多的杰出作曲家，他们的作品要搬上舞台，要在社会产生影响，也离不开优秀歌唱家的演绎与传播。

　　紧张的留学生活开始了，叶·克·卡杜里斯卡娅教授按照俄罗斯声乐教育体系，给郭淑珍制定学习计划。每周 6 节专业课，主科老师上 4 节带伴奏的专业课，辅导老师上 2 节伴奏课。除此之外，每周外加 4 节歌剧片段课，3 节无伴奏，1 节合伴奏。每周总共 10 节专业课。按教案要求，对学生歌剧专业的培养计划是，一年级歌剧课以欣赏为主，同时进行形体训练课、基础表演课。二年级开始学唱宣叙调，加入人物表演内容和人物性格分析。所谓宣叙调是歌剧中用于道白的演唱段落，旋律性不强，节奏相对自由，多用在人物对话时演唱。也就是说，宣叙调的作用主要用于现实的交流、沟通，与咏叹调相比，相对容易一些。咏叹调是人物内心情感的表达，也是刻画人物性格与灵魂的主要唱段。咏叹调作为歌剧中最重要也是最难演唱的段落，既要细腻、起伏，也要宽广、有张力。对优秀歌剧演员来说，唱好宣叙调同样非常重要，宣叙调一般出现在咏叹调之前，起引子的作用，虽然不独立演唱，但没有宣叙调的铺垫和积淀，就无法引导出精彩的咏叹调。

三年级重点在咏叹调，强化演唱技巧和艺术表现力，要求学生必须完成指定歌剧中的几首咏叹调。从某种角度讲，三年级的课是学生"质"变的节点，也是检验专业能力的"试金石"。咏叹调是篇幅较长、音域较宽、技巧复杂、结构完整、旋律优美、富于抒情性和戏剧性的大型唱段，也是全剧的核心唱段，多出现在剧情发展的重要时刻，是人物复杂内心活动的全部展示，凸显冲突的矛盾和无法调和的焦点。由于咏叹调具有刻画人物内心、性格与形象的作用，因此可以作为独立的声乐作品在音乐会上演唱。

四年级时，学生进入歌剧工作室。进入歌剧工作室，实际上就是进入歌剧剧场，剧场内的设备、服装、乐队、舞蹈团、灯光等一应俱全，学生要与专业的管弦乐队合作。剧场提供配角、剧院经理、3 到 4 位伴奏老师和导演，指挥在现场审查，每周六和周日上演进入歌剧工作室的学生任主角的歌剧。

在这种严格而又规范的教育体系下，郭淑珍得到了全方位培养。按说，郭淑珍在北平艺专学习时，美国老师汉基·珍妮曾对郭淑珍进行过规范训练，尽管训练不够系统、不够完善，且时间很短，但已让她受益匪浅。但此时郭淑珍感觉跟叶·克·卡杜里斯卡娅教授学习后，如同走进一个全新的世界。在叶·克·卡杜里斯卡娅教授眼里，无论学生来自哪个国家，无论之前她的学习背景如何，一切归零，从头开始，全部按照最专业最系统的方法进行训练。她的教育理念是，扎扎实实地打好基础，为学生未来的发展创造条件。教育跟建筑一样，基础不牢固无法增高，柴科夫斯基音乐学院秉承的宗旨是，但凡从学院走出的毕业生，应是舞台上最优秀最出色的演员。所以，自从叶·克·卡杜里斯卡娅教授接受郭淑珍，目标非常明确，一定要把郭淑珍培养成最优秀的歌唱家。教授知道世界著名的莫斯科国家大剧院，几乎每年都从柴科夫斯基音乐学院招收优秀毕业生，作为大剧院的后备力量，她相信郭淑珍未来也具有这样的实力，成为世界歌剧舞台上的歌唱家。

叶·克·卡杜里斯卡娅教授给郭淑珍留的作业量很大，要完成老师的作业，郭淑珍把所有时间与精力都投入其中，甚至梦中还在背歌词、练唱段。郭淑珍告诫自己，必须严格按照老师的要求去做，一丝不苟地完成每天的作业。对每门功课、每项基本功和技巧训练、每次艺术实践课都不放松，她能自觉做到进行几十次甚至上百次的练习。5 年间，在校园里不少同学从她身边走过跟她打招呼，郭淑珍"不理不睬"。久而久之，同学们对她产生误解，认为她骄傲自大。其实郭淑珍是真没注意到，她在背歌词，在回味老师的要求，在琢磨演唱的人物，根本没发现同学在跟自己打招呼。直到她过于给自己压力，得了神经衰弱症，出现严重睡眠障碍，不得不推迟计划中毕业考试的专业音乐会，不得不去疗养院治疗一个月，同学们才了解了真情，再不怪她。郭淑珍刻苦学习的态度，苏联老师也很感动，称赞郭淑珍："这位中国学生的刻苦勤奋，真是了不起。"

郭淑珍之所以苦行僧般地严格要求自己，缘于时刻不忘的两个心结。第一个心结是使命，她和 20 世纪 50 年代国家派出的所有留学生一样，有强烈的立志成才精忠报国的愿望，所以努力进取，不敢有丝毫的懈怠与放松。20 世纪 50 年代的多数"海归"，无论在哪个领域，都被公认为国家的栋梁。第二个心结是感恩，郭淑珍深知来自平民家庭的自己，拥有出国留学的机会，是国家培养人才政策的公平、公正，否则，像她这样的女孩何谈留学？为培养他们这批年轻人，国家在还很困难的情况下，为每位出国留学生置办了 5 年的全部生活必需品，包括 5 套四季服装和 7 双皮鞋，是新中国改变了自己的命运。基于此，郭淑珍时刻告诫自己：学习上你没有放松懈怠的权力，也没有浪费时间的权力。唯一能做的，是珍惜留学的每一天，更多更好地掌握专业知识，不辜负祖国的期待。

一分勤奋一分收获。5 年的刻苦学习，引领郭淑珍一步步地走进了神圣的艺术殿堂，视野开阔了，灵感增加了。4 年级时，她已高质量高水平完成了《奥涅金》《绣花女》两部歌

郭淑珍（右一）在上俄语课

剧中女主角的全部唱段。也许郭淑珍当时没有想到，机会总是留给有准备的人，到了5年级，斯坦尼斯拉夫斯歌剧院要上演《绣花女》，到学院优秀毕业生中挑女一号"咪咪"，学院推荐了两个学生，一位是郭淑珍，另一位是捷克留学生，请剧院二选一。最后，剧院在反复比较后选了郭淑珍，并由郭淑珍首演。这部歌剧当时连演10场，在观众中引起热烈反响。

在柴科夫斯基音乐学院，郭淑珍不仅演唱水平不断提高，与此同时，她的俄语水平也在潜移默化中有了长足的进步。在专业课上叶·克·卡杜里斯卡娅教授完全用俄语教学，没有翻译，郭淑珍全神贯注地认真听讲，开始不能百分百地理解老师所讲的内容与要求，她就不断地向老师请教。实在表达不清时，她就直接唱出来，用以说明对老师所讲内容的理解。强化是最有效的方法，也是最快捷的手段。很快，俄语对勤奋刻苦的郭淑珍来说，越来越不是障碍，无论专业还是生活用语，她可与叶·克·卡杜里斯卡娅教授和苏联同学流畅交谈，俄语成了她的第二"母语"。与此同时，郭淑珍与叶·克·卡杜里斯卡娅教授的感情也在与日俱增，郭淑珍在俄罗斯学习5年，每逢节假日，叶·克·卡杜里斯卡娅教授便热情邀请她的中国学生到她的森林别墅做客。每次去教授家，郭淑珍一定会穿上漂亮的旗袍。在别墅里，叶·克·卡杜里斯卡娅教授亲自做俄式大餐，请郭淑珍品尝。之后，叶·克·卡杜里斯卡娅教授还将郭淑珍带到她挂满油画的琴房给她上课。

郭淑珍是叶·克·卡杜里斯卡娅教授最为"偏爱"的学生之一，她欣赏这位中国学生的天赋、聪慧，更喜欢郭淑珍的勤奋、好学。留苏5年，除一次国家需要回京演出外，郭淑珍从未回家，她的全部精力都投入到了学习中，学习成绩名列前茅。

1953年10月1日，刚到苏联不久的郭淑珍，在莫斯科大学大礼堂举办的庆祝中华人民

1955 年，郭淑珍与叶·克·卡杜里斯卡娅教授
在别墅的花园交谈
—
郭淑珍在叶·克·卡杜里斯卡娅教授家上声乐课

共和国成立 4 周年音乐会上演唱，这是她第一次站在异国舞台上，在她看来虽然留学时间尚短，但这也是第一次向祖国汇报。那一刻她激动不已，内心充满激情，她希望自己用美妙的歌声赞颂祖国，以表达留学生对祖国的热爱与感激。

台下坐满了中苏两国观众。那天，郭淑珍的演出服是向中国驻苏联大使夫人借的织锦缎旗袍，两条粗黑的大辫子垂在腰际，她面带微笑走上舞台，完美地演唱了中国民族歌剧《刘胡兰》中的著名唱段——《数九寒天下大雪》。这是一首具有鲜明民族风格的经典歌曲，旋律带有很强的中国戏曲元素，要求演员咬字发音清楚明亮。通常唱美声的演员很难唱好民歌，毕竟美声与民族的演唱方法有区别，尤其在吐字上不一样，但郭淑珍由于从小有唱京剧的基础，加之参加西南民族访问团时演唱过大量民歌，因此可以把民歌的风格特点表现出来。

郭淑珍演唱的另一首歌曲是俄罗斯歌曲《俄罗斯》，当报幕员说这首歌郭淑珍用俄语演唱时，现场立刻安静下来，苏联观众的目光聚集在郭淑珍身上，他们带着好奇心聆听中国留学生演唱俄罗斯歌曲。郭淑珍刚唱完一句，准确的发音与优美的

1953 年 10 月 1 日,
郭淑珍穿着大使夫人的旗袍
在莫斯科大学礼堂演唱

1955 年，郭淑珍在
叶·克·卡杜里斯卡娅教授指导下学习新曲目

嗓音，立即引来台下雷鸣般掌声，苏联观众的掌声更为热烈，他们没想到郭淑珍的俄语很纯
正，若不见其人，可以乱真……

郭淑珍俄语水平快速提升，与柴科夫斯基音乐学院的严格要求和叶·克·卡杜里斯卡娅
教授的培养分不开。二年级时，叶·克·卡杜里斯卡娅教授按照学校的安排，要求郭淑珍学
唱大量俄罗斯民歌，每周必须学会并可以演唱几首苏联不同民族不同风格的民歌。苏联是个

1956年，郭淑珍在
柴科夫斯基音乐学院琴房练习新曲目

多民族的国家，每个民族都有自己
的民歌，每种民歌又有不同的方言，
歌词中还夹带民间俗语、俚语、典故。
要掌握这些苏联民歌，不是一朝一
夕的努力就能做到。生性要强的郭
淑珍，对老师的要求从来一丝不苟，
对老师留的"作业"更是认真完成。
功夫不负有心人。一个学期后，郭
淑珍学唱了几十首不同风格的苏联
民歌，不仅语言水平大幅提升，而
且对苏联文化也有了进一步的了解。

随着时间的推移，郭淑珍越来
越深地体会到，点点滴滴的文化积
累，对艺术家来说何等重要。她意
识到虽然文化属意识形态领域，但
却可以影响社会风气和人们的行为
举止。人们的一切行为都具有特定的文化内涵，体现出文化的作用。一个国家的文化影响如
同空气无所不在。"观乎天文，以察时变；观乎人文，以化成天下。"文化的特殊作用和独
特功能，在于对个人和社会的"驯化"。可以说，对苏联文化的了解，进一步开阔了郭淑珍
眼界，让她不仅知其然，也知其所以然。这为她在舞台上准确演绎俄罗斯歌剧中的艺术人物，
提供了很大的帮助，让她能够把控剧中人物的情感、追求，能够站在角色的角度去展示角色
的内心。

两次斩获国际大奖

1955 年 6 月的波兰华沙，树木葱翠、鲜花盛开。美丽的维斯瓦河，像一条蓝色的绸带静静地流过市区，沿河两岸碧草如茵，成群的鸽子在悠闲散步。尽管这座美丽的城市曾饱受战火摧残，被希特勒夷为平地，战争的痕迹随处可见，但法西斯却无法阻止当邦故乡的波兰人民对艺术的追求与热爱，特别是这里的年轻人，艺术天分与生俱来，性格热情奔放，哪里有风华正茂的年轻人，哪里就有美妙动听的歌声。正因为如此，第 5 届"世界青年联欢节"在这里举办。

"世界青年联欢节"又称"世界青年与学生和平友谊联欢节"，由总部设在匈牙利布达佩斯的世界民主青年联盟主办。世界青年与学生和平友谊联欢节诞生于 1947 年，是以苏联为核心的社会主义东方集团，为与世界大学生运动会相呼应的联欢活动。联欢期间除了运动项目外，还有艺术、政治活动。

世界青年联欢节，自创办伊始，便被西方媒体炒作为以苏联为首的共产主义国家间的大型国际活动。因为联欢节都设在社会主义东方集团内的国家，承办国提供全部经费。联欢节自创办以来，其反侵略反战争、歌颂和平歌颂友谊的主题，在全世界青年人中引起强烈反响。世界青年联欢节有文艺演出，有联欢、座谈、报告、参观等丰富多彩的活动，每项活动都是主办方精心安排，而且具有很高的水平，因此也吸引了不少西方国家青年人的参与，联欢节最多一次前来参加的青年人来自 100 多个国家。事实证明，联欢节促进了各国青年的交流与团结，也为各国青年人才提供了展示才华、才艺的舞台。

第 5 届青年联欢节，中国组成了 700 人参加的庞大代表团，聚集了中国最优秀的青年文体人才，以此展示中国年轻人的风貌与才华，同时也是中国艺术外交与人民外交的一次尝试。此时在柴科夫斯基音乐学院学习了两年的郭淑珍，作为中国青年艺术家成员参加了这次盛会。盛会对郭淑珍来说，既是留学两年的成绩汇报，也是作为中国青年歌唱家在世界舞台的亮相，因此她准备得格外充分。在准备参赛的日子里，她常在心里对自己说，联欢节参赛者中强手如林，尤其是西方国家的青年选手，在古典歌曲演唱上，有得天独厚的优势。对他们而言，美声是从小就熟悉模仿的唱歌方式，古典歌剧的唱段是脍炙人口的"家乡小调"。自己虽然也学习了多年美声唱法，但美声毕竟来自西方，不是中国人的强项。从语言到旋律，从内容到表现，对中国人来说，要学都是从零开始。郭淑珍虽然对这一切了如指掌，但依然对自己

1954 年暑假，郭淑珍（前排左三）
与中国留学生一起在美丽的伏尔加河畔春游

—

1955 年 5 月 1 日，郭淑珍（前排左一）
与莫斯科国立柴科夫斯基音乐学院中国留学生参加五一国际
劳动节游行后在音乐学院音乐大厅前合影

抱有信心，叶·克·卡杜里斯卡娅教授也对她抱有希望，相信郭淑珍的实力不比欧洲国家的选手差。果不其然，在这届联欢节上，郭淑珍在古典歌曲的比赛时，演唱的《阿霞的咏叹调》等歌曲，让在座的评委刮目相看。评委中多数人第一次听中国人唱美声，他们没想到郭淑珍的演唱那么自如完美，不约而同地给郭淑珍打了高分，让郭淑珍首次参赛便获铜奖。郭淑珍得奖后，苏联报纸大幅刊登了比赛的文章，文章中特别提到中国选手郭淑珍的精湛演唱，打动了所有在场评委，获得一致好评。文章中还说，郭淑珍是在国际美声声乐比赛中获奖的第一个中国人，她开了中国人美声比赛获奖的先河，让国际声乐界首次看到中国选手的实力。

1957 年 6 月 30 日，第 6 届"世界青年联欢节"在莫斯科举行。此次联欢节盛况空前，无论报名人数还是整体实力水平，超越之前历届联欢节，来自 131 个国家的 34 000 名不同肤色不同语言的青年涌向莫斯科，让美丽的莫斯科变成了欢乐的海洋。无处不在的青春热情，让城市充满温暖，此起彼伏的美妙旋律，让城市洋溢浪漫。古老的莫斯科河泛起欢快的浪花，巍峨的克里姆林宫呈现绚丽的光彩。如今仍被世人所熟悉的《莫斯科郊外的晚上》这首歌，就是从第 6 届"世界青年联欢节"唱响。

《莫斯科郊外的晚上》原唱者为著名歌唱家弗拉基米尔·特罗申，作曲者为瓦西里·索洛维约夫·谢多伊，作词者为米哈伊尔·马都索夫斯基，歌曲本是为莫斯科电影制片厂拍摄的纪录片《在运动大会的日子里》量身定做的插曲之一。完成创作后，作者并不满意，感觉歌曲比较枯燥。没承想 1956 年弗拉基米尔·特罗申应邀前来为纪录片演唱并灌录歌曲时，顿时被《莫斯科郊外的晚上》深深打动了，摄制组也为之振奋。一致认为这首歌的旋律不仅有浓郁的俄罗斯风格，同时也很好地烘托映衬了莫斯科郊外宁静而温馨的夜晚。歌唱家越唱越觉得有激情，于是将它带到联欢节上并夺得金奖。

评委们认为《莫斯科郊外的晚上》这首歌融合了俄罗斯民歌和苏联城市浪漫曲的特点，富有变化，明快流畅。作者灵活地运用了调式的变化——第一乐句是自然小调式，第二乐句是自然大调式，第三乐句旋律小调式的影子一闪，第四乐句又回到了自然小调式。作曲家还突破了乐句的方正性：第一乐句是 4 个小节，第二乐句比第一乐句少 1 个小节，第三乐句割成了 2 个分句，一处使用了切分音，第四乐句的节奏与第一、二乐句相近，但不从强拍起，而变为从弱拍起。4 个乐句在章法上没有一处是和另一处完全相同的，歌曲旋律的转折令人

1957年，郭淑珍参加第6届"世界青年联欢节"，
在古典歌曲演唱比赛中获第一名和两枚奖章
——

上：铜质奖章；下：金质奖章

意想不到却又自然得体，气息宽广，结构精巧，于纯朴中显露出生动的意趣，令人惊叹不已。从此，索洛维约夫·谢多伊受到音乐界同行的盛赞，称他创作的歌曲作品体裁灵活新颖，手法别致，风格多样化，很少有雷同。

在莫斯科举办世界青年联欢节，对柴科夫斯基音乐学院的师生们来说，就是在自己家门口举办艺术盛宴，是展示才华与水平的好机会，大家都很兴奋。由于郭淑珍得过上届古典歌曲演唱铜奖，同学们自然很关注她。由国家提供的参赛名单报到组委会，但郭淑珍心里很纠结，感觉这是一次难得的机会，但又担心如果再参赛成绩不如上次，如何对恩师交代。

郭淑珍此时的想法，叶·克·卡杜里斯卡娅教授看得清清楚楚。她了解自己的这个中国学生有很强的上进心，但也有很强的自尊心，上次获奖会对她产生一种"压力"。但是叶·克·卡杜里斯卡娅教授更了解郭淑珍的实力，通过两年的学习，郭淑珍的演唱水平又有了新的提高。作为从教多年的教授，她有准确的判断力，她对郭淑珍有充分的信心和把握，要激励她的中国学生迈上更高的台阶。

那天，一位同学找到郭淑珍，说叶·克·卡杜里斯卡娅教授让她马上去琴房。聪明的郭淑珍一下猜到，可能是教授让她报名参赛，故意不带谱子。郭淑珍走进琴房，教授微笑着打量她，像平日一样示意郭淑珍站到钢琴旁，然后打开琴盖，像是要给郭淑珍上课。这时，耍了"小心眼"的郭淑珍不由得脸红了，不好意思地说："教授，对不起，今天我没带谱子。""没关系，我这里有谱子。"说罢，叶·克·卡杜里斯卡娅教授若无其事地从桌子上拿来事先准备好的谱子，放到谱架上。就这样，郭淑珍在叶·克·卡杜里斯卡娅教授的"逼迫"下，

放下顾虑，满怀信心。

比赛开始了，郭淑珍在比赛中先后用法语演唱了德彪西的《浪漫曲》，用捷克语演唱了德沃夏克的《月亮颂》，用俄语演唱了《库玛的咏叹调》，用意大利语演唱了《晴朗的一天》，还演唱了莫扎特的《阿里露亚》和中国冼星海的《黄河怨》。郭淑珍的这次参赛演唱水平，比上届有明显提高，进步之快让曾听过她演唱的人甚为惊叹。评委们一致同意把金奖授予郭淑珍，认为郭淑珍是不可多得的女高音后起之秀，她未来会在世界歌剧舞台绽放光芒。郭淑珍获奖消息传到国内，国内媒体纷纷报道了这一新闻，称郭淑珍所获的金奖，是中国歌唱家在国际声乐比赛中获得的最高奖项，也是中国声乐界的第一枚金质奖章。

比赛时郭淑珍的表现如何？评委们的态度如何？一位在现场的外国记者赛后作了客观真实的报道："……在莫斯科举办的第6届青年联欢节，有47个国家的青年艺术家参加声乐比赛。比赛评委由举世闻名的声乐家组成，评委会以意大利歌唱家铁托·史吉巴和波兰女歌唱家班德洛斯卡·杜尔斯卡娅为主任委员。他们对青年歌唱家们的演唱做了最严格和公正的评价。郭淑珍在比赛上演唱的那一天我也在场。听众和评委们都被这位中国青年歌唱家的技巧感动。她用法语热情洋溢地演唱了德彪西的抒情歌曲《浪漫曲》，用捷克语演唱了德沃夏克的歌剧《月亮颂》咏叹调，还演唱了俄罗斯和中国歌曲。比赛结束后，史吉巴在为比赛一等奖获得者郭淑珍颁发奖状和金质奖章时，吻了她的手并衷心祝愿她在演唱方面有更辉煌的前程。"

中国的塔姬雅娜

在第 6 届"世界青年联欢节"上获金奖之后，中国青年歌唱家郭淑珍的名字在苏联迅速叫响，她被苏联观众亲切地称为"会唱歌剧的那个中国女孩儿"。

由于郭淑珍的演唱征服了观众，苏联莫斯科广播电台多次请她录制了大量的西欧及俄国作曲家的声乐作品，由莫斯科国立交响乐团伴奏。录制的节目，多次向国内外听众播放，同时播发郭淑珍专题介绍。特别值得一提的是，莫斯科唱片社专门为第 6 届"世界青年联欢节"获奖者录制了专辑，中国获奖者唱片正反两面的人物照片，一面是青年歌唱家郭淑珍，另一面是青年钢琴家顾圣婴。

这之后，莫斯科斯坦尼斯拉夫斯基和涅米洛维奇－丹钦科模范音乐歌剧院邀请郭淑珍出演俄国经典歌剧《叶甫盖尼·奥涅金》，由她担任该剧的女主角塔姬雅娜。

歌剧《叶甫盖尼·奥涅金》，由普希金的诗体小说《叶甫盖尼·奥涅金》改编，是俄国作曲家柴科夫斯基创作的最成功的歌剧，也是世界优秀经典歌剧之一。据说，柴科夫斯基的创作冲动，是在巴黎聆听了比才的歌剧《卡门》之后，有感歌剧应与现实生活结合，应将发生在身边鲜活的人间悲剧故事搬上歌剧舞台。恰巧普希金的诗体小说《叶甫盖尼·奥涅金》所描写的内容与他的创作思想相契合，于是决定将这一人间悲剧搬上歌剧舞台。

歌剧《叶甫盖尼·奥涅金》讲述的是彼得堡贵族青年奥涅金，厌倦了上流社会生活，便到乡村小住。一个偶然的机会，他在乡村结识了乡村少女塔姬雅娜，立即被美丽纯情的塔姬雅娜吸引，而塔姬雅娜也对奥涅金一见钟情，于是塔姬雅娜给奥涅金写了一封深表爱慕之情的信。但此时的奥涅金却根本不能理解塔姬雅娜的真挚爱情，竟轻浮地当面表示拒绝。后来，奥涅金在决斗中杀死了自己的好友连斯基，离开了乡村。几年之后，奥涅金在彼得堡上流社会的一次交际活动上又遇见塔姬雅娜。此时的塔姬雅娜已从一个纯朴的乡村少女出落成上流社会"女神"般的贵妇人。奥涅金受虚荣心驱使，神魂颠倒，拼命追求塔姬雅娜。而塔姬雅娜则坦诚地告诉他：虽然此刻她仍然爱他，却不能属于他，因为她要忠于自己的丈夫……

塔姬雅娜是普希金心目中理想女性的化身，也是"俄国高贵妇女的典型"。陀思妥耶夫斯基在评论中，把塔姬雅娜称作"俄国妇女的圣像"。可见，塔姬雅娜不仅是诗人的"理想"，也是在俄国文学史上具有崇高地位的标志性人物。所以，柴科夫斯基在创作时非常投入，写到动情处时，甚至多次潸然泪下。他要将塔姬雅娜丰富的内心活动和真情实感，用音乐准确

1957 年，郭淑珍在
歌剧《叶甫盖尼·奥涅金》中
饰演塔姬雅娜

表达出来，同时还要将塔姬雅娜美丽、善良、忠贞、坚定的性格刻画出来。他在创作《塔姬雅娜的咏叹调》时，投入了全部精力和真情。这段咏叹调出现在第一幕第二场，是塔姬雅娜给奥涅金写信时的唱段，这个较长的咏叹调在这部歌剧中占有特殊的地位。咏叹调中的情绪变化非常丰富，既有对幸福的幻想，也有对未来的茫然；既有对爱情的向往，也有对情人的思念……可想而知，这段拥有多种情绪变化的咏叹调，对演唱者来说具有多方面的考验，考验演唱者的技巧也考验演唱者的把控，考验演唱者的声音也考验演唱者的情感，这段咏叹调被不少人称为衡量歌唱家水平的"试金石"。

郭淑珍能胜任塔姬雅娜这一在苏联观众心中女神的角色吗？能准确揣摩和表现出女主人公心中多种复杂的心理活动吗？能让对塔姬雅娜耳熟能详的苏联观众认可这位东方面孔的塔姬雅娜吗？剧院要求郭淑珍完全用俄语演唱，这对郭淑珍是一种高难度的挑战。然而，生性不服输的郭淑珍，除了自信还有自强，她相信凭自己的能力和对苏联文化的理解，能胜任这个角色，可以让高水平的苏联观众认可她演绎的塔姬雅娜。

那段时间，郭淑珍夜以继日地阅读了大量中文版与俄文的普希金作品，又阅读了同时代的文学家和评论家所写的文章，还多次前往莫斯科、列宁格勒的画廊、博物馆参观感受，流连在列宾、弗路列里等大师的绘画前，从中揣摩俄罗斯少女的丰富表情与复杂内心……之后，她感觉自己离郭淑珍越来越远，离塔姬雅娜越来越近，甚至不由自主地沉浸在角色中。在卡杜里斯卡娅教授的悉心指导帮助下，她虚心请教、刻苦练习、认真揣摩、反复推敲，终于找到了塔姬雅娜的感觉……之后，郭淑珍成为中国第一位在苏联歌剧舞台上，用俄语演唱的女高音青年歌唱家。

　　1958 年 4 月 7 日演出那天，担纲塔姬雅娜的郭淑珍走上舞台，场内鸦雀无声，苏联观众被郭淑珍美妙的声音和真情表演所吸引，仿佛郭淑珍就是普希金笔下的塔姬雅娜，郭淑珍就是他们热爱赞美的塔姬雅娜。1958 年 4 月 8 日，《苏联音乐生活》刊发了梅里采尔的文章——《中国歌唱家的首演》，作者在文中称赞说，郭淑珍扮演的塔姬雅娜"是普希金和柴科夫斯基的理想人物"。苏联《真理报》刊发了苏联著名歌剧声乐评论家叶·格罗绍娃的文章——《一位中国女歌唱家的成功》，文中写道：在斯坦尼斯拉夫斯基和涅米洛维奇－丹钦科剧院，我们亲眼目睹了一件激动人心的事情。一位年轻的中国女歌唱家第一次在苏联的舞台上，在俄国歌剧柴科夫斯基的《叶甫盖尼·奥涅金》中，用俄语表演了塔姬雅娜。在演出中，中国女歌唱家郭淑珍的嗓音嘹亮自如，发音吐字极为清晰，富有表现力，演唱的韵味非常细腻。尤其值得称赞的是，她在表演中将人物复杂的心理活动通过音乐表现出来，而且准确、严谨，引人入胜，完美展示了普希金和柴科夫斯基作品女主人公的精神世界。歌唱家郭淑珍让观众看到少女塔姬雅娜情怀中的纯真、热切、向往、憧憬，同时也看到了少女塔姬雅娜的忐忑、羞涩、不安、疑虑，从而让观众感受到少女塔姬雅娜精神世界里的纯真与美好。

　　郭淑珍成功演绎的另一个角色，是意大利歌剧《艺术家的生涯》中女主角咪咪。《艺术家的生涯》（又名《波希米亚人》）是为普契尼奠定国际声誉的一部著名歌剧。在世界歌剧舞台上，普契尼被公认为是继威尔第之后，意大利最伟大的歌剧作曲家，是"真实主义"歌剧乐派的代表人物。普契尼曾对人说，他热爱小人物，只想也只能写小人物，因为他们是真实的、热情的、富有人性的，并且是能通向心灵深处的。正因为如此，这部歌剧素材取自法国作家亨利·缪尔杰（1822—1861）的小说——《波希米亚人的生活情景》。1896 年，歌剧《艺术家的生涯》在都灵首演，当时虽未马上轰动，但两个月后在巴勒莫再度演出时，却获得狂热的追捧，之后便久演不衰，成为世界歌剧舞台的经典之作，同时也确立了普契尼世界歌剧大师的地位。在这部作品中，普契尼的着眼点不在于描绘巴黎拉丁区落魄的艺术家们放荡不羁的生活，而在于讲述绣花女咪咪与诗人鲁道夫的纯真爱情的悲剧。剧中虽然没有戏剧性展开的大段咏叹调、重唱、合唱，而是在贯穿发展的织体中加进篇幅不大的独白、灵活的歌唱性的朗诵调和尽情吟唱的段落，用主导动机巩固各场之间的联系，并且初次运用印象派的色彩和声，可谓大胆的创新。

　　剧中咪咪由抒情女高音担任，天真无邪、命运多舛是这位少女的最大特点。绣花女咪咪出身卑微，天生丽质但却体弱多病，尽管如此却挡不住她对美好生活的向往，也挡不住她对爱情的追求，她如飞蛾扑火般地投入恋人鲁道夫怀中。尽管这对恋人因种种原因经历了无数痛苦，最终他们的爱没有改变……剧中咪咪的几首咏叹调，普契尼通过角色戏剧性的变化，揭示了她不同的状态下产生的不同心理活动和思想情绪的变化，因此在音乐的处理上也有相应的调整，既相关又不同，既呼应又独立，恰到好处地折射出人物情感的复杂性和人物性格的多面性，实现了咪咪戏剧形象和音乐形象的完美结合。其中《人们叫我咪咪》《来到你身边》等著名唱段，完美刻画了女主人公的情感。要演唱好这些咏叹调，就必须对作品有深刻全面的艺术分析，把控作品的艺术风格，最后通过精湛的技艺加以演唱。

　　郭淑珍能驾驭咪咪的角色吗？莫斯科音乐学院实验歌剧院导演曾在多名优秀演员中挑选，最终决定咪咪A角由郭淑珍担纲。1958年3月，歌剧《艺术家的生涯》首演后，立即在社会上引起强烈轰动，在观众看来舞台上的咪咪，不是中国留学生郭淑珍，而是波希米亚族群中的咪咪，他们被台上的咪咪所感染，喜咪咪所喜，忧咪咪所忧，完全沉浸在咪咪悲欢离合的故事中。演出结束后，郭淑珍多次谢幕，观众的掌声仍不停歇，久久伫立不愿离去。1958年3月19日，应《苏联音乐家》杂志之邀，叶·克·卡杜里斯卡娅教授撰写了题为《歌剧院集体的伟大胜利》一文，文中写道："郭淑珍的声音很漂亮，她善于利用自己声音的色彩变化，长气息的连句和轻声技艺，成功地塑造了一个悲剧式的人物——咪咪的形象。"字里行间不仅透出卡杜里斯卡娅教授对她中国学生的欣赏，更表现出作为"伯乐"对"千里马"的肯定。

名字留在金榜上

5 年的留学时光转瞬即逝，对郭淑珍来说一切仿佛刚刚开始，却已到了结束时刻，她将要与美丽的莫斯科和神圣的柴科夫斯基音乐学院告别。此时，她与来时的郭淑珍最大的区别是，过去的郭淑珍基本还是凭一副天然的好嗓子唱歌；现在的郭淑珍是用声音来塑造人物、表达情感。1958 年 11 月 19 日，当院长把记录郭淑珍 1953 年至 1958 年各科学习的成绩单及优等生毕业证书、优秀歌剧和音乐会歌唱家称号的证书颁发到她手里时，郭淑珍的眼眶湿润了，往事不禁历历在目，感恩之情油然而生。

郭淑珍与在莫斯科国立柴科夫斯基音乐学院学习的同学们交谈

1958 年，郭淑珍毕业于莫斯科国立柴科夫斯基音乐学院，获优等生毕业证书及优秀歌剧和音乐会歌唱家称号

——

郭淑珍 1953—1958 年在莫斯科国立柴科夫斯基音乐学院的各科成绩单

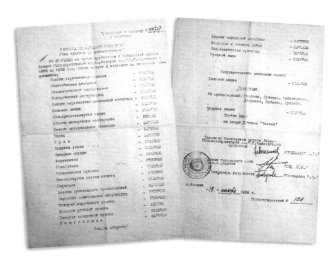

郭淑珍对柴科夫斯基音乐学院的深厚感情不难理解，这 5 年，叶·克·卡杜里斯卡娅教授等恩师，给了她一双可以振翅高飞的翅膀，学院给她提供了一个可以自由翱翔的天空，在这里她真正感悟了艺术的魅力，懂得了经典的不朽。同时，她也真正体会到，作为艺术家应有怎样的艺技与艺德，应有怎样的视野与素养。这短短的 5 年，与其说是郭淑珍艺术生涯的一个重要节点，不如说是她人生道路的重要转折。她进步了、成熟了，由稚嫩柔弱的树苗，长成了挺拔丰满的大树。

郭淑珍热爱柴科夫斯基音乐学院，学院对她取得的成绩也给予了很高的评价。在这座世界级音乐学府，每年培养的优秀艺术人才不计其数，但从未将留学生的名字刻在学院的金榜上。1958 年柴科夫斯基音乐学院将郭淑珍的名字刻在金榜之前，金榜已 10 年空缺。

难能可贵的是，苏联国家考试委员会为一位中国留学生召开会议，决定授予郭淑珍歌剧和音乐会歌唱家称号。1958 年 11 月 23 日，柴科夫斯基音乐学院声乐系国家考试委员会全体成员，在聆听了郭淑珍考试演唱后，召开讨论会，与会者有：

国家考试委员会主席——苏联人民演员、著名男高音歌唱家哈那耶夫

国家考试委员会委员——声乐系主任蒂兹

国家考试委员会教授——多尔利亚克、叶·克·卡杜里斯卡娅、米尔佐耶娃、彼得罗娃、

1958 年柴科夫斯基音乐学院的会议记录

ПРОТОКОЛ

заседания Государственной Экзаменационной Комиссии
вокального факультета
от 23.X-1958 г.

Присутствовали: Председатель Государственной Экзаменационной
Комиссии-Народный артист СССР- Ханаев Н.С.
Члены Комиссии: декан вокального ф-та- Тиц Г.И.
профессора: Дорлиак Н.Л., Катульская Е.К., Мирзоева М.М.
Петрова Ф.С., Саратовский П.С., Чугунов А.П.
и.о. проф. Рождественская В.Ф., доцент-Пикулин П.Д.

Обсуждали после прослушивания на Госэкзамене по сольному пению
студентку-выпускницу ГО-ШУ-ЧЖЕНЬ /класс проф. Катульской Е.К./

Ханаев Н.С.
Я в восторге от выступления студ. Го-Шу-Чжень. Она очень выросла. Пела прекрасно. Проста, мила. Пела искренне. Я предлагаю ее имя отметить на золотой доске московской консерватории. Это будет замечательный подарок Китаю. Я изумлен ее успехами.
Оценка по опере- концерту- ОТЛИЧНО.

Рождественская В.Ф. Очень большой рост.

Катульская Е.К.
В Китае есть тенденция посадить Го-Шу-Чжень на педагогическую работу- это будет очень жаль. Она хорошая оперная и концертная певица и должна работать в этой области.

Петрова Ф.С.
Согласна с Ел.Кл.Катульской. Мы обязаны дать характеристику, в которой указать ее профиль.

Дорлиак Н.Л.
Я знаю, что недавно окончивший у нас консерваторию дирижер, очень талантливый, послан тоже на педагогическую работу.

РЕШЕНИЕ:
Считать ГО-ШУ-ЧЖЕНЬ окончившей Московскую ордена Ленина Государственную консерваторию им.П.И.Чайковского- вокальный факультет- по специальности Сольное пение с присвоением квалификации оперной и концертной певицы.
Оценки на Государственных экзаменах по оперному пению и концертному выступлению - ОТЛИЧНО.
Ходатайствовать перед дирекцией Московской консерватории о помещении Го-Шу-Чжень на золотую доску.

Тиц Г.И.
В этом году должны окончить вокальный фак-т еще четверо студентов. Карепанов в настоящее время отозван в Удмуртию. Глазыкин и Полторак -больны. Мишевский- был оставлен повторно на У курсе, но по распоряжению дирекции должен закончить в этом году.

萨拉托夫斯基、秋古诺夫

副教授——罗日捷斯特文斯卡娅
讲师——米库林

左图是会议记录摘要，从中可以看出与会者对郭淑珍的评价与肯定。

国家考试委员会主席哈那耶夫：郭淑珍的演唱让人感动，她很成熟，唱得很美、纯朴、迷人。她的演唱是发自内心的。我建议把她的名字登在音乐学院的金榜上。这将是献给中国的特别好的礼物。她的成功使我震惊。

罗日捷斯特文斯卡娅副教授：她成名进步极快。

叶·克·卡杜里斯卡娅：她是一位很好的歌剧和音乐会歌唱家，期望她能在这个领域有所贡献。

讨论会形成决议，确认郭淑珍在莫斯科国立柴科夫斯基音乐学院声乐系独唱专业修业期满，准予毕业。同时，授予她歌剧和音乐会歌唱家称号。

鉴于郭淑珍在歌剧与独唱音乐会上的出色演唱及国家考试成绩优秀（五分），建议莫斯科音乐学院将郭淑珍的名字镌刻在金榜上。

5 年的朝夕相处，5 年的精心培养，叶·克·卡杜里斯卡娅教授对她的中国学生郭淑珍，产生了真挚的感情，她喜欢郭淑珍纯朴热烈的性格，欣赏郭淑珍与生俱来的天赋，更赞叹郭淑珍执着如一的追求。1958 年 12 月的一天，叶·克·卡杜里斯卡娅教授经过深思熟虑，决定给时任中央音乐学院院长赵沨写一封信，全面介绍郭淑珍在柴科夫斯基音乐学院留学 5 年的情况，希望通过这封信表达她对中国留学生的喜爱，表达她对新中国的敬意，表达她对郭淑珍的欣赏。叶·克·卡杜里斯卡娅教授在写这封信时，内心充满激情，她的真诚与赞赏在字里行间流淌，她的期待与祝福凝在笔尖，表现出杰出"园丁"的强烈责任心。以下是叶·克·卡杜里斯卡娅教授的来信译文——

最尊敬的赵沨同志：

苏联人民演员哈那耶夫任主席的国家考试委员会，对郭淑珍在毕业歌剧的演出（在《艺术家的生涯》中饰咪咪）和在毕业音乐会上的表演，给予高度评价。在此，我高兴地告知您关于郭淑珍的创造性的成熟，正如考试委员会证书中所指出的，她具有歌剧演唱家杰出的声乐和舞台素质，她以优异成绩获得了拥有列宁勋章的莫斯科国立柴科夫斯基音乐学院毕业证书。

作为郭淑珍的老师，我还想补充说，她具有抒情女高音出色的自然特质——美妙的音色、宽广的音域和非常好的乐感。

充满灵性的天赋和孜孜不倦的刻苦，使郭淑珍战胜了一系列重要的技术难关，她全面地掌握了各种不同风格的声乐曲目，同时取得了国际声乐比赛的好成绩——1955 年华沙国际声乐比赛铜奖、1957 年莫斯科国际声乐比赛一等奖，获金质奖章。

在莫斯科国立柴科夫斯基音乐学院留学期间，郭淑珍在实验歌剧院排演的《叶甫盖尼·奥涅金》一剧中出演过塔姬雅娜、《艺术家的生涯》中出演过咪咪，在艺术上取得了成功。她还在斯坦尼斯拉夫斯基和涅米洛维奇—丹钦科音乐剧院出演过塔姬雅娜。此外，郭淑珍基本上掌握了"蝴蝶夫人"一角。

今年 12 月，郭淑珍去里沃夫歌剧院巡回演出，在那里她扮演的塔姬雅娜和咪咪取得了巨大的成功。尤其值得一提的是，郭淑珍在莫斯科和列宁格勒各种室内乐和交响乐音乐会上的演出也取得了巨大的成功。尽管如此，郭淑珍在工作和学习中依然非常谦虚，严格要求自己，认真听取别人的意见。面对自己的成绩，郭淑珍认为不能安于已取得的进步，还要通过不懈的努力，使自己的专业技巧更加完美，与此同时还要注重自己文化和音乐修养的提高。由此可见，郭淑珍的这种品质与素质，将有助于她在今后工作中担当创造性工作。

郭淑珍具有优秀歌剧艺术家的天赋，事实证明，她独有的美妙嗓音与出色的舞台表现力，可以为古典歌剧增添无限魅力。因此，我相信她是能在歌剧舞台成为一位得天独厚、绽放光芒的专业歌剧艺术家。

　　我认为告知您上述这一切，是我应尽的责任，也是我非常高兴去做的一件事。赵沨同志，请您接受我衷心的敬意，并祝您幸福、工作顺利。我非常高兴地经常回忆起，在莫斯科与贵院声乐系主任喻宜萱的会见，请向她转达我最良好的祝愿。也请向贵院全体老师转达我同志式的祝愿，祝他们在为伟大的中国人民谋幸福中取得更大的创造性成就。

　　　　　　　　　　　　致最崇高的敬意

　　　　　　　　斯大林奖金获得者、教授叶·克·卡杜里斯卡娅

　　　　　　　　　　　　1958 年 12 月于莫斯科

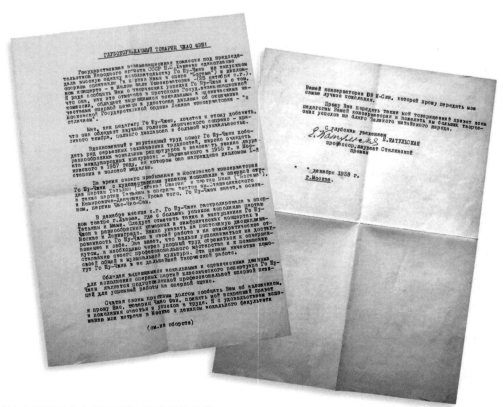

卡杜里斯卡娅教授给中央音乐学院赵沨院长的来信

　　时隔 50 年，郭淑珍在 80 岁高龄、从教 60 年之际，莫斯科国立柴科夫斯基音乐学院院长、俄罗斯联邦人民演员 T. A. 阿里汉诺夫，代表学院向她发来荣誉证书。证书中写道：

　　因在中俄文化合作领域中多才多艺和孜孜不倦的劳动以及在发展世界音乐文化上的极其宝贵的贡献，而授予莫斯科国立柴科夫斯基音乐学院优秀毕业生、杰出的歌唱家和出色的教育家郭淑珍。

　　T. A. 阿里汉诺夫教授在贺信中写道：

最最尊敬的亲爱的郭淑珍：

　　莫斯科国立柴科夫斯基音乐学院院长、声乐系暨莫斯科音乐学院师生衷心祝贺您——杰出的歌剧歌唱家和教育家八十华诞！在苏联人民演员、著名教育家叶·克·卡杜里斯卡娅教授班学习期间，您已经表现出了杰出的声乐和舞台素质，极为出色的音乐才能。

　　我们为您曾在莫斯科国立柴科夫斯基音乐学院学习和在自己卓越的创作道路上，以莫斯科国立柴科夫斯基音乐学院优秀毕业生自诩而感到骄傲。

　　我们永远为在莫斯科，在母校音乐学院的墙上能看到您的名字而高兴！在隆重庆祝您寿辰的日子里，我们给您送去我们的爱，深深的敬意和最美好的祝愿！

　　祝您健康长寿和为世界音乐艺术做出新的创造性的成就。

　　　　　　　　　　　　　　　　　致深深的敬意

　　　　　　莫斯科国立柴科夫斯基音乐学院院长、俄罗斯联邦人民演员

　　　　　　　　　T. A. 阿里汉诺夫

两场歌剧结束留学

1958 年 11 月，郭淑珍以优异成绩毕业了，手捧学院颁发的毕业证，她既开心又伤感。开心的是，自己没有辜负国家的期望，出色完成了学业。伤感的是，即将告别学习生活了 5 年的校园，还有待自己如女儿般关爱的卡杜里斯卡娅教授。此时，她和即将踏上归途的同学一样，收拾行装，与美丽的莫斯科告别……没承想，就在这时，学院通知她暂缓回国。

原来，是乌克兰国家大剧院与圣彼得堡爱乐音乐厅院邀请郭淑珍前去参加他们的歌剧演出。

邀请来得如此突然，距离演出时间又如此短促，邀请上写明 1958 年 12 月 19 日演《绣花女》，由她出演咪咪；12 月 21 日演《叶甫盖尼·奥涅金》，由她出演塔姬雅娜。郭淑珍会不会接受邀请呢？当学院老师拿出邀请函征求她的意见时，郭淑珍毫不犹豫地说：这是多难得的机会，我一定不辜负人家对我的信任与期待。

机会属于有准备的人。这话对此时的郭淑珍来说，非常适用。学院规定学生在毕业前，要完成一场歌剧的演出。而郭淑珍在大学 4 年级时，已完成了《叶甫盖尼·奥涅金》整场歌剧的演出。5 年级时，学院又特别给郭淑珍布置了一项额外作业，完成歌剧《绣花女》演唱，还特意从莫斯科师范大学音乐系借来了一位优秀男高音给郭淑珍配戏。

有了这两部歌剧的基础，在后来学院每周六日对外的歌剧公演中，郭淑珍一直担纲女主角。当时学院共推出 6 部歌剧，其中包括《绣花女》《叶甫盖尼·奥涅金》，女主角的竞争很激烈，最后学院还是决定郭淑珍首演。可想而知，乌克兰和圣彼得堡两座城市邀请郭淑珍举办独唱音乐会，乌克兰共和国里沃夫市大剧院邀请她出演《绣花女》《叶甫盖尼·奥涅金》是有备而来，他们已经对郭淑珍的艺术水平有了充分了解，深信她能够胜任。

也许有人不理解，为什么邀请方不提早将演出时间告诉郭淑珍，如此仓促难道不担心影响演出质量吗？其实不然。对高水平的歌剧艺术家来说，都可以轻车熟路地驾驭几部歌剧，尤其是出演经典歌剧甚至可以做到演出前不与乐队、合唱队排练，也不影响演出水平。因为经典传统歌剧从旋律到节奏，从演唱到表演已形成基本"定式"，任何歌剧院无论请哪位艺术家担纲都不会改变。所以，世界很多著名歌剧院可以邀请不同国籍的高水平艺术家表演主要角色，与高水平艺术家合作，不需要反复排练多次磨合，演出时他（她）们仍可做到与乐团、合唱团天衣无缝的默契与交融。可见，郭淑珍在邀请方的眼里，也已是这样水平的歌剧艺术家，能够做到即来即演。

　　乌克兰共和国里沃夫市大剧院历史悠久、美丽壮观。郭淑珍拾级而上，那刻，她思绪万千，有梦幻般的感觉。她在想，自己这个普通百姓家的女孩，能不远万里到莫斯科留学，能到圣彼得堡、乌克兰里沃夫这些美丽的城市巡演，如果没有祖国的支持，没有苏联艺术家的培养，怎么可能有这种机会和成功？可以说，对祖国的感恩之情，一直萦绕在郭淑珍的心头。

　　如何回报祖国呢？郭淑珍所做的两件事，可以证明她的感情。一是留学期间，苏联莫斯科广播电台邀请郭淑珍录制了大量的西欧及俄国作曲家的声乐作品，并请莫斯科国立交响乐团为她伴奏。为此，广播电台支付了她上万元卢布的报酬，她用这些钱买了一台照相机，因为她喜欢摄影。拥有一台照相机，对郭淑珍来说是由来已久的愿望。然后将剩余的钱全部交给了国家。回国后，她到外交部留学生部报到时，无意中听到那里的工作人员说，到苏联学摄影的留学生回来后，没有相机可用。说者无意，听者有心。郭淑珍主动将自己心爱的照相机捐了出来。

　　另一件事是，出国前国家为确保留学生将全部精力投入学习中，对他们有一些具体要求，其中包括不能谈恋爱。可以说这个规定对正处青春年华的留学生来说有些"残酷"，但郭淑珍却恪守纪律要求，屏蔽了所有向她投来的感情"信息"。当时班里一位男生，对郭淑珍着了迷，每次上课不听讲，偷偷在桌下画郭淑珍速写。还有一位来自捷克的留学生也对郭淑珍一见钟情，每次见到郭淑珍眼里充满柔情……

　　演出前，里沃夫大剧院的导演用3个小时向郭淑珍介绍了有关剧院的基本情况和具体要求，服装师拿来了"咪咪"的演出服，"塔姬雅娜"的演出服是剧院向莫斯科和涅米洛维奇—丹钦科音乐剧院借的。演出开始了，郭淑珍从容地走上舞台，自如的演唱征服了台下的观众。虽然演《叶甫盖尼·奥涅金》时，饰演塔姬娜雅保姆的演员出了一点纰漏，与郭淑珍对唱时提早了一拍，导致演唱与乐队产生脱节，指挥非常着急，负责提词的剧务更是"火冒三丈"，冲着那位演员大喊："节奏错了！"此时此刻，郭淑珍冷静地拖了一拍，让演唱与乐队合到了一起，避免了纰漏的扩大。演出结束后，剧院艺术总监兼指挥激动地握着郭淑珍的手，感谢她巧妙机智地救场，并主动提出开自己的轿车带郭淑珍游览市容，以表达对郭淑珍的敬意。后来，郭淑珍听说，这是位水平很高、声誉卓著的指挥，也是位很高傲、很严格的指挥，与人交往不苟言笑。主动邀请并自驾当导游的事，从未有过。带郭淑珍游览，是他破天荒的第一次。

　　顺利完成的演出，为郭淑珍的留学生涯画一个美丽的句号。当她依依不舍离开莫斯科时，泪水不禁潸然泪下。但此时也有让郭淑珍欣慰的，一是她的名字留在了学院的金榜上，二是她的歌声留在了莫斯科。她在心里对自己说，从今往后，愿成为两国人民友谊的使者，愿成为两国艺术交流的桥梁。

　　1958 年 11 月，郭淑珍结束了 5 年留学生涯，即将回国。然而，由于苏联观众太喜爱郭淑珍的歌声，甚至把她称为中国的"百灵"，她的归期一拖再拖。

　　迟迟未归的原因，是苏联文化部邀请郭淑珍做全国巡演。接到通知后，郭淑珍非常开心，但也有些意外。对此，导师卡杜里斯卡娅比郭淑珍还奋兴，她对郭淑珍说，文化部的邀请，是一种特别的肯定。她还说，在她教过的学生中，即使是苏联籍，也很难有全国巡演的机会。可见，这次巡演邀请充分证明了郭淑珍的演唱水平，也证明了叶·克·卡杜里斯卡娅教授育人有方。那次巡演所到的每座城市，郭淑珍都受到热烈欢迎，观众为她的美妙声音和完美表演喝彩。

　　巡演结束后，郭淑珍将告别柴科夫斯基音乐学院。行前，她再次漫步校园，心中充满不舍与留恋，她好想把心底的感激之情留下，把在学院的美好时光带走……凛冽的寒风撩起她的头发，小路上积雪浸湿了她的皮靴，但此刻她的心里却是暖融融的，5 年中发生过的一切历历在目，对她来说这里的一草一木倍感亲切。走到柴科夫斯基的塑像前，她停下脚步，抬头仰望大师的脸庞，不禁闪出泪光……她在心里说：亲爱的柴科夫斯基，我就要回我的祖国了，虽然北京与莫斯科远隔千山万水，但您的艺术光芒会永远照耀在我的心头。我要把您的作品带回祖国，让更多的人享受您带给世界的艺术经典。

有情人终成眷属

郭淑珍回来了，由于她是第一位在国际美声比赛中获金奖的人，因此获奖之后国内媒体做了大量的报道，一致称她为"新中国第一代西洋歌剧演唱家""为祖国争光的艺术家"。新闻报道让国内的广大观众对郭淑珍的艺术成就，有了翔实的了解，同时也为郭淑珍为国争光的成绩感到骄傲。正因为如此，不少热心的观众，格外关心艺术家的感情世界，希望郭淑珍找到志同道合的伴侣，有一个幸福美满的家庭。

观众关心郭淑珍的感情生活，是发自内心的祝福。毕竟郭淑珍这时已过而立之年，按中国传统，若在寻常百姓家，32 岁的女性早已结婚生子，但此时的郭淑珍却孑然一人。难怪郭淑珍的朋友为她着急，想为她做月下老人；也难怪有帅小伙暗恋郭淑珍，希望成为她的伴侣，但此时郭淑珍给人的感觉，像天上的月亮，可望而不可及，也有人在背后称她为"冰美人"。

郭淑珍留学前曾有过一段恋情。追求她的小伙子高大、帅气，是郭淑珍北平艺专的同学。他欣赏郭淑珍的歌声，喜欢郭淑珍的性格，虽然郭淑珍出生在普通人家，与他家的社会地位、家境条件相差甚远，但爱情的力量让他跨越了种种障碍，苦苦热恋郭淑珍。那是郭淑珍的初恋，爱情温暖着她的心，幸福的感觉像春风一样，在她心头轻拂，空气都是甜的……那时他们不能经常花前月下，但彼此的心越贴越近，一起回天津、一起看演出，爱情的温度在不断升高。那天，小伙子拿出一枚精美的戒指，对郭淑珍说"我们订婚吧，我会爱你一辈子，请接受我的请求。"说罢，他深情地凝望着郭淑珍，紧紧握住郭淑珍的手，期望郭淑珍点头答应。此时，毫无心理准备的郭淑珍虽被突如其来的求婚，弄得有些不知所措，但郭淑珍深信对方的情感是真挚的，对自己的爱也是专注的。虽说她还没想到婚嫁，感觉幸福来得太快。不过，她目光中闪烁的幸福光芒，是对小伙子最好的回应。

郭淑珍的父母尊重女儿的选择，当小伙子的父母带着丰厚的"订婚礼"上门时，老两口不卑不亢热情相待。如果郭淑珍像其他女孩儿一样爱情至上，此时她也有了一个很好的归宿。但遗憾的是，在郭淑珍心里，艺术是第一位的，虽然她也需要美妙的爱情，需要温暖的家庭，需要可以依靠的肩膀，但她更离不开舞台。她对艺术的热爱，对事业的追求，胜于儿女情长。

得到双方父母的祝福，又举行了订婚仪式，小伙子憧憬婚姻，期待走进洞房，尽快与郭淑珍百年好合。没承想，这时学院推荐郭淑珍参加留苏预备班学习。如果郭淑珍去留学，一走就是几年，对小伙子而言青春与爱情都将面临漫长的等待，他不能接受。于是，他希望郭淑珍为他们的爱情和婚姻放弃留学。郭淑珍不解，脱口而出："多难得的机会，怎么可以放弃？别人想去没有机会，我有机会却要放弃，不可能。"见郭淑珍如此坚决，小伙子先愠后怒，说："留学难道比爱情还重要？你如果去留学，一走就是5年，等回来你都多大了。""那又怎么样，反正我不会放弃留学。"郭淑珍倔强地转过脸，一副决不妥协的表情。"你能不能再考虑一下？"对方带着恳求的口吻，期望郭淑珍改变主意。"没什么可考虑的，如果你等不了，我们分手吧。"郭淑珍眼含泪水义无反顾地先走了。说分手，其实心里难割舍，多少幸福的回忆，是她心底的甜蜜。虽然知道身后有一双期待的眼睛，但她还是克制着没回头……从那之后，郭淑珍全身心投入事业，儿女之情封存心底。曾有人推测，郭淑珍不会嫁人，要嫁只会嫁给舞台。

结束了这段恋情，留学的5年，郭淑珍的爱情世界一片苍白，她把全部精力都投入到学业和演出上，不愿也不想考虑个人问题。殊不知，她在校园尘封爱情的时候，国内却有位青年在深深眷恋她，年轻炽热的心在追随着她。让郭淑珍更没想到的是，青年对她的仰慕由来已久，从少年时便把她当成偶像，深信终有一天手中的丘比特箭，会射中这位"歌剧女王"的心。

他叫朱工七，比郭淑珍整整小8岁。此时郭淑珍32岁，朱工七24岁；郭淑珍留学归来，声名鹊起，是家喻户晓的青年歌唱家；朱工七从未走出国门，默默无闻，是乐团普通的乐手。很多人以为朱工七是仰慕郭淑珍的名气才华，才去追求郭淑珍。其实并非如此，多年前，还是少年的朱工七，已对郭淑珍满怀敬仰。

时光倒回1950年，国家决定将北京艺术专科学校、南京国立音乐院（常州少年班）、东北鲁迅文艺学校音工团、华北大学文艺学校音乐系以及分设于上海、香港两地的中华音乐院等音乐教育机构合并，成立中央音乐学院。多校融合后，校园里一片南腔北调，学生年龄参差不齐。年龄大的，如郭淑珍与北平艺专的同学，年龄已过20岁，不是亭亭玉立的姑娘，就是英俊潇洒的小伙儿。而南京国立音乐学院常州少年班来的学生，却是一帮十三四岁乳臭未干的"小屁孩"，朱工七就是其中之一。当时郭淑珍和同学在操场迎接这些小同学，听到他们叽叽喳喳的吵闹声时，笑着说："看，这些小屁孩，说话还带着奶味呢。"

按世俗常理，郭淑珍与朱工七根本不可能走到一起，且不论年龄相差过大，就专业而言，更是相距甚远。郭淑珍学的是声乐，朱工七学的是弦乐；郭淑珍是留学归来的歌唱家，朱工七还是大学没毕业的普通乐手。可想而知，如果没有命运的安排，没有前世修来的姻缘，郭淑珍与朱工七岂能"百年修得同船渡，千年修得共枕眠"？

那时郭淑珍还没大学毕业，"郭淑珍，跟我一起去打牙祭吧。""去哪？""现在不告诉你，到了地方你就知道了。""行，这么好的机会，我一定不错过。"这是当年郭淑珍与"闺蜜"陈家铨的一段对话，陈家铨后来是著名钢琴家朱工一的妻子。她们欢天喜地走出校门。原来，陈家铨带郭淑珍去的地方，是男朋友朱工一的家。对郭淑珍的到来，朱家人热情相待，尤其是朱工一的堂弟朱工七，跟在郭淑珍身后一口一个"淑珍姐"，亲热得像一家人，而在郭淑珍眼里，朱工七不过是个机灵可爱的小弟弟。由于同在一个学校，朱家人也托付郭淑珍照顾朱工七，那时他们常坐一辆三轮车、同搭一班渡轮从天津河西小白楼的朱家，回海河东岸的中央音乐学院临时校区。他们根本没想到，这种普普通通的相识，竟是命运对他们的安排，也是未来相伴一生的起点。

1950年起，郭淑珍的时间便由不得自己，先是被学校派往中央西南民族访问团第二分团，奔赴云南工作，一走就是一年。回校不久，去河南修白沙水库，几乎又是一年。之后，去进修俄语。再之后，赴莫斯科留学5年。匆匆而过的9年，郭淑珍除了紧张就是繁忙，除了上课就是演出，没有时间考虑个人问题，甚至没机会探望在天津的父母，何况那擦肩而过的"工七小弟"。但与郭淑珍相反的是，尽管工七小弟没有"淑珍姐"的消息，但他却不仅没忘记"淑珍姐"，反而随着年龄的增长，对"淑珍姐"的思念与日俱增。

1958年，郭淑珍即将毕业回国。这天，她突然收到一封来信，航空信封上的字迹是陌生的，落款地址也是不熟的。"会是谁呢？"父母不识字，义弟尚小，出国多年几乎没收到过国内来信。郭淑珍好奇地撕开信封，展开信纸，"淑珍姐你好"几个字立即映入眼帘。郭淑珍是独生女，除父母的养子，她的义弟外，平常没人叫她"姐"。郭淑珍继续往下读，"我是朱工七，你还记得我吗？这些天我在上海，每每走到我家附近的中苏友好协会的宣传栏前，都能看到你的照片。不知为什么，这张照片让我百看不厌，身不由己天天去看……所以，斗胆给你写了这封信。"原来那段时间朱工七因患肺结核，不得不从中央音乐学院休学，回上海家中养病。

1959 年，郭淑珍载誉
从莫斯科回到北京

读罢来信，郭淑珍心里很是感动，在心里对自己说，没想到已近 10 年没联系的"工七小弟"还关注着自己，情意实在难能可贵。当然，郭淑珍虽然能从来信中读出字里行间的感情，但朱工七在她脑海里的印象，仍是青涩稚气的"弟弟"。想到这，郭淑珍不禁莞尔一笑将信塞进口袋。没承想，这之后朱工七的信不时寄到莫斯科，这些充满情感的来信，尽管当时没能改变他在郭淑珍心里的位置，但却给郭淑珍留下深刻而美好的印象。

郭淑珍回到北京，临时被安排到中央实验歌剧院工作，同时兼任中央音乐学院教师。那天，她独自一人站在窗前，望着悠然飘落的树叶，望着瞬息万变的白云，望着路上奔跑的孩子，望着长椅上依偎的恋人，从未有过的孤独，悄悄漫上心头。此时郭淑珍的同学多已结婚成家，为人父母。而年龄三十有二的她，感情世界仍一片空白。平心而论，她身边敬佩仰慕的人不少，默默暗恋的人也不少，但却没人敢大胆向她表白，因为相形见绌，因为差距太大，因为她是舞台上的"女神"。这时，"朱工七"三个字突然闪现在郭淑珍的脑海，之后，她的心头闪过一种异样的感觉，促使她穿上外衣，朝中央乐团方向走去。郭淑珍知道朱工七1958年底病愈之后，本该复学返校，但恰逢中央乐团(中国国家交响乐团前身)扩大乐队规模，招聘乐手，朱工七便放弃继续上学，进入乐团工作。路上，郭淑珍在想："这么多年过去，不知自己还能认出他吗？"

乐团在排练，旋律丝丝缕缕飘出门外。郭淑珍站在排练厅门前，隔着门上的玻璃小窗向里张望，朱工七是拉小提琴的，郭淑珍的目光便在指挥左侧的小提琴乐手中搜寻，然而却找不到她印象中的"工七弟"，小提琴乐手中没有一位是少年，他们个个仪表堂堂，成熟稳重。哪个人是朱工七呢？郭淑珍仔细逐一辨认，终于认出了朱工七。那刻，她不禁倒吸一口凉气——"天啊，他变成大人了。"的确，这时的朱工七的确长成了英俊帅气的小伙子，浓眉大眼、鼻梁挺拔、脸庞棱角分明、头发浓密整齐，彻底颠覆了郭淑珍心中的"朱工七"形象。似乎从那刻起，朱工七不再是郭淑珍眼里的"小屁孩"，而是气宇轩昂的帅哥。

尽管少年变成了帅哥，似乎打乱了郭淑珍内心的平静，但郭淑珍依然没想改变与朱工七的关系，只不过是由熟悉的"小弟"，变成相互信赖的异性朋友。1959 年 3 月，郭淑珍连续在天津人民礼堂开了四场独唱音乐会，其中两场为加演。在诸多热情的观众中，有一位既热情又执着的"观众"就是朱工七，场场不落，自愿充当保护郭淑珍的"跟班"，除了在生活上照顾，还"赠送"点评和建议。朱工七的所作所为，让郭淑珍感觉心里热乎乎的，再次享受到被关注被呵护的美好感觉，仿佛自己是他手心里的"宝"。

促使郭淑珍与朱工七的关系由朋友变成恋人的"催化剂"，不是郭淑珍对朱工七的感情陡然发生了裂变，而是四周的一片猜测、误断，和后来一片反对、施压，最后导致郭淑珍烦恼困惑下的"对着干"。

去"红都"服装店做演出服，做什么款式好呢，郭淑珍一时拿不定主意，便请朱工七去当参谋，她知道朱工七学过美术，在审美方面比自己强。于是，两人边走边聊地出现在大街上，直奔商场选布料。没承想，他们的行踪不知被哪位同学恰巧看到，等郭淑珍回学校时，"郭淑珍和朱工七谈恋爱"的传言已铺天盖地，有人在她身后指指点点，有人在她面前窃窃私语。这也不难理解，毕竟郭淑珍是留学回来的名人，是众人关注的歌唱家，她的一举一动会被无限放大，也会被添油加醋，甚至是无事生非，越解释越解释不清，还会被误解为欲盖弥彰。与朱工七纯洁的友谊，已被众人说成"姐弟恋"。一时间，郭淑珍有种跳进黄河洗不清的感觉。她惆怅、烦恼、生气，但又无奈、无助、无力。

同宿舍的姐妹们，表现出坚决反对郭淑珍与朱工七交往。每天晚上大家躺在宿舍床上，轮番给郭淑珍"洗脑"——"你郭淑珍是留苏回来的著名歌唱家，他朱工七是个默默无闻的小乐手，地位差距太大。再说，你 32 他 24，相差 8 岁。别看他现在追求你，说不定将来就会抛弃你。""你身边有那么多优秀人才，有从艺的也有从政的，哪个不比他朱工七强。提醒你千万别一时糊涂千古恨……"火上浇油的还有朱工七的堂哥朱工一，听风便是雨的他，怒发冲冠地找到校领导，要求组织干预郭淑珍与朱工七不正常的"姐弟恋"。对此，时任中央音乐学院院长的赵沨也找郭淑珍谈话，婉转地提醒郭淑珍：你是国家重点培养的歌唱家，又是年轻党员，选择伴侣要慎重，不能游戏人生，对自己的婚姻大事随随便便。赵院长还婉转地表示，朱工七没本科学历，你们条件悬殊，不般配。如果结婚后闹出什么不好的结果，会影响你的前途。校长一副苦口婆心的表情，一番语重心长的谈话，以为会改变郭淑珍，使她放弃"姐弟恋"。郭淑珍茫然地看着院长，她想解释自己与朱工七就是普通朋友，她想说沸沸扬扬的全是传言，她还想说朱工一的指责是无中生有，但院长会信吗？自己的解释有用吗？郭淑珍话到嘴边又咽下。当院长最后说，郭淑珍你如果想谈恋爱，组织可以帮你物色人选时，泪水在郭淑珍的眼眶里打转。

郭淑珍感到特别委屈，一是觉得自己跟朱工七的纯洁友谊被无端亵渎，本来她还没想跟朱工七"姐弟恋"。二是觉得即使跟朱工七谈恋爱又如何？凭什么我们就不能"姐弟恋"？新中国婚姻法明确提出反对包办婚姻、婚姻自由自主。莫说我跟朱工七没谈恋爱，即使我和朱工七自由恋爱，凭什么就会产生不好的影响？以至于兴师动众地明敲暗打，如临大敌般地处处阻击。不知多少个夜晚，郭淑珍躺在床上辗转反侧，泪水悄悄一次次涌出眼眶，耳边回响着各种各样的议论："郭淑珍和小8岁的朱工七谈恋爱，成何体统？""他们太不般配，就是游戏人生。""彼此一时心血来潮，这种婚姻长不了。"郭淑珍为自己叫屈，也替朱工七鸣不平。我们没有任何越轨行为，人们干吗这样对我们呢？她越想越激动，越想越伤心。于是，性格倔强的她，大胆给自己做了"主"——既然都认为我和朱工七是谈恋爱，而且我们可以谈恋爱，我就真的跟他"姐弟恋"，让所有人看看我郭淑珍的选择，对，还是不对。

若站在世俗的角度，凭此时郭淑珍的艺术才华、社会地位、公众影响，嫁朱工七确实是"委屈"甚至是"下嫁"，但郭淑珍就想冲破这些世俗观念，在她看来爱情是世界上最纯真的，没有高低贵贱，不是等价交换，只要真心相爱、彼此尊重，就是她想要的婚姻。虽然郭淑珍对朱工七的爱情由压力变动力，甚至是"置气"，但既然做出选择，郭淑珍就暗下决心，执子之手，与之偕老。事实证明，如今郭淑珍与朱工七的婚姻，已走过了半个多世纪的风雨人生，他们相厮相守，令人感慨赞叹。

1959年12月15日，郭淑珍与朱工七结婚。他们再不愿被种种流言蜚语裹挟，也想以此证明他们的爱情，更想让生活尽快安定下来，像所有人一样过平静的日子，以便有更多

郭淑珍、朱工七结婚照

的时间投入各自的事业。结婚的日子选在学校师生集体外出的那天，未办典礼，只买了一些普通糖果招待少数朋友，把爱情修成正果。面对郭淑珍的勇敢、朱工七的执着，来宾们无不感动，当一对新人将喜糖分发给大家时，得到一片祝福与赞美，大家终于看到有情人终成眷属。几十年后，"反对派"赵沨院长也向郭淑珍表达了深藏多年的歉意："当时我错了，没想到你们的婚姻这么美满，送上迟到的祝福。"老院长的真诚话语，让郭淑珍顿时泪光闪闪。

婚后，郭淑珍、朱工七回天津，探望郭淑珍父母。对于女儿的婚事，憨厚、朴实的父亲，给女儿的祝福别具一格。老人瞅了一眼年轻的新姑爷，把女儿拉到一边，小声说："淑珍，咱可比人家岁数大，千万不能欺负人家，好好跟人家过日子，凡事让着点。"郭淑珍笑了，朱工七一头雾水，不知岳父跟郭淑珍说了什么。后来，朱工七问郭淑珍岳父那天说了什么。"能说嘛，说让我别欺负你，好好跟你过日子，凡事让着你。"郭淑珍的回答，让朱工七哈哈大笑，调侃说："岳父好眼力，知道他女儿会欺负我。"

1960年，新婚不久的郭淑珍随中国艺术团出国演出，行程有南北美洲、拉丁美洲的多个国家，时间将近一年。由于活动日程、路线相对保密，加上通讯不便，艺术团成员基本上与家里断了联系。有一天，正在加拿大准备演出的郭淑珍，意外收到来自北京的两张明信片，熟悉的笔迹，让她怦然心动。明信片是朱工七从北京寄来的，当时团里的人很吃惊，半年过去，没法与家里联系，也没人收到过家书，朱工七是怎么做到的？又是怎么知道他们的行程，能掐会算地将明信片寄到郭淑珍手里？明信片在大家手中传看，郭淑珍一脸幸福，感到心里非常温暖，此时她深深体会到"家书抵万金"的意义，捧着丈夫寄来的明信片，像摸着丈夫那颗火热的心。后来，朱工七告诉郭淑珍，得不到她的音信心里着急，灵机一动，跑去外交部探明了艺术团的行踪，然后又计算出时间，把全部思念写入明信片中。

　　朱工七的用心让郭淑珍感动万分，她知道自己嫁对了人，朱工七的肩膀是她最可信赖的依靠。

中国飞来百灵鸟

20 世纪 50 年代末和 60 年代，在剧烈动荡的国际背景下，中国经历了一次异常严峻的考验。苏联开始走上与美国争夺世界霸权的道路，为使自己处于主动有利的地位，两国分别加强了对各自盟国的控制，从而导致了两个阵营内部控制与反控制的斗争。此时年轻的中国，不愿依附任何人，更不愿意成为某个阵营里的一枚棋子，被触怒的苏联政府下令采取种种高压手段和突然袭击方式，企图迫使中国屈服。1960 年 7 月，苏联政府决定在一个月内撤走在华的全部苏联专家，并单方撕毁中苏政府签订的多项协定和几百份专家合同，中止 200 多项科技合作项目。

中国该向何处去？

此时，亚非拉民族解放运动蓬勃发展，西方殖民体系逐步瓦解，越来越多的国家宣布独立，不结盟运动和七十七国集团的诞生，对国际关系产生了重大影响。毛泽东主席冷静分析了当时的国际形势，提出了"两个中间地带"的战略思想。所谓"两个中间地带"：一个是亚洲、非洲、拉丁美洲的经济相对落后国家，另一个是欧洲。根据毛主席对世界形势的分析，中国制定了外交战略：依靠第一中间地带，争取第二中间地带，反对两个超级大国的霸权主义。

根据毛泽东主席的外交战略，周恩来总理负责具体执行。中国确定了大力加强同亚非拉国家人民团结合作的外交思想，明确提出中国政府和人民坚决支持埃及、伊拉克、黎巴嫩等国家反对帝国主义和扩张主义的斗争，坚决支持古巴、巴拿马、多米尼加等拉美国家的反美爱国斗争。中国大力支援撒哈拉以南非洲国家和人民，反对殖民主义和种族主义的斗争。先后同几内亚、加纳、马里、刚果、坦桑尼亚等国签署友好条约和经济技术合作协定，加强了彼此间在政治上和经济上的互助合作关系，积极支持安哥拉、几内亚比绍、莫桑比克、津巴布韦、纳米比亚等国争取独立的武装斗争和南非人民反对白人种族主义的斗争。

与此同时，中国又奉行睦邻友好政策，通过相互协商，先后同缅甸、尼泊尔、蒙古、阿富汗解决了历史遗留的边界问题，并签订了边界条约；同巴基斯坦签订了边界协定；同印度尼西亚解决了华侨双重国籍问题。中国积极支持不结盟运动的正义主张和行动，同亚非各国的关系不断加强，领导人的互访日益频繁。从万隆会议后到 60 年代末，有 22 个亚非国家元首或政府首脑访华。在此期间，刘少奇等中国领导人不断到亚非进行访问，进一步增进了中国同这些国家的相互了解。周恩来总理更是不辞辛劳，对亚非国家进行了三次访问，提出了中国对外援助的八项原则，并再次强调，世界上所有国家，不分大小、强弱，应一律平等。中国领导人的卓越外交方针，使我国同亚非拉国家的团结合作进入了一个新阶段。

中国要实施自己的外交战略，要让全世界了解中国，什么形式最直接、最有共鸣、最能被世人接受？最佳方式是音乐。音乐是世界的共同语言。歌德曾说，韵律有一种魔力，它甚至使我们相信，我们有最崇高的感情。柴科夫斯基这样诠释音乐："无论音乐、文学或其他任何艺术，就它的真实意义来说，都不是为了单纯的消遣。"在这种背景下，时任国务院总理周恩来提出"文化先行，外交殿后"的外交战略思路，指示组建中国艺术代表团，选拔百余名国内顶尖级艺术家参加，以艺术为桥梁加强同世界各国的交流、交往。由此可见，中国艺术团担负的使命，与其说是向世界展示中国博大精深的文化艺术，不如说是搭建一座中国通向世界的桥梁。

出任艺术团团长的是时任外交部文化委员会副主任的陈忠经，全团艺术家约百人，京剧界有李少春、袁世海、杜近芳等；舞蹈界包括徐杰、资华筠；音乐界包括鼓手兼乐队指挥的王寿印，钢琴家刘诗昆、金爱平，还有年轻女高音歌唱家郭淑珍。

郭淑珍在中国艺术团担任独唱，也被大家公认为"台柱子"。可以说，郭淑珍无愧这个称谓，当时她是中国为数不多可以在舞台上演唱西方歌剧咏叹调的歌唱家，演唱的曲目广泛而丰富，包括亨德尔、莫扎特、威尔第、普契尼、瓦格纳、柴科夫斯基、拉赫玛尼诺夫、德沃夏克、里查德·施特劳斯、格里格、德彪西、德·法亚等世界著名作曲家的作品。中央音乐学院研究员、评论家汪毓和1961年3月2日曾在《人民日报》上发表文章说："郭淑珍在近几年的学习和演唱实践中，熟练掌握了从莫扎特到德·法亚，从欧洲各国到拉丁美洲各国，从短小朴实的民歌到大型复杂的歌剧各种曲目，并且通过这些演出逐渐掌握了比较科学的学习方法，形成了自己的演唱风格。"中央音乐学院院长、评论家赵沨在《文汇报》上这样评论郭淑珍："郭淑珍把应付裕如的技巧与音乐形象塑造结合起来，宽广的呼吸，稳定的位置，巧妙的音区变换，都为展开音乐作品中的人物内心世界服务，从而把听众引入到角色的情感和命运激情之中。"

历时10个月的美洲巡演，对中国艺术团每个成员来说，都是一次严峻的考验，其危险

1962 年，中国青年音乐家演出团赴香港、澳门演出
左起：丁芷诺、周广仁、韩宗杰、俞丽拿、刘诗昆、郭淑珍、赵沨、
严金萱、施鸿鄂、顾圣婴、张利娟、林应荣、沈茜蒂

之大是局外人无法想象的。艺术团出访的第一站是委内瑞拉，全体团员分批搭乘荷兰航空公司航班横渡大西洋。没想到出师不利，飞机航行不到 1 小时，突然左侧螺旋桨停转，不得不在葡萄牙首都里斯本迫降。航空公司解释说，飞机两小时后即可起飞，但是过了十多个小时仍得不到起飞消息，艺术团全体人员不得不夜宿里斯本。由于当时中国与葡萄牙并未建交，葡萄牙当局不准艺术团成员离开机场。经航空公司几番交涉，终于达成协议，离开机场可以，但中国艺术团成员须将护照扣在海关方可入境，下榻酒店后亦不得走动。于是，艺术团成员虽住进了里斯本的饭店，但却成了一批身无护照的"危险"人士。后来，艺术团辗转坐上飞机，经过十几个小时的颠簸，终于飞抵委内瑞拉首都加拉加斯上空。但又不知何故，飞机一直在空中盘旋，迟迟不能降落。这时，机长出来宣布，委内瑞拉发生军事政变，机场关闭。返回欧洲航程太远，油料储备不足，只能就近迫降荷兰所属小岛——库拉索，艺术团成员又成了"难民"，到了机场护照被扣在海关，海关官员还以"防止走私乐器"为由，不许艺术

团成员将随身携带的乐器带入海关。先期到达委内瑞拉的艺术团领导虽然知道委内瑞拉的政变，导致机场关闭，却不知尚未抵达委内瑞拉的团员现在何处。李少春先生事后对人说："我们当时处境很危险，甚至准备打道回府。"的确，没有乐队，哪出戏、哪个节目全演不成。好在天无绝人之路，3天后，委内瑞拉政府平息了政变，机场再次开放。在荷兰航空公司的友好协助下，艺术团延期5天安全抵达委内瑞拉首都加拉加斯。当飞机在跑道上缓缓停下时，前来接机的艺术团领导与走出舱门的团员拥抱在一起，内心涌起劫后余生的幸福。

　　危险一波未平一波又起。加拉加斯市，位于赤道附近。5月的加拉加斯市，气温高达40摄氏度以上。当演出准备就绪，即将开幕时，忽然有人觉得鼻子发酸，之后所有人均感不适。再后来，所有在场人开始流泪、打喷嚏。尽管如此，却没人离开演出现场，决定继续演出。这时，有人发现导致不适的阵阵烟雾正从剧场门窗的缝隙中涌进，紧接着周边传来阵阵枪声。当地官员立刻前来告之："政变虽已平息，但仍有少数人在城内聚众闹事，治安部队正在用催泪弹驱散闹事人群。"原来，是瓦斯涌进了剧场。

　　中国艺术团在委内瑞拉的演出获得了巨大成功。每场演出多次谢幕，观众仍滞留在剧场内，不舍离去。当时中委两国虽未建交，但中国艺术团却受到了委内瑞拉总统的隆重接见，接见艺术团时，委内瑞拉总统特意走到郭淑珍面前与她握手，亲切称赞她演唱的委内瑞拉歌曲非常出色。离开委内瑞拉，郭淑珍又随团来到哥伦比亚，在这里她的演唱同样受到热烈欢迎。每到一个国家，郭淑珍不仅演唱经典歌剧的咏叹调，也演唱所到国家的音乐作品。她演唱的当地民间歌曲，韵正味浓、声情并茂，深受当地观众的欢迎。演出前她对准备演唱的各国民歌，都曾认真研究反复练习，凭借自己的音乐领悟力，学习掌握拉丁美洲国家的音乐风格，以求达到原汁原味的效果。

　　郭淑珍对演唱有自己独特的见解，她认为一位真正的艺术家，有先天的好嗓子，有一定的演唱技巧远远不够。好嗓子好技巧，只能完成演唱的起码要求，但不是再创作，也不是用声音塑造人物。歌唱家的演唱应是作品的再创作，要做到这一点，首先要有对生活的深刻感悟，熟悉不同民族、不同国家的文化，包括他们的语言习惯、风土人情等等。她经常对人说，要成为歌唱家，必须有深厚的文化底蕴。世界经典歌剧、经典歌曲之所以经久不衰，是音乐背后文化的力量。音乐、绘画、雕塑、书籍等等，都是文化的一种形式和载体，文化通过形

1962 年，郭淑珍在香港演出，
钢琴伴奏周广仁

式与载体向人们传播精神、观念、历史与文明。对声乐艺术家来说，学习不同的语言，熟悉
不同民族的音乐风格，演唱才能达到打动心灵的效果。比如她在委内瑞拉演唱的委内瑞拉歌
曲《美丽的翅膀》，由于了解了作者的创作背景与内心感情，所以唱出了委内瑞拉人民的悲
伤压抑，唱出了他们对帝国主义侵略的愤恨与抗争。同样，她在古巴演唱古巴歌曲《玛利亚
拉哦》，因理解这位被抛弃的混血姑娘内心的伤痛，所以把姑娘向往幸福的渴望表达得淋漓
尽致。与此同时，她还唱出了当地人民对混血姑娘的同情与关爱。正因为如此，她的每场演
出都赢得热烈掌声，当地媒体称她为"中国的百灵""中国的天使"。对此，周总理多次称
赞郭淑珍和所有艺术家，认为他们为新中国的外交事业做出了积极贡献。这对郭淑珍来说，
是一种巨大的鼓舞与激励，在她看来，能为祖国的建设发展尽力，能用歌声报效祖国，非常

自豪非常骄傲非常幸福。

1962 年，郭淑珍再次出征，参加中国青年音乐家演出团。演出团聚集了当时内地最优秀的青年艺术家，其中包括：丁芷诺、周广仁、韩宗杰、俞丽拿、刘诗昆、严金萱、施鸿鄂、顾圣婴、张利娟、林应荣、沈茜蒂等。因为这是向港澳同胞展示新中国风貌的一次演出，也是表现新中国青年艺术家水平的一次演出，国家非常重视，时任港澳两地官员也很关心。

在此次港澳演出中，俞丽拿小提琴独奏演出曲目是马思聪创作的《思乡曲》与克莱斯勒创作的《中国花鼓》；刘诗昆钢琴独奏的演出曲目，为丁善德创作的《儿童组曲》、肖邦创作的《降 A 大调波兰舞曲》等。郭淑珍的独唱仍是整场演出的"重头戏"，演唱的歌曲一是柴科夫斯基创作的歌剧《巫婆》中库玛的咏叹调——《亲爱的你在哪里》，二是普契尼创作的歌剧《蝴蝶夫人》中蝴蝶夫人咏叹调——《晴朗的一天》。两首著名经典咏叹调，郭淑珍演绎得近乎完美，震惊了港澳两地观众，观众反馈说，没想到内地的青年歌唱家郭淑珍把西方歌剧咏叹调演唱得那么出色，她不仅音色美表演到位，而且很好地刻画了人物内心世界，唱活了库玛和蝴蝶夫人。

郭淑珍的演唱，深受俄罗斯声乐学派的美学观影响，即在忠实原作的基础上，充分发挥表演者的二度创作，两者有机结合，赋予作品永恒的生命力。由于树立了这样的艺术观，又有多年艺术实践，郭淑珍探索出自己对艺术表现力的方法，她说："演唱之美首先在于能够充分表达作品的实质内容，合乎情理，合乎时代的要求。同时又要兼顾现实条件，把它们完美地表现出来。"在香港演出结束后，全体演员应邀与港督官员及夫人合影。中国青年音乐家演出团在澳门岗顶剧院连演四场，场场爆满。演出结束后，澳门总督罗必信先生与夫人上台接见全体演员。

演出见到毛主席

从苏联留学归来至"文革"前，郭淑珍的艺术生涯出现第一个高潮。她像舞台上绽放的玫瑰，清新、娇艳、丰满、美丽。

演唱是一种非常精美、细腻而又灵活的艺术创作，尤其是歌剧演唱家如果没有精湛的技巧和艺术表现力，即使有再好的舞美、乐团，最终都无法打动观众。因此，一位好的歌唱家，既要有扎实的基本功、精湛的演唱技巧，还要有深厚的文化底蕴和艺术想象力。技巧服务于艺术，艺术需要技巧，两者完美统一，才能将最好的作品呈现在舞台。

呼吸是歌唱的基础，气息控制能力直接影响作品的表现。郭淑珍在这方面表现得非常出色，既得到普通观众的高度赞赏，又得到专业同行的充分肯定。对她的评价是，气息宽广、流畅、上下贯通，为各声区音色、力度、音量的变换，创造了所需要的条件。的确，她的演唱不仅富有张力，而且灵活自如。从专业角度讲，共鸣位置稳定、声音穿透力强、声区转换自然、吐字圆润清晰，是优秀歌唱家必备的条件，郭淑珍无疑达到了这样的水平与高度。这一阶段，郭淑珍演唱了大量的世界经典歌剧唱段，带给观众美的享受。比如，她演唱的《月亮颂》高贵、抒情、典雅，有人比喻像一幅精美绝伦的"苏绣"，静中有动，动中藏静。她演唱的《珠宝之歌》清脆、玲珑、华丽，像一幅缤纷斑斓的油画，呼之欲出、绚丽夺目。她演唱的《库玛咏叹调》激情四溢、磅礴响亮，既把戏剧女高音的高亢、奔放特质展示到极致，同时又有细腻、内敛的控制能力。她演唱的抒情小品，富有诗意，委婉含蓄，像旋律中的工艺品，赏心悦耳，如鲁宾斯坦创作的《夜》、拉赫马尼诺夫创作的《在我窗前》《丁香花》《这儿好》等等，都给观众留下极为深刻的印象，多年后很多人仍难以忘怀。为满足社会需要，在此期间她先后录制了9张个人33转慢速密纹唱片，其中包括作曲家瞿希贤为毛主席诗词谱写的《蝶恋花》，歌剧咏叹调专辑《晴朗的一天》，封套由著名画家齐白石先生的女弟子郁风设计，还有她演唱的亚非拉国家的民歌专辑。

当时郭淑珍虽然被人们称为"歌剧女王"，但其实她也演唱了很多中国优秀作品，如《我站在铁索桥上》《蝶恋花》《玛依拉》《黄河怨》《鬲溪梅令》《阳关三叠》《玫瑰三愿》《塞外妇女》《二月里来》《康定情歌》《声声慢》《谁不说俺家乡好》《岩口滴水》等等。上述歌曲中，有些是因郭淑珍的演唱而被流传和肯定的。比如《我站在铁索桥上》这首歌，曾险些被扼杀在"摇篮"中，后因郭淑珍的演唱，不仅得到领导与专家的肯定，而且还在社会广为流传。

这首歌的词作者顾工来自部队，作曲是方韧。顾工是诗人顾城的父亲，歌词原本是他创作的一首诗——

头上飘过二郎山的云雾／脚下滚着大渡河的白浪／英勇的红军／曾在这里强渡／高举着红旗／迎着火光／勇士们哪／攀着一根根铁索／冒着密密的弹雨／冲破了敌人的火网／啊／当年激烈战斗的楼房／如今成了孩子们的课堂／勇士们洒过鲜血的地方／满树的梨花正在开放／人民捧着美丽的鲜花／轻轻地，轻轻地撒在这英雄的土地上／我站在铁索桥上／心潮汹涌激荡／头上飘过二郎山的云雾／脚下滚着大渡河的白浪／啊／在这英雄的土地上／我要高声歌唱

这首追忆工农红军抢渡大渡河的激烈战斗，歌颂红军英勇顽强、勇往直前的诗歌，表现了红军大无畏的革命精神。作者通过抚今追昔，表达了对先烈的缅怀和对今天幸福生活的热爱。全诗共四节：第一节身临铁索桥，将看到的一切呈现在人们面前，头上的云雾，脚下的白浪，以此凸显铁索桥的险峻；第二节追忆红军当年飞夺泸定桥激烈战斗的场面，表现红军战士的英雄气概；第三节看今朝，烈士们当年激战过的地方成为今天鲜花盛开的地方，说明红军的鲜血没有白流，新中国诞生了；第四节反复吟咏，寓情于景，进而直抒胸臆，高歌英雄的土地、英雄的人民。诗人寓情于景，借景抒情，最后直抒胸臆，讴歌英雄，表达敬意。

方韧 1938 年加入中国共产党。1939 年入延安鲁迅文学艺术学院，师从冼星海学习音乐理论和指挥技法。1948 年，调冀鲁豫军区政治部战友剧社任指挥、团长。1949 年以后，担任中国音乐家协会执行委员、省文联常委兼戏剧音乐部部长、省人大代表、省军区文工团团长等。1952 年调北京，任中国人民解放军总政治部文工团合唱队队长兼指挥。

当年方韧读到顾工的这首诗后，内心非常激动，仿佛亲临铁索桥，目睹了红军战士强渡大渡河的壮举。情动之下，他将此诗谱写成歌，用抒情多变的旋律，讲述那个感人肺腑的英雄故事。这首歌的旋律没有采用激昂、强劲的进行速度，而是勾勒出一种舒缓、柔美的音乐形象。因此，在部队有关领导最初审查时没能通过，原因是旋律缠绵不够健康，不能反映红

军战士英勇顽强的战斗精神，不适合在部队演唱。就这样，这首艺术歌曲被束之高阁。

一个偶然的机会，郭淑珍看到这首歌，试唱后感觉词与曲都写得非常好。歌词本身是诗，有意境令人神往，有寓意让人感慨，有故事令人信服，有艺术充满魅力。曲子也写得既流畅又有变化，有缓慢的抒情也有高亢的激情。她认为是一首出色的艺术歌曲，可以达到感染、教育观众的目的。

1961年，郭淑珍将这首歌唱到了人民大会堂纪念"七一"党的生日音乐会上，当她唱完最后一句，观众还沉浸在歌曲意境中，后爆发热烈掌声……事后，著名作曲家时乐濛曾对郭淑珍说："你知道吗，《我站在铁索桥上》这首歌曾被判过'死刑'，你把它唱成了一首好歌。"听到这话，郭淑珍既意外又开心，意外的是这么好的作品竟被否定，开心的是她让这首好歌得到肯定。这之后，《我站在铁索桥上》这首歌参加了建国10周年演出，还参加了全军第二届文艺会演，获得极大成功，被大会授予优秀创作奖。从此之后，音乐院校将它定为高年级声乐系学生的必唱曲目，一些专业文艺团体也将它作为考察声乐演员基本功和艺术表现能力的乐曲，并成为许多歌唱家喜爱的作品，经常在舞台上演唱。

此时，郭淑珍在国内也举办了多场独唱音乐会。1962年3月，她应邀到广州参加"羊城音乐花会"，她的独唱《玛依拉》、歌剧《蝴蝶夫人》咏叹调被安排为全场压轴节目。演出结束后，广州报纸刊出评论文章说："在她整个演唱风格方面，比较朴素、深刻、内在，这是非常宝贵的。她的发声技巧很纯熟，声音运用自如，音色圆润、甜美，高低音畅通、统一，可以看出她在技艺和艺术上都有很高的修养，总的来说，她的歌声很动人。"1963年，她又应邀到湖北艺术学院，进行一个月的讲学及举办独唱音乐会。之后，连续三年到武汉举办独唱音乐会。

除了上述活动外，郭淑珍还有一项非常重要的工作，就是配合国家外事活动的演出与拍摄。1961年，为欢迎柬埔寨西哈努克亲王及莫尼克公主到中国访问，中央音乐学院的艺术家为他们举办了专场音乐会，郭淑珍演唱了西哈努克亲王创作的歌曲《中国，我的第二故乡》。演出结束后，西哈努克亲王及夫人莫尼克公主走上舞台向郭淑珍表示感谢，称赞她唱出了自己的心声。据说，当时在人民大会堂、中南海举办的晚会，郭淑珍和郭兰英的一"洋"一"土"、一"西"一"中"的独唱，永远是必上节目。人们调侃两位歌唱家说："国家级重要演出，

1963年，郭淑珍（右一）随
中央音乐学院师生赴中南海演出，
受到毛主席亲切接见

两位郭老板各领风骚、争奇斗艳、交相辉映。"

　　对郭淑珍来说，最难忘的是1963年，她与中央音乐学院师生一起，进中南海紫光阁为
党和国家领导人演出。得知这个消息时，郭淑珍彻夜难眠，她知道在中南海演出，有可能见
到伟大领袖毛主席，这种幸福她已期盼已久。演出前夜，许多往事涌上心头。她想起1949
年春节前，从北京回天津探望父母，之前一年因国民党军队控守北平，切断交通，她已很长
时间不能回天津的家。那天，她一进家门，立即被眼前的情景感动了，父母已准备好了丰盛
的年货，一向寡言少语的父亲滔滔不绝地跟女儿说，共产党领导的部队好啊，不打扰百姓。
解放军进城后，部队就住在院子里。早晨我们还没起，解放军就把院子扫得干干净净。他们
对老百姓别提多尊敬了，对谁都有礼貌，称我一口一个"大爷"，叫得特别亲。郭淑珍又想
起去西南工作访问团，少数民族兄弟姐妹对共产党对毛主席的那种感情，把毛主席、共产党
视为恩人。让她强烈感受到共产党的爱民、亲民、为民，毛主席就是中国人民的大救星。

中南海演出那天，郭淑珍不免有些紧张，但当她走上舞台看到坐在第一排的毛主席时，心中的紧张顿时烟消云散，心里只有一个想法，唱出最高水平，给毛主席听："我失骄杨君失柳，杨柳轻飏直上重霄九，问讯吴刚何所有，吴刚捧出桂花酒……"郭淑珍完全沉浸在歌曲中，当最后唱到"忽报人间曾伏虎，泪飞顿作倾盆雨"时，她热泪滚滚，高亢激昂的歌声扣人心弦，在大厅里久久回旋。演出结束后，毛主席亲切接见所有演出师生，郭淑珍离毛主席很近，她满怀敬仰地注视着慈祥的领袖，感到自己是世界上最幸福的人。

塔姬雅娜唱中文

8月的北京，正是"流火"季节，花儿低头、树叶曲卷，虫儿躺在墙根打盹。按北京人的说法，在这样的天气里，只能手摇蒲扇坐在树下，喝大碗茶吃冰西瓜，没人愿意跑到剧院"挨蒸"，除非是梅兰芳那样的"大角"演出。然而，1962年8月的天桥剧场售票窗口前却排起长长的队，从人们的表情中可以看出，这是一场不能错过的演出。确实，能在新中国成立后建起的第一座剧院上演，定是重要而精彩的演出，何况还在最热的季节，可见演出有足够的吸引力。

为什么观众如此青睐这次演出呢？除了因为经典歌剧《叶甫盖尼·奥涅金》一直被中国观众所期待外，更主要的原因是剧中三位主角抓人眼球——郭淑珍、刘秉义、李光曦。这是中央实验歌剧院首次公演歌剧《叶甫盖尼·奥涅金》，而且用中文演唱，郭淑珍饰演塔姬雅娜、刘秉义饰演奥涅金、李光曦饰演连斯基。留苏归来的韩中杰任乐团指挥。

歌剧发源于意大利，盛行于西方，直到19世纪末20世纪初，随着"五四"新文化运动的兴起，逐渐被中国人所知。但那时人们所了解的仅是歌剧的"概念"，并未见过"庐山真面目"。欣赏西方歌剧，了解西方的文化是一重要前提。除此之外，还要对剧中时代、背景、表现形式有所认识，对表达的内容有所了解。实际上，如同外国人看中国京剧一样，如果对中国历史不够了解，对中国京剧表现手法不了解，很难真正感悟到京剧的艺术之美，只能看到表象肤浅的东西。中国传统京剧通常是历史故事中的经典片段，剧中主角是百姓耳熟能详的经典人物，所以中国戏迷常在看演出时，情至深处产生共鸣，高声叫"好"。

中国人演西方歌剧，特别是用中文演唱，可以拉近歌剧与观众的距离，有助于观众欣赏歌剧。早在20世纪20年代，"西学东渐"之风开始后，人们知道了西方有歌剧艺术表演形式，而且也有国外演员到中国演唱咏叹调，但却从未看到过整场歌剧，更想不到有朝一日，中国演员能上演整场歌剧。的确，那时歌剧艺术不仅离中国观众很遥远，对中国演员同样不可思议。为什么中央实验歌剧院能演歌剧了呢？原因很简单，因为有了可演歌剧的艺术家。比如，担任歌剧指挥的韩中杰，同郭淑珍一样，是国家派到苏联列宁格勒音乐学院学习的"海归"，曾在苏联指挥过整场歌剧。郭淑珍在苏联成功上演过歌剧，有丰富的演出经验。正因为如此,中央音乐学院、中央实验歌剧院商议联合推出世界著名俄罗斯歌剧——《叶甫盖尼·奥涅金》。

1962 年，郭淑珍在北京天桥剧场首次用中文公演歌剧《叶甫盖尼·奥涅金》，
郭淑珍饰塔姬雅娜，刘秉义饰奥涅金

为这场演出，艺术家们准备了将近一年。中央音乐学院曾上演过《叶甫盖尼·奥涅金》音乐会版，郭淑珍、刘秉义分别出演塔姬雅娜、奥涅金，观众反响强烈，社会评价很高。此时即将上演的整场《叶甫盖尼·奥涅金》，演员阵容更加强大，除主要演员都是观众熟悉的歌唱家外，饰奥丽卡的苏凤娟、饰法国教师的楼乾贵也是人们熟悉的。

中央实验歌剧院之所以大胆推出歌剧《叶甫盖尼·奥涅金》，还有一个重要原因是观众的热切需求。那时，中国青年人和知识分子深受俄罗斯文化的影响，对俄国作家的作品喜爱又熟悉，托尔斯泰、高尔基、奥斯特洛夫斯基、契诃夫等等，他们的作品深深打动了中国读者的心，影响了一代人。普希金更是人们喜爱的诗人，熟悉他诗中浓郁"俄罗斯式忧郁"的悲情，熟悉他爱情诗中的炽热，期望欣赏到由普希金诗改编的歌剧。

歌剧《叶甫盖尼·奥涅金》之所以成为经典中的经典，一是原著举世闻名，二是作曲家伟大——柴科夫斯基。柴科夫斯基在改编创作时，为突出人物的光彩，使故事更加凝练，刻意省略了起承转合，直接择取最关键的场景，鲜明地表现男主角奥涅金是一个奇特人物。他在政治上具有进步意识，但并没有具体行动；在爱情上他跟始乱终弃的色狼反其道而行之，先拒绝了纯洁的姑娘，过了若干年意识到心底的真情，返回再来追求……塔姬雅娜是普希金心中的"女神"，美丽、纯洁又忠诚、端庄，柴科夫斯基为她设计音乐时，用尽了最美好的旋律。对中国观众来说，还有一个热切期待的原因是，饰演塔姬雅娜的是他们所喜爱的青年歌唱家郭淑珍。郭淑珍已在苏联成功演绎了塔姬雅娜，得到苏联观众和业内专家的一致肯定、赞赏，苏联《真理报》曾发表过赞扬郭淑珍的评论文章，认为她把女主人公演"活"了。如今，她再演这一角色，会更加深刻、感人，会更加完美地演绎出女主人公的内心世界。

《叶甫盖尼·奥涅金》用中文演唱，就要将歌词翻译成中文，而且还应是对俄罗斯文化与语言有底蕴的人来承担。郭淑珍发挥了重要作用，她与刘诗荣、郑兴丽等人一起研究、推敲，尽可能准确完美地保留原歌词的内涵与语法，同时又符合汉语的表达方式，让观众得到享受。用中文演唱塔姬雅娜，当时对郭淑珍来说，也是一个不小的考验。歌剧《叶甫盖尼·奥涅金》中的"俄国味"更浓，全剧始终洋溢着浪漫派音乐的抒情特征，如长长的乐句、浓烈的情感。剧中有三首著名的咏叹调，其中一首是塔姬雅娜在给奥涅金写情书时所唱，时长20分钟，咏叹调旋律中含有很多的音乐动机，细致地刻画了少女怀春的微妙心态，非常动人，俄语语法与发音语调恰好契合表达。有人以为中文是郭淑珍的母语，用中文演唱不过是换一种语言，并不困难。殊不知，郭淑珍最先"接触"的塔姬雅娜是唱俄语的，她已将俄语的塔姬娜雅演到炉火纯青，改用中文唱就是"从头来"，好在郭淑珍对语言的悟性与生俱来，在配译歌词时已开始练习，很快找到了"中文版"塔姬雅娜的演唱感觉。

那时，郭淑珍与刘秉义常坐公交车，从中央音乐学院到中央实验歌剧院参加排练。刘秉义虽然当时还是中央音乐学院5年级学生，但在杨彼得老师的培养下，已有较高的专业水准，表演自然，吐字清晰，是大家公认的"高材生"。在排练现场，郭淑珍成了兼职"艺术顾问"，虽然团里请了苏联导演，但大家感觉向郭淑珍请教更方便。受益最大的是奥涅金——刘秉义，在公交车上可以近水楼台让郭淑珍"上课"。时至今日，刘秉义回忆当年的排练和演出，仍觉得是他艺术道路上的一大进步。那是他第一次演大型歌剧，从表演到演唱，从理解作品到表现人物，郭淑珍都是他的良师益友。

此次中央实验歌剧院上演的歌剧《叶甫盖尼·奥涅金》，是西洋歌剧正式登上中国舞台的一个起点，具有划时代的意义，而且还是由中国歌唱家高水平的联袂演绎。演出获得巨大成功，好评如潮，全剧结束后，观众迟迟不肯离开剧场，郭淑珍、刘秉义、李光曦等主演不得不多次谢幕。对于郭淑珍此次饰演的塔姬雅娜，著名音乐评论家何乾三这样写道："郭淑珍有细心体察和揣摩俄罗斯少女追求爱情的复杂心理体验。她首先在自己心中找到了一个与塔姬雅娜的情感相撞击而又相契合的点，并且用自己的歌声和举止反复实践、反复检验，直到将一个天真、纯洁、富于幻想并在内心充满激情的俄罗斯少女的形象，活生生地在歌剧舞台上树立起来。"

第七章
经典《黄河怨》

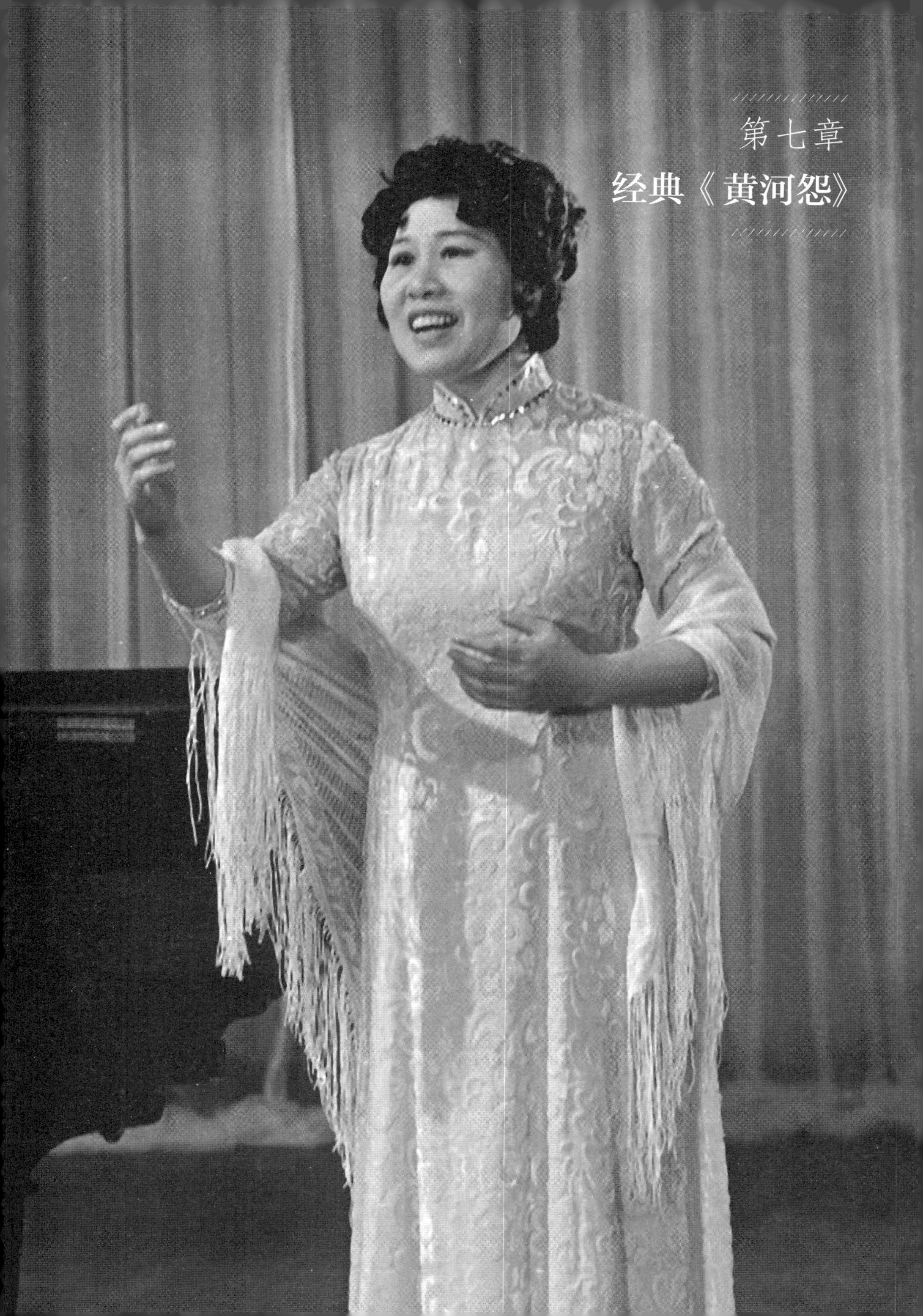

钱韵玲信寄毛主席

　　1975 年 10 月 25 日，在北京民族文化宫礼堂举办的一场特殊的音乐会，让久违的歌唱家郭淑珍再次出现在观众面前。那天，她用真实的内心情感、精湛的演唱技巧、独特的吐字处理，生动完美演绎了一曲荡气回肠的《黄河怨》，将在日寇屠刀下母亲的失子之殇、失国之恨融进歌声里，使所有在场观众泪光闪闪，被称为郭淑珍最震撼人心的一次演唱……这场演出就是意义非凡的"纪念聂耳逝世 40 周年、冼星海逝世 30 周年"音乐会。

　　有人认为，音乐会上郭淑珍的动情演唱是因为她与《黄河大合唱》有不解之缘。1957 年，郭淑珍参加第 5 届世界青年联欢节，《黄河怨》是她在美声比赛中所唱的曲目之一。同年，她又与指挥家李德伦受邀与苏联国家交响乐团、苏联国家合唱团合作，在莫斯科马雅科夫斯基广场上的柴科夫斯基音乐大厅，演出了完整版的《黄河大合唱》。上述经历，虽然可以算是原因之一，更重要的原因是这场音乐会得到毛主席批示后，才得以举办。

　　为什么一场音乐会要国家主席批示才能举办呢？此时"文革"尚未结束，"文革"后很多优秀歌曲都被定为封（建）资（产阶级）修（正主义）"毒草"，甚至人民音乐家聂耳、冼星海创作的歌曲大多都不能演唱。包括作为国歌的《义勇军进行曲》，只能演奏不能演唱。冼星海创作的歌曲只有《救国军歌》和《到敌人后方去》允许唱，但也都被改了歌词，《救国军歌》的歌名被改为《抗日战歌》。

　　1975 年 9 月中旬，冼星海的夫人钱韵玲自杭州来北京，此时她在浙江省文化厅工作，为全国文艺调演节目而来。时任中央人民广播电台文艺部的陈莲，其父母同冼星海有故交，陈莲专程去看望钱韵玲，为研究冼星海作品向她请教。交谈中，钱韵玲感慨：星海去世已整整30 年了，骨灰在莫斯科，很多人可能已经把他忘记了。说者无意，听者有心。陈莲觉得应该为人民音乐家冼星海搞些纪念活动，便建议钱韵玲就纪念冼星海一事，给毛主席写信。

　　钱韵玲的信终于送到毛主席的办公桌上，她在信中深情回忆 30 多年前在延安时毛主席"对星海和我们全家的亲切关怀"，写道："那时候您曾多次同星海谈话，给了他深刻的教育。记得 1939 年 5 月 11 日，庆祝鲁艺成立一周年的晚会上，您亲自去听星海指挥演唱《黄河大合唱》。演出结束后，您站起来连声说'好'！星海在当晚的日记里记下了这件事，并写道：'我永不忘记今天晚上的情形。'星海是在党的培养下成长的。""星海同志逝世后，您亲自题写'为人民的音乐家冼星海同志致哀'。"

1975 年，在"纪念聂耳逝世 40 周年
冼星海逝世 30 周年"音乐会上，
郭淑珍独唱《黄河怨》

钱韵玲信中还表示，要"继承星海同志的遗志"，继续前进。之后，她又向毛主席反映"文革"以来冼星海多数作品被禁唱禁演的情况，表达了在冼星海逝世 30 周年之际，举办一次纪念活动的希望。她还写了："今年 10 月 30 日是冼星海逝世 30 周年。解放以后，星海逝世 10 周年、20 周年，聂耳逝世 20 周年、30 周年都曾隆重纪念。但今年 7 月 17 日，聂耳逝世 40 周年，日本藤泽市民都召开了纪念大会，而我们国内却没有表示。想到冼星海的骨灰现在还放在莫斯科顿斯柯依古教堂附近的火葬场里，当他逝世 30 周年之际，我们若再没有表示，就很可能使苏修利用来反华。我希望今年能够演出、广播、出版星海的《黄河大合唱》及其他作品，集会或发表文章，以示纪念。我想这不仅是反对苏修斗争的需要，更重要的是可以教育后代，否则青年人会把革命传统都慢慢忘记了。"

10 月 3 日，毛主席读到此信，立即批示："印发在京中央各同志。"这意味着毛主席赞成搞纪念活动。举行纪念音乐会的批示下达后，中央乐团著名指挥李德伦等，便积极组织纪念音乐会的排练。首都音乐界人士都非常亢奋，中央各音乐团体争相参加，北京市专业音乐工作者和业余音乐爱好者也表现了极大的热情。国务院政研室负责人邓力群参与了整个音乐会和纪念活动的准备工作。

聂耳是中国最伟大的作曲家之一，他的作品除被用于国歌的《义勇军进行曲》外，还有

一系列优秀作品，深深影响了中国乐坛几十年。鲜明的时代感、严肃的思想性、高昂的民族精神和卓越的艺术创造性，一直引导中国音乐的发展，也为中国音乐界树立了光辉的榜样。如《金蛇狂舞》《昭君和番》《卖报之声》《码头工人》《苦力歌》《毕业歌》《大路歌》《开路先锋》《飞花歌》等等，均具有里程碑的意义，也是中国音乐作品的时代符号。郭沫若在聂耳去世后称其为"人民音乐家"，说"他是天才的音乐家，又是革命者"。的确，聂耳是使中国音乐走向世界的人民音乐家，是中国新音乐的先驱，也是无产阶级领导的革命音乐运动的杰出代表，还是中国音乐史上一面光辉的旗帜。著名作曲家雷蕾称聂耳为"国之歌者"。

冼星海最杰出的作品是《黄河大合唱》，它是冼星海最重要的也是影响力最大的一部音乐杰作。这部作品由诗人光未然作词，以黄河为背景，热情歌颂中华民族源远流长的光荣历史和中国人民坚强不屈的斗争精神，揭露日本侵略者的残暴和人民遭受的深重灾难，用音乐全面展现了抗日战争的壮丽图景，并向全中国全世界发出了民族解放的战斗警号，从而塑造出中华民族巨人般的英雄形象。作品 1939 年问世以来，在中国抗日战争期间起到巨大的鼓舞作用。冼星海去世后，毛泽东主席亲笔为他题词——"为人民的音乐家冼星海同志致哀。"如今，冼星海的作品《生产运动大合唱》《中国狂想曲》《游击军》《九一八大合唱》仍被当代观众所喜爱，并被世人公认为中国音乐作品的经典之作。

那天，郭淑珍出现在音乐会的舞台上，让很多曾为她担忧的观众放下了悬着的心。观众们交谈时说，虽然与过去相比，郭淑珍清瘦了许多，但也成熟了许多。她的歌声依然动人，情绪依然饱满，说明郭淑珍没被磨难击垮，她在逆境中依然前行，观众们为郭淑珍的坚强感动，用经久不息的掌声表达对郭淑珍的敬佩。郭淑珍也从观众的热情中，感悟出艺术家的责任。在这之后，郭淑珍连续演唱了多场《黄河怨》，无人超越，场场声情并茂、感人至深，被公认为把《黄河怨》唱得最感人最经典的歌唱家。

已故著名指挥家严良堃 81 岁高龄时指挥《黄河大合唱》，他感慨地说："听来听去，还是郭淑珍的《黄河怨》唱得最好。"

患难之中见真情

郭淑珍在"纪念聂耳逝世 40 周年、冼星海逝世 30 周年"音乐会上的演出，之所以备受关注，因为很多观众一直耽心她的命运，不知郭淑珍能否捱过这场文化劫难。

20 世纪 60 年代中期开始的"文化大革命"，在中国历史上是一段沉重而又痛苦的岁月，在这场浩劫中，很多艺术家、科学家、革命家、教育家惨遭迫害。可想而知，曾在苏联留学 5 年，一直以唱西洋歌剧为主的歌唱家郭淑珍，当然也被造反派列入打击的范围。

郭淑珍既不是"当权派"也不是"走资派"，她出生在普通百姓家庭，50 年代初加入共产党，参加过一系列国家重要演出，还受到毛主席的接见，受到周总理的称赞，这些经历本可以证明郭淑珍是"革命的""红色的"，是可以团结的艺术家，但有些心怀鬼胎的造反派和羡慕嫉妒她的"小人"，将一系列"罪名"扣到郭淑珍头上——修正主义接班人、白专道路典型、反动学术权威。于是，她被强行关进"学习班"不准回家，还一次次被押到校领导的批斗会上陪斗，一次次地写总也不能通过的检查材料。

对于造反派强加的罪名，郭淑珍始终不低头，即使被强行关进学习班，不许回家不许丈夫探望，仍然以沉默替代反抗。这时，系里的造反派负责人对郭淑珍说："何必死扛着，认了罪就可以回家。""我有什么罪？我热爱党、热爱国家、热爱事业，你们说我有罪我就认罪，休想。"郭淑珍义正辞严的回答，令对方非常恼火，气急败坏地说："好，你等着，看看是你郭淑珍的嘴硬，还是革命造反派的拳头硬。"

为了打击郭淑珍的"嚣张"，造反派又给郭淑珍扣了一个罪名，编造她是"国民党三青团"成员，并派人去广州调查郭淑珍的"历史问题"。郭淑珍到底是不是"国民党三青团"成员？派去调查的人心知肚明，郭淑珍 1952 年入党，有坚定的共产主义信仰，忠诚党的事业。被国家派出留学，成绩优异，为国争光。留学归来，她出色地完成了国家重大演出任务，多次得到党和国家领导人的肯定，说她是"三青团"成员纯属子虚乌有。去调查的人拿着公款去了趟广州，10 天后回北京汇报说，没查出郭淑珍的问题。

尽管"文革"时，很多人被造反派们扣上莫须有的罪名，但中央音乐学院的造反派还是找不出郭淑珍实实在在的"罪名"。这时，中央下发有关文件，"解放""团结"可以教育好的有问题人员，以促进团结。于是，中央音乐学院造反派不得不"解放"一批教授。前提是他们必须对自己的问题有交代，也就是"认罪"，对造反派的教育有认识。

那是一次特殊的会议，造反派们将"学习班"的成员带到会议室，其中包括著名音乐教育家、声乐系主任喻宜萱，郭淑珍也在其中。会上，造反派组织者表示，想被"解放"的人，必须认罪，还要感谢"革命群众"（即造反派）的教育帮助。否则，就不被算作"可以教育好的有问题人员"。轮到郭淑珍表态，她沉默了一会儿，平静地说："我父亲不识字，但他曾教育我，冤家宜解不宜结……"听郭淑珍说到这，造反派负责人立即怒发冲冠地从椅子上弹起来，冲到郭淑珍面前，一把抓住郭淑珍的头发，恶狠狠地说："就你不老实，别人都认罪，就你顽固不化、死不改悔。革命群众决不答应。"说罢，他抓着郭淑珍头发的手用力向后一推，郭淑珍猝不及防，头撞到身后墙上。最终，郭淑珍还是以"冤家宜解不宜结"这句话，作为自己的"认罪"。

头撞到墙上，郭淑珍感到天旋地转，无法再开会。造反派不得不把郭淑珍送回家。母亲惊讶地发现她的肩上散落很多头发，不解地问："淑珍，你肩膀上怎么掉了那么多头发？""是吗？我怎么不知道。""你看看，这么多头发。"母亲把掉落的头发拢到一起给她看。这时郭淑珍想起头发是被造反派负责人揪下来的，可见他用了多大的狠劲。母亲哭了，要找造反派负责人评理。母亲说："那人原来不也是你的同事吗，有多大仇要这么害你。我要问问他，还有没有人性？"母亲确实想不通，那位造反派负责人，过去一直很尊重郭淑珍，见面非常客气，为什么现在变得那么残忍无情。郭淑珍拉住母亲说，如果他们讲理，就不会干这种事。"闺女，告诉娘，你是不是特委屈特憋屈，如果心里难受，就跟娘这哭吧。""娘，我没事。您还不了解闺女吗，我没罪凭什么认罪，他们想让我哭，我偏不哭。郭淑珍不是棉花做的，硬着呢。"那天，郭淑珍没掉一滴泪，母亲心疼的泪水流了不少。

北京邮电医院医生诊断郭淑珍有轻微脑震荡，须要住院治疗。得知此情，造反派负责人跑到医院说："郭淑珍有问题，我代表中央音乐学院通知你们，不许给郭淑珍治疗。"医院怕了，不得不婉拒郭淑珍，把郭淑珍转到小卫生院去治疗。

不准郭淑珍在邮电医院住院，也不准郭淑珍休息，造反派负责人又把郭淑珍关回"学习班"。面对妻子的遭遇，朱工七心如刀绞，再三跟造反派负责人要求陪在郭淑珍身边。造反派负责人冷漠地回答说："你不跟郭淑珍划清界线，还要去学习班陪伴。这说明，你的阶级立场也有问题，革命群众说得对，鱼找鱼，虾找虾，癞蛤蟆专找臭王八。你死心吧，不可能！"造反派负责人这番话，如一盆冷水泼到朱工七头上，他双拳紧握，脸涨得通红，从牙缝里挤出三个字——没人性！

　　"家人在干什么？"关在学习班的日子，郭淑珍常望着窗外想心事，她想得最多的是对父母、对丈夫的亏欠。她想起父亲在世时，曾有一愿望，到皇城北京转转，看看天安门，转转大栅栏，逛逛王府井。父亲16岁到天津谋生，几乎没离开过天津，天津、北京近在咫尺，他也未曾到过。郭淑珍到北京上学后，有人劝他到北京让女儿陪着玩玩，他总是一笑说："闺女没空。她那也没地儿住，不给她添麻烦。"那时郭淑珍认为未来的日子很长，今后有的是时间让父亲到北京来。当然，最重要的原因是，如果父亲来北京，她没有地方安排父亲住，甚至与朱工七结婚，郭淑珍也没能请父亲来。但她一直有个心愿，当条件好一点时，接父亲来北京。但是，没等到这个心愿实现，父亲突然病逝。从此，这成为郭淑珍永远的心痛。郭淑珍又想起丈夫，结婚后她一直忙于演出，没陪他过过一个完整的年节假日，也没给他做过一次像样的饭菜、洗过一件衣服，甚至为了她的事业，结婚多年不要孩子。想到这些，郭淑珍潸然泪下。

　　郭淑珍的病须要治疗，造反派允许她在固定时间内去医院。得知这一消息后，朱工七不由得心动，知道这是个机会，可以看到妻子。这也是郭淑珍的心愿，可以趁机见见丈夫，问问家里情况。为让丈夫知道自己哪天去医院，郭淑珍托人捎话给朱工七，去看病的那天她把衣服晾在学习班住地窗外，朱工七如果看到衣服，就去二龙路医院的路上等她。

　　从此，通往二龙路医院的小街，成了郭淑珍与朱工七人生中最难忘的"相会"之地。每到那天，郭淑珍的心跳都会莫名地加快，是紧张还是期待，是兴奋还是伤感，她也说不清。郭淑珍终于在路边的树后看到丈夫熟悉的身影，她快步走过去，朱工七也迅速迎上来，两双手紧紧地握在一起。朱工七打量郭淑珍："你瘦了，头晕好点没有？是不是吃得很不好？"一连串的问题是他心里的牵挂。"没什么，你甭担心我。家里有事吗？"郭淑珍虽然心里很痛苦，但此时却不想让丈夫为自己担心，强装着露出浅浅的笑容。知妻莫如夫。此时郭淑珍的心理，朱工七非常清楚，他知道身心的双重痛苦在无情地折磨着郭淑珍，女人很少有她这么坚强。他很想为妻子分担，但心有余力不足。望着丈夫充满关切与怜爱的目光，郭淑珍心里感到无比温暖，她身边有太多夫妻"大难临头各自飞"，而比自己小8岁的丈夫，却始终

重获新生的郭淑珍与丈夫朱工七合影
—
2001 年郭淑珍与女儿朱珍珍在美国白宫前合影
—
2001 年女儿朱珍珍获音乐硕士学位

不离不弃，默默关心着自己，还有什么比这份真情真爱更让人感动的呢。

那段时间，朱工七几乎天天去郭淑珍学习班所在地，期待窗外有晾出的衣服，期待在小街上可以简短地跟妻子说几句话。那时，朱工七心里有千言万语想对郭淑珍说，但每次他说的只有那几句话：你要保护好自己，相信这一切都会过去，我会一直等着你回家。郭淑珍点头微笑，泪水却在眼眶里打转，每次郭淑珍转身离去时，都在心里安慰自己，虽然身陷囹圄，但却从不孤独，因为背后有双眼睛在注视自己，那是她生命的港湾。就这样，他们忠贞不渝的爱情，像严寒中的一团火，温暖着对方；像黑夜中的一束光芒，照亮着对方；像沙漠中的一股清泉，滋润着对方，互为依靠又互为支撑，他们在严酷的生活中搀扶前行。

最黑暗的日子终于过去，1973 年，郭淑珍与朱工七有了他们的爱情果实——女儿。他们给女儿取名"朱珍珍"，其意一目了然，从父母姓名中各取一字，再加一个"珍"字，即珍贵、珍惜、珍宝、珍爱之意。女儿像天使出现在他们生命中，给 45 岁初为母的郭淑珍，带来莫大安慰与幸福。

脱颖而出凭实力

　　1975 年 10 月，是郭淑珍人生中的一个重要节点。此时，郭淑珍已被禁唱了近 10 年。这 10 年本该是她演唱最成熟、身体条件最好、精力最充沛的 10 年，也可以说是她演唱生涯中的黄金 10 年，但这 10 年中国舞台没有歌声、没有音乐，也没有舞者，有的只是各种各样的批判批斗和铺天盖地的大字报、大标语，广播反复播送的只有八个样板戏。何况郭淑珍又唱的是美声西洋歌剧，还是"苏（联）修"培养出来的艺术家，怎么可能再登上革命的舞台？不能演唱、不许登台，对一位把舞台当生命的歌唱家而言，其痛苦无异于被剥夺生命。无数个清晨、无数个夜晚，郭淑珍扪心自问，难道永远失去了舞台吗？她不甘不愿也不能，但即使如此，她又能如何。要知道，任何人的命运，都与国家的命运紧密相连。说到底，个人与国家的关系，就像植物与土地，植物只有扎根在土地里，才能发芽生长，才能开花结果。"文革"期间，国家的动荡，改变了无数人的命运。那段时间，郭淑珍除了参加有限几次的政治任务式演出，比如柬埔寨西哈努克亲王 50 寿辰庆祝晚会等，几乎没有舞台可登。

　　此时，郭淑珍正在北京昌平的一个村子里"开门办学"，所谓"开门办学"，就是把教室搬到农村。这时，她意外接到刚刚恢复工作的赵沨院长的通知，让她马上回学校，有任务。院长所说的任务，是回校参加一次选拔，即选拔在"纪念聂耳逝世 40 周年、冼星海逝世 30 周年"音乐会上演唱《黄河怨》的女高音。为办好这场意义非凡的音乐会，中央音乐学院、中国歌剧院、中央乐团等单位的多位女高音歌唱家跃跃欲试，希望获得这次宝贵的登台机会。

　　得知这些，郭淑珍的激动之情溢于言表，在她看来这就像一次千载难逢的机会，无论如何不能错过。但是，她又担心这首歌自 1957 年后再没演唱过。"文革"开始后，《黄河大合唱》因歌词被强加"含修正主义色彩"的罪名而被禁演。后来，《黄河大合唱》被改成钢琴协奏曲，旋律保留，没有演唱。平心而论，郭淑珍在这次选拔中有一定的优势，说胜券在握也未尝不可，毕竟早在苏联留学期间，她就多次演唱过《黄河怨》，而且对这首歌含有特殊感情。从她第一次听苏联音乐家演唱《黄河怨》心动起，到后来得知冼星海曾在苏联生活，并在苏联去世，《黄河怨》的旋律便时常在她的脑海里回响。再后来，她了解到苏联人民敬重这位中国作曲家，也喜欢他的作品。叶·克·卡杜里斯卡娅教授支持她去找《黄河怨》交响乐谱，请一起留学的严良堃帮她改成钢琴伴奏谱，又多次辅导演唱，并让郭淑珍带着它参加国际声乐比赛获了金奖。再后来，她又与李德伦一起受邀与苏联国家交响乐团、国家合唱团合作演出《黄河大合唱》。这些足以证明《黄河怨》在郭淑珍心里的重量。尽管如此，郭淑珍后来回忆说，留学时演唱《黄河怨》只注意声音和音乐技巧，对作品的理解还不够深，缺乏感染力，以后逐渐懂得要对作品的情感、思想加深理解和表现。

参加此次选拔的歌唱家不少，其中包括中国歌剧院和中央乐团的声乐艺术家，如文征平、梁美珍等，她们的知名度与郭淑珍不分伯仲，与郭淑珍一样寄希望于这次演出，让自己在久违的舞台上绽放。

这是一次"烈火见真金"的考验，郭淑珍既兴奋也紧张。在学校她以自己的理解将《黄河怨》唱给赵院长听，以为会得到肯定。没承想，院长却说了一番似乎与演唱不相关的话："我有一张唱片，法国人唱的歌曲，声音和演唱一般，跟你没法比，但人家充满感情，很是打动人。你再琢磨琢磨。"回家后，郭淑珍反复回味院长的那番话，"声音和演唱一般，但人家充满感情"，倏然意识到院长是在提示自己的"感情"不够。距离选拔还有3天，郭淑珍把自己关在屋里，白天在地上走来走去，晚上躺在床上睁着双眼，脑海里一遍遍浮现《黄河怨》的歌词，一句句分析该怎么带着感情去唱。这3天，她想起了童年时代，天津城内外被日寇炸死的无辜百姓；想起电影、照片中日本鬼子屠杀中国人的暴行场面。与此同时，她又找到冼星海创作《黄河大合唱》时写下的札记："《黄河怨》代表被压迫的声音，被侮辱的声音，音调是悲惨的，是含着眼泪唱的一首悲歌。假如唱的人没有这种情感，听众必然没有同感的反应。"读完这段话，郭淑珍茅塞顿开，感到心脏在胸腔激烈地跳动，耳边不由自主地回响现代京剧《智取威虎山》中，李勇奇母亲痛失儿媳妇时的绝望道白——"媳……妇……"此时，犹如李母点醒梦中人。郭淑珍倏然意识，《黄河怨》不仅是一位母亲的哭诉，而是代表中国千万个失去孩子的母亲，在控诉日寇惨无人道的兽行。自己的演唱既要表现出悲痛与绝望，又要表达出仇恨和愤怒，让苍天、让大地、让全世界记住，古老的中国正在遭受日本侵略者的践踏，这片美丽的土地上，尸横遍野、残垣断壁、弹洞累累、焦土无垠……

中央乐团的排练大厅座无虚席，在座的皆为中国音乐界的精英，前来选择决定演唱《黄河怨》的人选。郭淑珍带着感情走到大厅中央，深深吸了一口。那刻，她已忘记自己是郭淑珍，忘记了是在参加选拔，忘记了这里是中央乐团的排练厅，感到自己就是那位痛失孩子的母亲，就是国破家亡的妻子，此刻泪水已干、悲痛欲绝，站在黄河边用尽最后的力气，喊出心底的仇和怨——

　　"风啊，你不要叫喊；云啊，你不要躲闪；黄河啊，你不要呜咽。今晚我在你面前，哭诉我的仇和怨。"郭淑珍的歌声，瞬间把在座的人带到血雨腥风的黄河边，仿佛看到那位衣衫褴褛、面如死灰的母亲，正呢喃自语一步步走向黄河。"命啊，这样苦，生活啊，这样难，鬼子啊，你这样没心肝。宝贝啊，你死得这样惨……"这是绝望不甘的母亲，站在岸边面向苍天呐喊，痛斥日本侵略者的兽行。那颤抖、断续、凄绝的声音，像是一双冰冷的手，抓住所有人的心，不知不觉泪在脸上流、血在心头滴，怒火在燃烧……郭淑珍完全忘我的演唱，唱出了冼星海要表达的情感，也唱出了中华民族不屈服的决心。她的演唱层次分明，突出了时代特点，由开始深沉的怨，到中段半唱半说的恨，最后爆发出无限的愤，充分体现出女高音歌唱家郭淑珍宽广的音域、丰富的技巧、饱满的激情。唱完之后，郭淑珍久久无法从歌曲的情感中走出，她感到四肢冰冷，心仍在不停地颤抖。这时担任评委的李德伦走过来，他拍拍老同学的肩膀说："你唱得太好了，把我们都唱哭了。"全体评委一致同意由郭淑珍担任音乐会《黄河怨》的演唱者。

　　纪念音乐会在民族文化宫礼堂如期举行，那天台上台下一片寂静，黄河夜晚凄凉的风从琴弦管筒中飘出，惨白的月光笼罩在音符上，把观众带到血雨腥风、山河破碎的国难岁月。"风啊，你不要叫喊；云啊，你不要躲闪；黄河啊，你不要呜咽……"如泣如诉、如唱如喊的声音，从郭淑珍的唇齿间流出，引领观众走进母亲的痛、民族的愤。当郭淑珍唱到"宝贝啊，你死得这样惨"时泣不成声，原本到这句时有小提琴跟演唱托腔附和，但郭淑珍与指挥商量，希望此处乐队全部停下，留出空白，让观众听到母亲的哭泣声。这样处理后效果非常好，停顿的那刻，天地间骤然凸显绝望母亲的哭泣，无声胜有声。郭淑珍说，每次演唱《黄河怨》，站在台上的都不再是她，她也从不去想技巧、位置、声音，只想控诉、呐喊。"丈夫啊，在天边，地下啊，再团圆，你要想想妻子儿女死得这样惨，你要替我把这笔血债清算！你要替我把这笔血债，清还！"

　　有评论家说，郭淑珍演唱的《黄河怨》，之所以打动人心，是她很好地汲取结合了中国戏曲中"哭头""苦音"及"做唱"等方面的技巧。另外，她在气息方面的处理，也做到了恰如其分，用气声、弱声、颤音细腻地表达内心的无助，用音色、音量、力度表现痛苦的情绪，从无助到呐喊，从忍受到以死抗争。郭淑珍用一首歌，把绝望母亲的形象永远刻在了观众心上，也把罪行累累的日本侵略者永远钉在了历史耻辱柱上。郭淑珍说："每次演唱之后，就像死了一回，很长时间无法从痛苦中走出。"

郭淑珍的这种感觉，既是对音乐的深刻理解，也是对历史的再次回顾。她认为，每位艺术家都应该有担当，不能为唱而唱。何况所有作品都有表达的内涵，特别是《黄河怨》这样的作品，本身就承载着历史，意义在于让所有中国人牢记，我们曾有过的苦难，中华民族必须崛起才能告慰先辈。郭淑珍在几十年的演唱中，一直在研究探索如何更准确地把握《黄河怨》的演唱，不断给作品输入更加丰富的内涵。有人认为，该作品的时间背景是抗日时期，文化背景是当时延安解放区的革命文化，与现代生活距离越来越大，其艺术使命已基本完成。但郭淑珍回答说，《黄河大合唱》是一部民族史诗，也是一种民族精神，所以是杰出的、不朽的，中国人要代代传唱，永远铭记。

听了郭淑珍演唱的《黄河怨》，著名音乐评论家周畅撰文："她用歌声描绘出一幅民族灾难的图画，用歌声塑造了被压迫、被侮辱的妇女典型。"此后几十年，郭淑珍演唱的《黄河怨》，一直保持这种演唱方法与情绪，被社会公认为是《黄河怨》的经典演唱者。多年来，不少演员演唱《黄河怨》，但一直是模仿，从未能超越。正如音乐评论家所说，郭淑珍演唱的《黄河怨》，是一个既有技巧难度，又有感情高度的"范本"，她的人生经历与演唱体会不可复制，她用歌声塑造的那位在日本侵略者铁蹄下受蹂躏的母亲，形象感人肺腑、震撼心灵，给人留下深刻的印象，使得后来的歌唱家很难逾越。

"纪念聂耳逝世 40 周年、冼星海逝世 30 周年"音乐会在民族文化宫演完后，应广大观众的强烈要求，又在首都体育馆、北京展览馆连演多场，场场爆满。

2015 年 8 月，为纪念中国人民抗日战争暨世界反法西斯战争胜利 70 周年，中央音乐学院再排《黄河大合唱》，此活动由郭淑珍发起，并担任总策划，活动邀请到郭淑珍的老朋友、留学时的老同学，92 岁高龄的严良堃与青年指挥家李心草担任指挥，演出阵容空前，200 人乐队、150 人合唱队。郭淑珍与严良堃在排练场见面，两位老艺术家心领神会地相对一笑，一切尽在不言中，他们共同的目标是，让年轻一代了解《黄河大合唱》是颂扬中国人民反法西斯革命精神的音乐史诗，是中国现代大型声乐创作的代表作品。作品痛诉了侵略者的残暴，反映了中国人民遭受的深重苦难，也展现了抗日战争的壮丽图景，向全中国、全世界发出了民族解放的战斗警号，塑造了中华民族巨人般的英雄形象和保卫祖国的必胜信念。严老在排练场对所有年轻人说，在战争年代，《黄河大合唱》是鼓舞士气的号角，今天它是对抗日战争的铭记，作品体现了中国人的民族气节，可以凝聚全世界华人的心。

排练从 6 月份开始，原本《黄河怨》的演唱者是郭淑珍的学生。但排练那天，严老突然转过身，对坐在排练场的郭淑珍说："你来唱一遍。"郭淑珍没想到老同学给她来了个"突然袭击"。"我还行吗？"郭淑珍脱口而出，但严老是指挥，郭淑珍应该服从。音乐响起，88 岁的郭淑珍随即开口演唱——"风啊，你不要叫喊……"当她唱完最后一句"你要替我把这笔血债清还"时，排练场响起一片掌声，这掌声既是年轻音乐人对老艺术家的敬佩与热爱，也是他们对郭淑珍在艺术道路上不懈追求的赞美。

音乐会在国家大剧院上演，观众没想到当《黄河大合唱》进行到第 6 段时，92 岁的老指挥家严良堃，微笑着走上台，他接过年轻指挥家李心草的指挥棒，稳稳地站在指挥台上。严指抬起双手，交响乐队奏出《黄河怨》低沉、压抑的旋律，音乐厅内瞬间弥漫血雨腥风……这时，银发闪闪、身着白裙的郭淑珍缓缓走到台中央，她眼里蓄满泪水，身体微微颤抖。人们惊呆了，情不自禁议论："是郭淑珍吧？""不可能。""她已是 80 多岁的老人，怎么可能来演唱？"

郭淑珍心潮起伏，思绪瞬间穿越到 70 多年前，她又变成了那位控诉日寇暴行的母亲。演唱结束后，在场观众无不为之感动，掌声雷动。郭淑珍拉着严良堃的手，多次向观众鞠躬致谢，观众掌声更加热烈。观众们为中国有郭淑珍、严良堃这样的老艺术家而骄傲，也被老艺术家的精湛表演折服。正如中国著名音乐家李凌听完郭淑珍的演唱后，在评论里所言：她不仅把《黄河怨》唱活了，而且唱深了。她把词曲作者的最深的艺术想象力，完整地、深刻地体现出来了。

有首诗这样赞美郭淑珍演唱的《黄河怨》：

撕心裂肺动鬼神，

黄河怨女绝代声。

金质唱片金钟奖，

当之无愧郭淑珍！

迎来舞台第二春

20 世纪 70 年代末期，中国社会再次发生巨大变化，"十年浩劫"的"文革"结束，改革开放的春风徐徐吹来，党中央拨乱反正的好政策，让中华大地呈现出新的希望，也让郭淑珍变得非常繁忙。此时，她又多了一个身份，即国家艺术使者。她是中国艺术家代表团成员之一，多次肩负国家使命出国演出交流。

郭淑珍的忙不难理解。让世界了解中国，以艺术为纽带，拉近国与国之间的关系，增加沟通，增进了解，最自然易接受，正所谓艺术无国界。其实，通过艺术、体育交往，助推外交关系变化的做法，很多国家都曾有过。中国外交史上曾有"小球推动大球"的一段乒乓外交佳话，这场乒乓外交推动了中美关系的变化，也推动了世界形势的变化。

乒乓外交发生在 1971 年 3 月，那年中美两国乒乓球运动员同时参加在日本举行的第 31 届乒乓球锦标赛。比赛期间，发生了戏剧性一幕。一天，美国球员科恩慌乱中上了中国运动员的专车，在即将到达比赛场馆时，中国运动员庄则栋将一块杭州织锦送给他，并与他热情握手。到了比赛的最后一天，中国乒乓球队正式邀请美国乒乓球队访问中国，对方心领神会欣然接受。一个月后，周总理在北京接见了美国乒乓球代表队的全体成员，由此拉开了中美交往的帷幕。1971 年 4 月，毛主席亲自批准了邀请美国乒乓球代表团于当年 4 月 10 日至 17 日访问中国，以此表达中国对美国的诚意，也因此打开了隔绝了 22 年之久的中美交往大门。

为加快世界了解中国的步伐，1977 年中国艺术家代表团成立，郭淑珍是艺术团的独唱演员。团内的主要演员包括：周小燕、袁雪芬、李德伦、刘诗昆、赵沨等。由于肩负国家使命，艺术团的成员每到一个国家，广泛接触民众，与各界人士交朋友，因此产生了积极的影响。那时出国演出的条件并不很好，但艺术家们的精湛表演，却给所到国家的人民留下深刻印象。艺术家们的亲和力，也让观众深受感动。比如 1977 年在朝鲜的访问演出，舞台设在露天广场，观众坐在地上，郭淑珍的演唱由手风琴伴奏，但她一样非常投入地演唱。在美国明尼苏达州，郭淑珍及艺术团成员与 3M 公司艺术小组的员工在公园联欢。1977 年 11 月，中国艺术家代表团来到联邦德国访问，受到热烈欢迎，两国艺术家在葱翠的丛林中散步，在温馨的酒会上交谈，在著名的汉诺威参观钢琴制造厂，在历史悠久的博物馆参观，一路上时任联邦德国音乐家协会主席的雅可比先生随团相伴，彼此真诚交流，双方均留下美好印象。对这次中国艺术家代表团的访问，德国媒体做了全面、深入的报道，在德国民众中产生了很大的影响，德

1985 年，郭淑珍在香港荃湾大会堂
演出《黄河大合唱》中独唱《黄河怨》

国观众为中国艺术家精湛的表演折服，特别是德国的年轻人了解到曾经封闭、神秘的中国有那么悠久的历史和灿烂文化。郭淑珍与刘诗昆合作演出钢琴伴奏《黄河怨》，是每场演出的保留节目，虽然德国观众听不懂中文，但他们从郭淑珍的歌声与感情中，可以感悟出歌曲所表达的内容。

　　1984 年，郭淑珍作为中国文化代表团成员，出访中国的友邻国家——菲律宾。菲律宾是南亚太平洋上的岛国，气候炎热、潮湿，代表团此次出访以民间交流为主，深入乡村小镇，与当地的民间艺人交流，到民俗村演出。虽然是中国著名的歌唱家，但郭淑珍此时对菲律宾民众像朋友、像家人那样和蔼可亲，演出时给她伴奏的是菲律宾民乐团，与民俗村的孩子一起做游戏，听民间艺术家演奏……用郭淑珍自己的话说："我不但是艺术家，还是文化交流使者。我要通过自己的言行举止，让菲律宾百姓感受到中国人民的真诚、平和，了解 5000 年灿烂文化的中国，有一种传统理念，叫远亲不如近邻。中国人对待邻国就像对待邻居，愿

和谐相处亲如一家。"

1985 年，香港荃湾大会堂演出千人合唱《黄河大合唱》。应香港小提琴演奏家、指挥家林克汉邀请，郭淑珍演唱《黄河怨》、黎信昌演唱《黄河颂》，受到香港观众的热烈欢迎。演出结束后，香港的学生簇拥着郭淑珍，争相请她签名。1985 年 9 月，香港《百花报》刊出评论郭淑珍演唱的文章。文章中说："郭淑珍演唱《黄河怨》于 50 年代起为人赞颂。郭淑珍把声、情、志三者密切结合。她做到了以声托情，以情赋声，声情并茂地体现了歌曲的主题思想，因而能成功地拨动听众的心弦，引起思想感情上的共鸣，起到了良好的作用。她的演唱如此成功，是她多年生活实践和艺术实践以及对作品思想内容深刻理解的结果，也是她学习中外传统歌唱技巧融会贯通的结果，她那种严肃认真、一丝不苟的艺术作风和态度，很值得钦佩。"

走进白宫玫瑰园

　　1978 年 7 月，应美中关系全国委员会邀请，中国艺术家代表团赴美访问演出，到罗得岛新港参加"新港歌剧音乐节"。对中国艺术家代表团的到来，波士顿中国文化中心主任李键远等 20 多名美籍华人，专程到新港迎接，并转达了美国马萨诸塞州州长达卡利斯的欢迎与祝贺。

　　歌剧是郭淑珍的强项，她演唱的歌剧咏叹调令美国观众惊叹，美国观众没想到中国艺术家演唱的西方歌剧那么专业、纯正，称赞说："既有高超技巧，又富有感情，做到了感情和技巧的全面结合。""艺术训练有素，感情丰富，演出太好了。"这让郭淑珍进一步意识到艺术家身上的使命，站在舞台上表现的不仅是自己，还代表着身后的国家。郭淑珍在美国的演出格外投入，她希望通过自己的演唱，让美国观众感受了解中国。中国艺术家们的演出，的确增进了美国观众对中国的了解和认识，演出结束后，观众对记者说："通过你们的节目，我感觉中国与过去从书刊或传闻中了解的不一样，今后我要更多了解你们优秀而古老的文化。"还有更多的观众，希望中国艺术家再次到美国演出。

　　7 月 18 日，中国艺术代表团在华盛顿的沃尔夫·特拉普剧院举行首次演出。那天，5000

1978 年，美国时任总统卡特及全家在白宫接见中国艺术家，
卡特总统与郭淑珍握手
——
郭淑珍在美国演出时，
刊登她与美国 3M 公司艺术小组一起高歌图片的报纸

名观众带着不同的心理来观看中国艺术家的演出，观众席上有美国总统国家安全顾问布热津斯基、联邦储备系统管理委员会主席威廉·米勒及国会议员和政府的一些高级官员。这些政要出席观看演出，足以说明这场演出非同寻常，足以说明美国政府的重视，也是美中关系

开始转暖的一个信号。陪同美国要员的是中国驻美国联络处副主任韩叙。演出结束后，美中关系全国委员会和大都会歌剧院协会举行宴会招待中国艺术家们。

中国艺术家代表团此行的重头戏，是 7 月 20 日美国总统卡特在白宫玫瑰园的接见。

美国总统接见中国艺术家代表团的消息，当时成了全世界的大新闻，媒体视其为中美关系即将发生变化的"风向标"，推测中美建交指日可待。果不其然，1979 年 1 月，中美正式建交，结束了长达 30 年之久的不正常状态。为表示欢迎，卡特总统带家人来到玫瑰园，包括夫人和女儿。那天的活动热烈而又轻松，卡特总统与每位团员握手致意，当来到郭淑珍面前时，他停下脚步向郭淑珍祝贺演出成功。接见活动上，卡特总统非常开心，他说："作为一个总统，我感到非常愉快。你们代表一个伟大的民族。你们有机会看到我们伟大的国家，我们感到高兴，我们也得到观赏你们优美音乐、舞蹈演出的机会。"他还特意告诉中国艺术家们："不仅是几千名美国观众看到了你们的演出，几百万美国人通过电视也幸运地看到了。""我们对于有机会更多地了解你们以及你们的人民感到高兴，这将对我们两国之间建立起来的友谊作出贡献。我们赞赏你们的优美演出。我们认为，这是为了我们的关系正常化而采取的又一个步骤。"聆听卡特总统的讲话，郭淑珍心潮起伏，她很自豪，为国家外交工作献力，为世界和平献力，是一个艺术家最荣耀的经历。

咏叹调再现魅力

　　1977 年，中央音乐学院在学校礼堂举办独唱独奏音乐会，登台的都是高水平的艺术家。在这场音乐会上，郭淑珍演唱了两首经典歌剧咏叹调，一首是柴科夫斯基歌剧《女巫》中库玛的咏叹调《亲爱的你在哪里？》，另一首是德沃夏克歌剧《水仙女》中鲁萨卡的咏叹调《月亮颂》。这是两首郭淑珍最喜欢的歌剧咏叹调，从年轻时开始演唱，她能从技巧和感情上很好把握女主人公的内心，将她们内心深处的渴望与追求，通过歌声演绎出来。"文革"期间，包括这两首咏叹调在内的诸多优秀古典作品，统统被冠以"封、资、修"毒草，不准演唱。再次演唱这两首咏叹调，郭淑珍感慨万千，她把自己关在琴房里，一次次地练习。在许多人看来，郭淑珍基本功扎实，底蕴深厚，完全可以"吃老本"。但是郭淑珍是位对自己要求极严的歌唱家，她要求自己每次登台都要呈现给观众高水平的精品，不是最好但要更好。

　　在郭志鸿的钢琴伴奏下，身着白色长裙的郭淑珍，深情演唱了这两首咏叹调，将观众带到梦幻般的世界里，聆听两位追求爱情的少女心声，经历了一次美的享受。演出后，音乐评论家何新南写文章评论道：郭淑珍的声音富有弹性，低音丰富、中音厚实、高音嘹亮、技巧全面。她演唱的《月亮颂》感情深厚，音量的强弱对比变化幅度大，技巧运用自如，向听众描绘了一幅水仙女在湖边向着月光倾吐心声的画面，让观众感受到她们向往人间、渴望爱情的音乐画面……

　　这之后，郭淑珍的演出活动越来越多，不仅在北京，还时常被邀请到天津、包头、银川、广州、武汉、郑州等地讲学与演出，演唱的曲目既有西方歌剧咏叹调，如《蝴蝶夫人》《茶花女》《叶甫盖尼·奥涅金》等，也有大量中国歌曲，如《缅怀敬爱的周总理》《北京颂歌》《黄河怨》等等。她感觉自己有用不完的精力与激情，努力把耽误的 10 年时间补回来。

　　这期间，郭淑珍还为中国唱片总公司灌录了唱片，1989 年，郭淑珍灌制的《外国歌剧选曲》唱片、盒带荣获中国唱片总公司首届金唱片奖。1997 年，她录制了《20 世纪中华歌坛名人百集珍藏版》的郭淑珍专集，专集中收录了她的 14 首中外歌曲：《玛依拉》《阳关三叠》《黄河怨》《鸽子》《夏日最后的玫瑰》《夕鹤的咏叹调——再见了》《鲁莎卡的咏叹调——月亮颂》《塔姬雅娜的咏叹调——让我毁灭吧》《洛莱塔的咏叹调——啊，我亲爱的爸爸》等。这些唱片留下了郭淑珍最美妙的歌声，也为热爱声乐的人，提供了珍贵的音乐收藏。

1977 年，郭淑珍在
中央音乐学院礼堂演唱歌剧咏叹调，
钢琴伴奏郭志鸿

转身舞台去讲台

1990 年，中央音乐学院迎来校庆 40 年，并策划了一系列校庆音乐会，其中包括郭淑珍独唱音乐会。但此时郭淑珍远在俄罗斯担任柴科夫斯基国际声乐比赛评委，因而错过了校庆独唱音乐会。

郭淑珍虽然错过了 1990 年的音乐会，但作为中央音乐学院首批毕业生，同时又是新中国培养的第一代歌唱家，她的独唱音乐会仍被广大观众所期待。正因为如此，1991 年，被称为"迟到一年的音乐会"——郭淑珍独唱音乐会在北京音乐厅上演，著名钢琴家周广仁担任钢琴伴奏。

北京音乐厅座无虚席，观众早早来到演出现场，等候他们热爱的歌唱家郭淑珍。这场音乐会，郭淑珍格外投入，之前做了大量的准备。她对周围人说，之所以投入，一是被观众的

1991 年，郭淑珍在北京音乐厅举办独唱音乐会，钢琴伴奏周广仁教授

热情所感动，多年来无论何时何地，一如既往地支持她。二是已跨过花甲之年的她即将告别舞台，能在北京音乐厅熟悉的舞台上画上句号，非常欣慰满足。那天，郭淑珍身穿墨绿色长裙，高贵、典雅，带着微笑走到舞台中央，在一片掌声中，先向她热爱的观众鞠躬致谢，然后环顾熟悉的音乐厅和熟悉的观众，顿时无限感慨涌上心头。有感激、有回味、有情愫，也有不舍……

其实，在筹备演出的日子里，许多往事不断在郭淑珍的脑海里萦回。她想起自己第一次登台，还是一脸青涩、梳着两条小辫的小姑娘，不胆怯不害羞，张嘴就唱。她还想起在莫斯科国家大剧院的舞台上，她是优雅的塔姬雅娜。在北京人民大会堂的舞台上，美丽的玛依拉姑娘从她的歌声中走出，在首都体育馆内，她是《黄河怨》中失去孩子的母亲……不知不觉人生已过大半。

郭淑珍庆幸 64 年的人生岁月，有歌声、舞台相伴，在她看来是命运的厚爱。其实，这何尝不是她一生勤奋、一生追求的回报呢。那是一场热烈而难忘的音乐会，音乐会上郭淑珍演唱了她的经典曲目，有柴科夫斯基的歌剧选段，有普契尼的咏叹调，还有被她唱成经典的《黄河怨》。演出结束后，观众将长时间的掌声献给他们喜爱的歌唱家，感谢她多年来为观众奉献的精美演唱，让观众一次次享受声乐艺术的饕餮盛宴。

郭淑珍是个性格刚强的人，无论在什么情况下，很少流泪。但此刻郭淑珍流泪了，她的确难舍真诚的观众，难舍熟悉的舞台；舞台带给她快乐享受，带给她激情勇气，滋润了她的生命，也让她实现了人生价值。这份感恩之情有多深，只有自己知道，无以言表。观众不知，此次音乐会后郭淑珍将离开舞台，转身向另一个"舞台"。从此，她将为国家为观众培养出更多优秀的声乐人才，为中国声乐舞台永远充满活力而努力。

改声部"救"邓韵

　　有人认为郭淑珍是 1990 年后，正式告别舞台，走上从教之路，这是误解。实际上，她很早就开始边演出边培养学生，时间可以追溯到她留学回国后。朝鲜族女高音歌唱家方初善是郭淑珍最早培养的学生之一。现活跃在舞台上的军旅歌唱家王宏伟、刘和刚的老师，解放军艺术学院声乐教授孟玲，也在郭淑珍培养的第一批学生中。

　　邓韵是郭淑珍 1974 年收的学生，师生间曾有一段难忘的"故事"。郭淑珍曾对人说，教邓韵的经历，让她深刻感悟到"育人"是一门非常特殊的"科学"，培养声乐人才准确划分声部尤为重要。

　　20 世纪 70 年代，广州军区独唱演员邓韵的名字，响彻大江南北。那时，歌曲很少很单调，政治色彩浓郁，广播里播放的歌曲屈指可数，大多来自严格筛查出版的《战地新歌》作品集，作品集有几首脍炙人口的歌——《毛主席关怀咱山里人》《红色话务兵》《帕米尔高原，我的家乡多么美》《千年的铁树开了花》等等，都是邓韵演唱的。这几首歌中，有的高音到 HighC，难度很大，一般人很难唱，但广播中邓韵给人的感觉唱得很轻松，她音质干净明亮，被公认为最优秀的第一花腔女高音。

　　这是一次大型音乐会前的合排，地点在中央乐团排练厅。所谓合排，即演员与乐队合在一起的排练。在这次合排的节目中，有邓韵的独唱。郭淑珍坐在排练厅一侧听邓韵演唱。邓韵唱完之后，所有人赞不绝口，只有郭淑珍默不作声。这时坐在她身边的吴其辉问："郭老师，您觉得邓韵唱得怎么样？"吴其辉是郭淑珍的同事，显然，他想听听郭淑珍对邓韵演唱的意见。郭淑珍回答说："她用那么大的话筒，我听不出来，好坏不知道。"也许有人会将郭淑珍的回答误认为"同行是冤家"，或许是一种"妒忌"。其实，性格耿直，从不说假话的郭淑珍，说的是事实。要知道演员的声音通过"麦克"，失真失色失（音）量，很难听出原声。原声演唱，才能听出水平。

　　"您简单说说行不行？"吴其辉说，"怎么简单？要说就要真实、负责任，不能张口就来，信口开河，那叫不负责任。"郭淑珍的直言让吴其辉无言以对。"回头您再听听邓韵清唱行不行？""那行，找个机会我可以听。"这时郭淑珍不知道，大名鼎鼎的邓韵在演唱上遇到了大问题。一位内行大人物，听了邓韵清唱后，不客气地对她说，"你这样唱不行，得找专家学。"这话听来虽然有些刻薄，但不无道理。

郭淑珍与最初的学生方初善合影
—
郭淑珍到医院看望生病住院的学生孟玲
—
郭淑珍与孟玲、泰国公主杜沙弟合影

邓韵遇到了什么大问题呢？后来郭淑珍才知道。

邓韵十几岁时，就被部队文工团录取。那时，身体尚未发育完全的邓韵，有一副好嗓子，声音明亮而干净，唱高音一点儿不费劲，尤其是她的花腔演唱，更是很少有人可以与之相比。进入文工团后，部队一直培养她唱独唱，邓韵自身也很努力。正因为如此，她成为当时风靡大江南北的花腔女高音，人们只要打开收音机，总有频道在播放她的歌曲。

然而，随着年龄的增长，邓韵感到自己的演唱越来越困难，越来越力不从心，以至于后来演出前，必须开声半小时才能上台，而且只能唱一场，如果连续演出，她就会发不出声。问题出在哪呢？当时邓韵找不到根源，只能认为是休息不好或其他原因造成的。演唱出了问题，脾气也发生了变化，她很苦恼，不满自己又抱怨别人。殊不知，是身体的成长带来了生理上的变化，也就是说，此时完成发育的她，声带已与十几岁时的声带不一样。她把自己的苦闷说给团领导听，但领导认为问题是暂时性的，会很快过去。

并鼓励她要克服困难，坚持演出。邓韵想找专家看看，但团领导说她是团里的"台柱子"，演出离不开。此时此刻，苦闷与无助让邓韵身心俱疲，失眠成了家常便饭。更让邓韵痛苦的是，出现声带小结，这是声乐演员的"致命伤"，一旦治疗不当，就得彻底改行。为此，当她听说有位军医用针灸治疗声带小结效果不错，立即上门求医……直到有位内行大人物发了话，团领导终于同意她自己去找专家学习。

　　这次来北京演出，邓韵是带着自己使命来的。除了完成演出任务外，就是要找一位可以发现她问题的老师。所以，当吴其辉转告几位听了她演唱的专家评论后，邓韵心里立刻有了明确的选向——郭淑珍。

　　邓韵为什么抱定跟郭淑珍学习的想法？之后她对郭淑珍说："我知道自己的演唱有问题，那些认为我唱得好的老师，说明她们没听出我的问题。只有您对我的演唱不加评价，甚至在听我练声时，还皱了好几次眉。"可见，这既说明邓韵的聪明，又说明她太想找一位可以发现问题，又能帮她解决问题的老师。

　　邓韵铁了心要拜郭淑珍为师，当郭淑珍答应可以再听她一次唱时，邓韵非常高兴。几天后，邓韵和郭淑珍相约到中央乐团排练厅，邓韵脱离了麦克的演唱问题，一下完全彻底表现了出来。当时，郭淑珍认为是她的方法不对，过渡声区问题没解决，导致高音与低音都达不到标准。高音穿透力不够，低音发虚。"郭老师，您收下我吧。我一定跟您好好学。"听完郭淑珍的意见，邓韵感到了一种希望，当即表示了自己的愿望。没承想，郭淑珍笑着摇摇头，未置可否。后来，邓韵不仅多次写信向郭淑珍表达自己的请求，还恳请吴其辉帮她说服郭淑珍，但这些努力却如石沉大海，在很长一段时间内，没得到郭淑珍的任何回应。

　　郭淑珍何尝不知邓韵的决心，何尝感受不到邓韵的迫切，是内心的顾虑让她迟迟不敢接收邓韵。因为邓韵在社会上的名气太大，当时国家的重要演出或国外文化交流，邓韵都是首选演员，她自己也曾作为邓韵重要演出时的"跟班"，帮邓韵练声。再说，邓韵现在的演唱确实存在问题，即使如此，如果教她，教好了，别人认为邓韵本来就好；教不好，别人会说老师害了邓韵。总而言之，教邓韵这样的学生，风险太大。何况，当时郭淑珍也处在被监督与管控中，用老百姓的话说，是"泥菩萨过河，自身难保"。而且，她也没有名正言顺的教课权。

　　然而，郭淑珍的拒绝，不仅没让邓韵放弃，反而激发了她的决心，一定要跟郭老师学。1974 年，邓韵第一次贸然去找郭淑珍，有人告诉她郭淑珍去了上海京剧团学习。当时根据有关方面的要求，所有艺术团体或艺术院校都要学习八个样板戏——《红灯记》《智取威虎山》《沙家浜》《海港》等。中央乐团与中国京剧院推出了钢琴伴唱《红灯记》，青年钢琴家殷承忠担任钢琴伴奏，刘长瑜扮演李铁梅、钱浩梁扮演李玉和、高玉倩扮演李奶奶。并拍成电影放映，被称为"洋为中用"的典范。有的团体推出了交响乐《沙家浜》《杜鹃山》。

　　这时，已改名为"中央五七艺术大学"的中央音乐学院，为跟上形势，也决定排练钢琴、弦乐伴奏《海港》，并将郭淑珍从中央乐团调回。这之前，郭淑珍虽然人事档案在学院，但却一直在中央乐团等单位参加演出。《海港》五重奏演奏为林耀基、刘培彦、杨俊、隋克强、周志新，演唱者为郭淑珍、王秉锐、黎信昌。于是，郭淑珍、王秉锐、黎信昌被派到上海京剧院学唱《海港》。虽然三位歌唱家很努力学唱京剧，但最后登台演唱的只有郭淑珍。

　　得知郭淑珍回到北京了，邓韵又从广州找到学院，郭淑珍还是不答应。托词说马上去天津大港开门办学，没时间教。郭淑珍以为一推再推，最终邓韵会放弃，没承想邓韵又追到天津大港……在天津见到邓韵，郭淑珍明明知道她是来找自己的，但还是冷淡邓韵。

　　精诚所至，金石为开。后来邓韵如愿争取到进中央音乐学院的学习机会。入校后她马上表示一定要当郭淑珍的学生。郭淑珍知道自己既然已回校任教，就不能再拒绝邓韵要求。不过，她仍心有余悸，最后想出一个两全之策，拉上喻宜萱先生，对外声称是两个人一起教邓韵。那天，郭淑珍与邓韵终于面对面地坐在了琴房里，那刻她们似乎都能感觉到，也许这是命运的安排，无论多少挫折，都阻止不了她们今生今世的师生情。

　　教邓韵的前两年，郭淑珍仍以女高音的方法训练邓韵。这两年，由于压力小了，而且演唱方法有所变化，邓韵感到自己很有进步，心情也随之好起来。有一次，邓韵与广州来的战友聚会，有人提议让邓韵给大家唱首歌，听听她在北京学了那么长时间进步大不大。邓韵说："行，我唱《远航》。""你能唱这首歌了？这可是首挺大挺难的歌。"说话的这位战友也是唱女高音的，她知道这首歌邓韵一直不敢唱。邓韵唱完《远航》，战友们哗然，觉得她进步太大了。有人问她，郭老师有什么高招，解决了你过去的问题。

　　这天，又到了邓韵上课时间。一进郭淑珍家门，邓韵便听到郭老师声音沙哑。"您感冒

郭淑珍为演出前的邓韵（右二）辅导
—
1977 年，郭淑珍与女儿、
学生邓韵（右一）等合影

了？""不是，过敏了，课没法上了。你坐一会儿回学校吧。"邓韵在郭淑珍对面坐下，说："我也过敏过，过敏后到医院看病，医生一边检查一边说，唱歌的人嗓子眼就是大，张嘴都能看到声带了。"说者无意，听者有心。郭淑珍心里一动，医生说邓韵张嘴可以看见声带，说明邓韵的声带比一般人长。"医生真这么说的？"郭淑珍问。"没错，我的嗓子眼真大，连鱼刺的三角骨都能咽下去。"邓韵哈哈大笑。"明后天你跟我去趟校医室。"这时郭淑珍有种直觉，若按邓韵所说，她可能是女中音。到底

是女高音还是女中音，郭淑珍相信到了校医专家那儿，就会有科学结论。

　　校医专家一番检查后得出结论，邓韵的声带比一般人长，长到连着肌肉，完全符合女中音的生理条件。这时，郭淑珍也联想到留学时相关老师讲过，对从事演唱的人来说，口腔、鼻腔、身高、颈部等器官的先天条件，是决定声区的重要因素。这时一个大胆的想法，在郭

淑珍脑海里油然而生。

让邓韵改唱中音，的确是一个挑战极强的决定。但生性很"轴"的郭淑珍，既相信科学又相信自己，决定风险再大也要朝前走。从此，郭淑珍开始按女中音的方法训练邓韵，开始时邓韵也觉得自己怪怪的，演唱时虽然很放松，唱出的声音也好听，但就是不像自己的声音。"这是最漂亮的声音，对自己要有信心，你会成为优秀的女中音。"郭淑珍鼓励邓韵，帮助她克服心理上的不自信。很快，邓韵女中音的潜质，越来越明显地表露出来。特别让邓韵感到欣慰的是，演唱时心里特别放松，可以全神贯注地投入演唱。

对邓韵由花腔女高音改唱女中音，很多人不接受不认同，包括声乐界的一些歌唱家。邓韵改唱女中音后，广州军区文工团进京演出，团里要求邓韵出一个独唱节目。邓韵征求老师的意见，郭淑珍决定让邓韵唱一首难度不大的女中音歌曲，因为这是邓韵第一次以女中音出现在舞台。那天演出，观众中不少声乐界的知名歌唱家，他们是奔着来听邓韵花腔女高音的，没想到却听了一首邓韵的女中音歌，感觉不对劲。

事后，郭淑珍了解到不少人对她改邓韵的声部，持不赞成或反对的态度，甚至有人认为她可能毁了邓韵。然而，她也听到一个无比欣慰的消息，她的老师——沈湘先生，那天也听了邓韵的演唱，沈湘先生说，郭淑珍的决定是对的，她有科学依据。

为避免改声部带给邓韵的影响，郭淑珍想出一个好主意：当邓韵再演出时，报幕员不再说她是女高音还是女中音，只报"女声独唱"，这样也就减少了人们对邓韵的议论。在那段时间时，邓韵上台就是"女声独唱"。直到她参加中德文化交流活动，德国广播电台录制她演唱的歌曲，人家提出不能再用区别性别的"女声独唱"，而是要向观众介绍，歌唱家是女高音还是女中音时，邓韵才开始正式对外介绍，她是女中音歌唱家。

之后，邓韵完成了变女高音为女中音的华丽转身，成为著名的女中音歌唱家，并与美国大都会歌剧院签订长期合同，出色地扮演了《游吟诗人》《诺尔玛》《叶甫盖尼·奥涅金》等世界著名歌剧中的女中音角色。邓韵常对人谈起这段难忘的经历，说郭淑珍是她的恩师，没有郭老师的帮助，就没有她的未来，肯定早已离开了舞台。

奇迹造就吴碧霞

类似邓韵的"传奇"，多年后又发生在吴碧霞身上。吴碧霞本科毕业于中国音乐学院，专业是民族唱法，1998年被保送硕士研究生后，她的导师金铁霖希望她接受一些美声训练，多掌握一种演唱方法。金铁霖找到郭淑珍，请郭老师带带吴碧霞，做郭老师的硕士研究生。吴碧霞先天条件非常好，声音明亮、吐字清晰。为什么民族唱法的研究生请郭淑珍做硕导呢？因为金铁霖了解郭淑珍，郭淑珍虽然教的是美声，但对民族唱法有很深的研究，一直在探索中西结合方法演唱民歌，教学上有独到之处。

在中央音乐学院教师中，第一个开口唱京剧的是郭淑珍，唱过《红灯记》的李铁梅："我家的表叔数不清……"唱过《海港》的方海珍："进这楼房，常想起当年景象……"唱过《杜鹃山》里的柯香："乱云飞，松涛吼……"唱得很有味道。当年梅兰芳曾听过郭淑珍演唱的歌剧，听后评论说："郭淑珍唱的歌剧跟外国人不一样，她一点不保守，是改革派，中国京剧和西洋歌剧里的精华她都愿意吸收。"著名程派青衣李世济交郭淑珍为挚友，她们经常在一起切磋演唱技巧，交流心得。20世纪60年代京剧《野猪林》拍电影，当时李少春先生请郭淑珍做他的声乐指导。李少春信服郭淑珍，是因为郭淑珍让他的发声变得科学。一度，李少春的声带出了问题，用他自己的话说"声带成了锯齿儿，声音出来全是带刺的"。李少春找郭淑珍"救急"，郭淑珍将科学发声方法传授给他，并一字一句辅导他的演唱，收到非常好的效果。李少春曾对周围人说，郭淑珍的方法"很神"，她一句一句教我唱大段反二黄，从"大雪飘、扑人面……"到最高音"问苍天"，一点不费劲，舒服！

郭淑珍的探索实践，得到声乐界的广泛认同，肯定她借鉴中国传统演唱的技法，创造性地解决了用美声演唱中国歌曲时，普遍存在的发声吐字和行腔之间的矛盾，形成了吐字清晰、声情并茂、独具特色的演唱风格。著名民歌演唱家李谷一，也得到过郭淑珍的指导。在教学中，郭淑珍必定给学生安排相当数量的中国作品，锻炼他们全方位的演唱能力，如她的高徒——著名军旅歌唱家王秀芬、潘淑珍曾双双获得过聂耳、冼星海作品演唱比赛金奖。王秀芬获1985年第一届金奖，潘淑珍获1995年第二届金奖，韩芝萍获第十三届世界青年联欢节金奖，等等。

不光国内同行肯定郭淑珍中国歌曲演唱方法，1976年11月，世界著名指挥家小泽征尔来中国访问，在中央乐团看排练时，郭淑珍为他演唱了一首怀念周总理的歌曲。小泽征尔听

郭淑珍与第 12 届柴科夫斯基
国际声乐比赛获奖的吴碧霞合影
—
2000 年，郭淑珍（右三）在
吴碧霞研究生毕业音乐会上

后感动地说："这位艺术家的演
唱，与其说是追悼中国总理周恩
来，毋宁说比失去自己的父亲还
要悲恸。可见，艺术的价值，不
在于什么方法，在于能够打动人
心。郭淑珍的表现力在中国音乐
家中达到了最高水平。"

在这之前，郭淑珍曾听过吴
碧霞唱民歌，凭多年的教学经验
和判断，郭淑珍觉得这个学生如
果学美声，可以更好地发挥她的

优势。没承想，不久之后金铁霖主动找上门来，把自己的爱徒送到她面前。吴碧霞成了郭淑珍的学生。如果说郭淑珍当初的想法出于直觉，随口而说。那么后来她教吴碧霞唱美声时，却是下了大功夫。当时有人劝她说，吴碧霞的情况跟当年邓韵不同，邓韵是唱不上去了，而吴碧霞是中国音乐学院培养出来的高材生，被专业人士认为是民族唱法的后起之秀，她本人也没觉得有问题。你郭淑珍象征性地教教就可以了。

这些说法不无道理，但作为培养人才的教师，郭淑珍不愿明哲保身，人云亦云。在她看来吴碧霞音域宽、音色淳厚，生理机能符合学美声的要求。如果通过训练掌握美声唱法后，她一定会是出色的美声歌唱家。尽管郭淑珍改吴碧霞为美声的意见有道理，但很多人仍不赞成，认为吴碧霞的民族唱法已经很成熟，没必要从头改学美声。

美声与民族唱法可以有机结合，取长补短，这是郭淑珍的主张。她认为吴碧霞学美声，不等于不能再唱民歌。如果学了美声，演唱会更科学、更轻松。郭淑珍一向是认准的事坚持走下去，她开始用美声方法训练吴碧霞，从呼吸到发声，从位置到共鸣，循序渐进，稳扎稳打。悟性极高的吴碧霞，也很快掌握了美声的演唱技巧。矩范之动，成败之效。仅一年多时间，由于系统接受了郭淑珍的美声发声训练，吴碧霞很快掌握了适合自己的演唱方法，将潜在的优势越来越明显地发挥出来。她的声音变得更加美妙悦耳，立体结实，富有穿透性，有人评论她的变化如同"凤凰涅槃"，声音有了质的变化。之后，吴碧霞获得一系列国内外声乐大奖。2000 年获第一届中国国际声乐比赛第一名和中国作品演唱奖，同年又获得第八届西班牙毕尔巴鄂比赛第一名及最佳女高音、最受观众喜爱奖。2002 年，获得第 12 届柴科夫斯基国际声乐比赛第二名和波兰玛纽什科国际声乐比赛第二名，吴碧霞的变化，被声乐界称为"吴碧霞现象"。

邓韵、吴碧霞身上发生的"奇迹"说明了什么呢？除了证明她们的幸运，遇到一位"点铁成金"的伯乐，更能证明教书育人的郭淑珍，有识才辨才的慧眼，有不畏风险的担当。

确定声部是科学

确定声部是一门科学，是培养学生的第一步，这一理念是郭淑珍正式从教后的体会，也是她总结升华提炼的教学方法。如果说以往凭经验与鉴别给同行的某些建议，是一种"有感而发""触景生情"，比如，男中音歌唱家刘秉义在中央音乐学院学习期间，曾遇到发音位置不统一的问题，非常苦恼，不知如何克服。郭淑珍听后，一针见血地说："你的问题出在换声区，如果把换声区的问题解决了，声音位置就统一了。"刘秉义说从未有人这样准确地指出他的问题所在，郭淑珍的意见让他"柳暗花明"，从此突破了"瓶颈"。再比如，中央乐团独唱演员余庆海，也曾在演唱上出现问题，人们一直认为他是男中音，包括本人也认为自己就是男中音，所以演唱的曲目都是男中音的歌曲，但事实是他演唱时总有力不从心的感觉。为什么男中音唱男中音的歌那么费劲？之后，余庆海到中央音乐学院进修，马上去请教郭淑珍，问郭老师问题出在哪？"你是男低音的条件，非要唱男中音，当然不舒服了。"郭淑珍非常肯定地回答，然后按男低音的方法训练，余庆海的男低音特质发挥出来了，音色浑厚、结实，胸腔共鸣饱满、声音富有磁性。跟郭淑珍学习结束后，余庆海到北京广播电台录了一首罗西尼的歌剧《塞维利亚理发师》中著名男低音咏叹调——《诽谤者》，效果非常好，有人甚至不相信是余庆海在演唱，以为是另外一位男低音的演唱。

1986 年考入中央音乐学院声乐系的陆薇，先后两位老师都以女高音的方法对她进行训练。在外人看来，陆薇有高音、乐感、音色、吐字发音都很好，就是女高音的条件。但是，陆薇本人却暗自苦恼，觉得自己演唱女高音歌曲不自信、不自然。对她打击最大的是，准备毕业音乐会时，她可演唱的曲目少得可怜。只能演唱有限的几首艺术歌曲，演唱不了歌剧咏叹调，歌剧咏叹调起伏大、音域宽，她胜任不了。"是不是自己的'乐器'不理想？"陆薇对自己产生了怀疑，毕业时她放弃了当演员，而是留校任教。

当老师教学生，陆薇意识到自己的问题没有办法解决，更没法解决学生存在的问题。这时，陆薇压力更大，情绪低落。有些演唱技巧，她以为自己可以，但到实际中却无法做到。无法做示范，找不到好办法，纠结、困惑、迷茫、苦闷伴随了 4 年，她担心再继续下去，自己会误人子弟。于是，她下定决心向郭淑珍求助，希望郭老师去听她的课。一节课下来，郭淑珍发现陆薇的问题出在"乐器"虽好，但音色不对。问题出在声部定位，建议她找专科医生检查。结果正如郭淑珍所想，陆薇是"女中音"的生理结构。那刻，陆薇有重获新生的感觉，觉得虽然走了多年弯路，但最终还是看到了希望。之后，她听从了郭淑珍的建议改声部。"要改就得从根上改，不是修修补补、凑凑合合。你不能自己练声，必须跟我练。"郭淑珍严肃地对陆薇说，"我愿意从头来。"从此，老师教老师成了师生中的一段佳话。陆薇虚心学习，按郭淑珍设计的教学计划，从"Sol mi do""La fa re do"7个音练起，坚持10个月后，"奇迹"出现了。陆薇感到自己声音发生了明显变化，稍微做了一下准备后，向郭淑珍提出试唱一次。没承想，竟一口气唱了5首歌剧咏叹调。唱完之后，她自己也惊呆了，回想当初准备毕业音乐会时，练了一学期还是力不从心，演唱时一点不自信。是在做梦吗？一直禁锢自己的枷锁被打破了吗？过去没有的中声区不仅有声而且有色；高音区不再紧张干涩、声嘶力竭……此时，对陆薇的改声部过去一度质疑甚至反对的人，心服口服了。

演唱轻松了、音色漂亮了、表现力强了，陆薇自信心陡增，跃跃欲试想去参加全国声乐比赛。见陆薇眼睛里有自信的光芒了，郭淑珍暗自为她高兴，说："你有实力，应该参加，让事实证明自己。"有郭老师的鼓励与肯定，陆薇底气更足了，1996年她荣获文化部举办的首届全国声乐比赛演唱奖。之后，她经常对人说："我能走到今天，将自己的潜力发挥出来，是郭老师的功劳，她是妙手回春的声乐伯乐。"

在郭淑珍的学生中，除邓韵、陆薇外，郭燕愉、孙媛媛、夏蘅、王燕等，也是由于郭老师及时改变声部，改女高音为女中音，并辅以科学训练，而少走弯路、错路，在她们眼里，郭老师有"点铁成金"的本事。

郭淑珍在声乐教学上的科学探索，不仅使学生受益，也帮助了其他艺术领域的艺术家。著名京剧表演艺术家李少春在儿子李宝春换声时非常担心，既怕不唱影响专业，又怕唱了损伤声带。于是，登门求教郭淑珍。他从郭淑珍那获得科学练声方法与嗓音生理医学关系的知识后，慢慢总结出一套戏曲演员变声期科学练声的方法。

准确定位声部，挖掘每个学生最漂亮的音色，让他们在自然、放松状态下的演唱，才能把他们培养成优秀的歌唱人才。对此，身为教师的郭淑珍，不仅有深切体会，更有深刻认识。郭淑珍是在声乐教学方面最早提出声部确定重要性的人，在她看来教师也是雕塑家，如果要雕塑出精品，首先要选好选对"材质"，"材质"就像是100中的1，没有1，后面再多的 0 也没有意义。当然，郭淑珍在给学生改声部时，非常谨慎。首先是认真反复听，然后分析比较。如果产生疑问，她一定会去找"依据""证明"。郭淑珍的"依据"是什么呢？是中央音乐学院的嗓音大夫冯葆富，冯大夫经验丰富，可以准确地检查出学生的生理结构特点，比如声带长短情况，以及会厌的情况。有了冯大夫的检验结论，郭淑珍大胆"开方下药"。

确定声部如同于万里长征的第一步，第一步方向对了，后面的成功才有可能。否则，前行的路就会越走越窄、越走越难，甚至无路可走。1998 年，郭淑珍将自己几十年总结出的对声部确定的方法与体会撰写成《声部确定及其训练的科学》一文，发表在《中央音乐学院学报》1998 年第 1 期上，供同仁分享。1997 年，该文荣获国家级教学成果一等奖，被同行公认为对声乐教学理论具有重要的指导意义。

附郭淑珍原文

声部确定及其训练的科学

郭淑珍

一、声部确定的重要性及其实例分析

声乐教学表面看来似乎完全是感觉教学，实际上它是一门科学。每一个人就是件乐器，人人都是独特的。人的生理结构既有共性又有个性，即使是孪生的兄弟和姐妹也可能有许多不同之处。生理条件和生理状态如此，心理条件和心理状态也如此。因此，声乐教师不仅需要研究教学对象不同的生理状况，也同样要了解每个对象的心理素质和特点，从而可以更好地去挖掘它、培养它和发展它。这样才能最终做到因材施教，才能客观地、循序渐进地进行教学活动，以避免单凭主观意愿，甚至是违反科学的情况。

在以往的声乐教学中，往往只重经验而忽视科学，教师习惯于以自己的听觉判断从事教学，其中突出体现在对学生声部的判断上。声部判断的传统依据有三个方面：一是音域，二是音色，三是换声区。从理论上讲，这应该是科学的，但实际情况是，绝大多数学声乐的学生在接受专业或正确训练以前，就已经凭自己的感觉和爱好在演唱，或者在无意中已接受了错误的训练方法。因此，由于盲目的或不正确的演唱方法，往往使歌唱者自身原有的自然条件遭到掩盖。于是，教师在判断学生声部的时候，所获得的关于该学生的音域、音色和换声区的听觉印象，有可能并非学生真实的情况，而是一种假象。这样，教师就容易错误判断学生的声部，把应该唱中音的学生判断为唱高音，或者相反。声部判断错误，不但直接影响学生的学习进度，而且最终将断送演唱者的艺术生命。

许多教师和歌唱家认识不到声部问题是多么至关重要，是教学成功的关键，它关系到歌唱演员的艺术生命。不少演员、甚至是很有成就的演员都因为声部问题而断送了自己的前程。有些演员因为及时得到教师纠正，最终走出误区，获得新生，并取得显著的成绩。

20 世纪 70 年代很有影响的歌唱家邓韵曾以花腔女高音的身份活跃在音乐舞台上。她是一位极有天赋的歌唱家，音色甜美、音域宽广、演唱灵活华丽。但是正当她成为歌坛名人的时候，却患了歌唱家最致命的职业病——声带双侧小结，由此逐渐丧失了歌唱能力，致使她五次请调工作，准备放弃心爱的歌唱事业。后来她到北京找我学习，经科学也分析和判断，我纠正其声部为女中音，并按女中音的训练方法，调整了邓韵的歌唱状态。如今，邓韵已与美国大都会歌剧院签订了 13 年的合同，出色地扮演了《游吟诗人》《诺尔玛》《叶甫盖尼·奥涅金》等世界著名歌剧中的女中音角色，为中国人争了光。目前活跃在美国歌剧舞台上的郭燕愉，也曾由于声部判断错误，几乎断送艺术生命，经我用科学的方法纠正了声部并对她进行精心训练后，也获得了新的艺术生命。

我院声乐系教师陆薇，由于入学前唱民歌，缺乏正确训练，其唱法掩盖了原有的自然条件。入学后，先后两名教师都将她作为女高音进行训练。更改为女中音声部进行训练后，取得了明显的进步。今年 8 月被选派参加文化部主办的全国声乐比赛。同时，陆薇在教学上也取得长足的进步。此外，目前在校生孙媛媛、夏蘅、王燕、赵劲松等也都由于及时纠正声部，而使他们获得艺术上的成就。孙媛媛和夏蘅在去年文化部国际声乐比赛选拔赛中获胜，夏蘅获 1996 年全国电视大赛美声唱法优秀歌手奖，孙媛媛由于成绩优秀获 1996 年保送研究生资格。

二、声部确定的一般原理及其错误判断的原因

1．声部确定的一般原理

（1）听觉依据：声部确定需要有听觉判断。从听觉大原理来说，不同的声部在音域、音色、换声区三方面都体现出不同情况，这些理论绝大多数的教师都掌握，而且也往往作为判断学生声部的主要依据和方法。

（2）医学依据：声部确定还需要医学依据。从医学原理来说，不同的声部在声带的长度和质地、咽喉结构、头颈的长短等方面也都体现出不同的特征。举例说，女中音歌唱者的声带一般来说比较长而厚，咽喉腔一般较大，头颈较长。这些生理知识对于嗓音治疗的医生来说也都非常熟悉，也常常作为嗓音条件的诊断结果提供给声乐教师。

2．声部错判的原因

（1）忽视生理结构：不少教师在教学过程中，不重视医学科学，单凭自己的主观经验判断学生的声部。这种情况在声乐教学中比较普遍。教师习惯于以自己的听觉感受给学生下结论，或更准确地说，单凭学生用已经形成的演唱习惯来演唱的情况来判断。这种判断方法很危险，因为其中很可能隐含着错误，以某种假象掩盖真实的情况。

（2）缺乏听觉经验：声带的生理结构并不是机械结构，同一种类型的声带并不是千篇一律的，每一个人声带和生理情况都带有一定的遗传因素和后天发育的痕迹。虽然大多数情况下人的声带结构比较明显，通过临床检查可以判断他的声部属性。但是，也有不少情况是声带结构并不典型，比如长而薄、短而厚；或者声带结构和咽喉腔结构不配套。比如，声带长而厚，这应该是中音声部的声带结构；但咽喉腔较小，这应该是高音声部的结构。因此，在这种情况下，单凭声带检查结果无法判断声部属性，必须依靠教师的听觉经验去判断。如果遇到缺乏经验的教师，就可能出现判断错误的情况。

（3）错误的演唱方法：歌唱演员有各种情况，有的经过专业训练，有比较正确的演唱方法；有的虽经过专业训练，但演唱问题较多；还有些没有经过专业训练，依靠自己现有的能力进行演唱，不注意方法，也不知道方法，以至于养成许多错误。因此，在面对一个学生的时候，各种可能性都有，往往由于错误的演唱方法而掩盖了学生真实的声音条件。于是，也同样使教师在判断学生声部时产生错误。

（4）审美习惯或爱好造成的错误：有些唱歌爱好者，常常凭自己的爱好演唱，或者以自己形成的审美习惯演唱。比如，他觉得高音好听，就摹仿高音演唱者的声音演唱；或者他本身就觉得自己是某一个声部的演唱者，就强制自己如此去演唱。我曾经有一个学生，她特别喜欢京剧老旦的角色，于是，经常模仿《沙家浜》中沙奶奶、《红灯记》中李奶奶的角色演唱。久而久之，这位学生就以女中音自居，但实际上的是女高音的条件。另外，由于中国传统声乐审美习惯，往往以高音的唱法为美，人们常常以声音的"高""脆""亮"等来评价演唱的好坏。因此，经常容易把具有很好低音条件的人看作声音条件差，并认为不具备演唱条件；或者反科学地往高里唱，拔高音，以至于毁坏嗓子。这正是在我们的教学实践中，很多的是低中音声部错唱成高声部的原因。

三、声部确定的四个步骤

以上分析表明，声部判断依据来自听觉审美经验和医学科学，声部判断错误的原因主要有错误的演唱方法、不重视科学和缺乏听觉经验三方面。鉴于这些情况，声部确定需要通过四个步骤来完成。第一、纠正演唱方法；第二，听觉判断；第三，临床检查；第四，听觉经验和临床检查综合分析。

1. 纠正演唱方法：许多声部判断错误是由于演唱方法的错误而造成的，因此纠正演唱方法，使演唱者显现出自己的声音本质，是至关重要的。也许有人会提这样一个问题，既然临床检查可以基本确定一个人的声部属性，那么，为什么不直接通过检查来判断声部呢？这里有两个原因。第一，当教师面临学生时，学生已经以某种声部的身份在演唱，他在心理上已经形成了一种自我模式，他甚至不相信科学，不认为检查的结果是对的，如果在这种情况下，去强行要求学生更改声部，其后果是不堪设想的。所以，这里需要有一个心理上的准备，需要学生从心理上调整对自己的认识；而这一调整的唯一途径是，教师逐步帮助他纠正错误的演唱方法，使他在正确演唱状态下，在教师的引导下感觉到自己真实的音色、音域和换声区。第二，前面已经提到过，歌唱者的声带不一定典型，遇到特殊情况，很难以临床检查的结果来判断。所以从某种程度说，听觉经验对判断声部的作用比临床检查更重要，但这必须是在用正确方法演唱的前提下。因此，纠正演唱方法是声部判断的基础。

纠正演唱方法需要有一个过程，这应该说是一个艰苦的过程。因为当演唱者已经形成自己的习惯以后，要改变他原来的反射系统相当不容易。这时候教师需要有耐心，需要逐步训练和引导，要不厌其烦地告诉学生如何正确呼吸支持，如何正确打开喉咙，如何克服他某一部分的僵硬而达到一种协调、放松的感觉。经过无数次反复，使学生的大脑形成新的条件反射。这时学生演唱出来的声音才会符合生理的自然状态，也为教师判断声部提供真实的听觉依据。

2. 根据听觉经验判断演唱者的音域、音色和换声区：当学生的演唱方法比较正确以后，教师需要反复研究学生的音域、音色及换声区。这时候听觉经验十分关键。有经验的教师能通过学生练声准确地判断出学生的换声区，分辨出学生音色的属性以及正确的音域范围。这些内容为教师判断声部提供了感性的依据。

3. 通过临床检查了解演唱者发音器官的生理结构的特点：当学生已纠正演唱方法，教师根据分析学生的练声情况所得出的有关学生声音特质，初步判断出学生的声部属性后，需要依靠科学来验证。临床检查是唯一办法，通过嗓音检查了解演唱者发声器的生理特点，为声乐教师提供判断声部的科学依据。

4. 根据听觉经验的判断和临床检查的结果，最终确定声部属性：这是一个综合分析的过程，具体地说是听觉审美经验和医学科学综合分析的过程。在正确方法演唱的状态下教师凭听觉经验判断的结果，与临床检查的结果在大多数情况下是一致的，在这种两者的结果一致的情况下，声部属性就比较容易确定下来。但是，两者也有不一致的，遇到这种情况，就需要做非常仔细的分析和研究。首先，要看声带的特征是否典型，如果很典型，就需要反复研究对象的声音条件，很可能是听觉判断的错误；如果声带条件不典型，就需要从两方面分析，这时候听觉经验和教学经验将起很重要的作用。遇到这种情况，应该请有经验的教师帮助判断，教师将从声带和声音的实际情况，为学生指出一条正确道路。

声部确定是一件非同小可的事，必须十分谨慎，教师绝不能掉以轻心。因为这关系到一个学生的前途和命运，可以这样说，是否重视学生声部属性，在某种程度上说体现出一名教师的师德；是否能正确判断学生的声部，在某种程度上讲体现出一名教师的教学水平和教学经验。

四、改变声部的训练途径及其内容

1. 循序渐进，由浅入深，从简到难：声乐训练本身非常艰苦，需要有一个过程，如果要改变声部则工程更大，这犹如修改一件旧衣服比做一件新衣服更难。教师需要对学生做认真分析，在唱法上哪些方面是好的，应该保留；哪些方面不够，需要调整；哪些方面是坏毛病，需要改正。虽然，教师从一开始就要求学生用正确的方法演唱，在判断声部的时候已经做了调整；但一旦要求学生按照新的声部进行训练时，往往很不习惯。要学生建立起新的条件反射，必须由浅入深，从简到难，循序渐进。

2. 在教师严格监督下练习：在改声部的训练过程中，教师的责任非常大。由于在训练初期，只有教师能正确分辨学生演唱方法的正确与否；学生虽然一般也能理解教师的意图，但演唱方法时往往被习惯势力所俘虏，以致自己分辨不出正确与错误。所以，这时候教师需要严格监督。我的经验是，在最初阶段学生绝不在无教师指导的情况下练声，直到新的条件反射已逐步建立，新的感觉已经找到时才允许学生单独练声。当然，这样做教师很辛苦，但我认为作为教师，为了学生的前程，应该负有这个责任。

3. 克服三个障碍：在训练的过程中，除了向学生讲解正确的方法以外，还需要克服三个障碍。第一是心理障碍。由于以前的错误演唱，学生在练习过程中，往往有一种负担和胆怯心理。这时候，教师需要花时间医治在错误道路上形成的不健康的心理。在训练声音的同时，必须使学生产生自信心及克服困难的勇敢精神；要引导学生不能急躁、要耐心。每次上课时的课堂任务决不可超出可能达到的限度，方法要绝对有效。绝不可忽略心理状态上出现的问题，千方百计使学生主动地配合教师的全部要求。第二是观念上的障碍。由于学生以前的习惯，在改变声部的训练过程中往往也受到某种错误观念的影响，久而久之，也可能成为训练过程中的一个障碍。教师应该耐心地启发学生使他明确自己演唱的声部是正确的，自己所担任的角色是合适的，是有发展的，要使学生慢慢爱上自己的声部，并产生演唱这个声部的欲望。第三是听觉审美上的障碍，学生以往的听觉习惯实际上已成了一种听觉审美要求，当他要改变原来的唱法，并要适应新的声音时，往往会犹豫不前，以致形成一种障碍，这时候，教师需要耐心而坚决地引导他，使他在听觉要求上形成新的条件反射。

4. 要让学生自己说服自己：在训练过程中，最有效的途径是让学生自己说服自己。在通过反复训练后，学生逐步习惯于正确的方法，特别是当他演唱完后不会感觉到嗓子疲劳、沙哑、说话声音不自然，甚至是当他上完课后，还很有歌唱的欲望时，他才真正认识到自己是正确的。因此，用学生自己的实践来证实教师对他的要求和训练，是最好的学习途径。

最后，我还想强调声部确定的重要性，我们通常说因材施教是教学之本，对于声乐学来说材是什么？首先应该是声部，声部判断错了，还能施什么教呢？所以我们每一位从事声乐教学的教师要认识到这一点。同时我们还必须认识到，声乐教学是一门科学，必须遵循科学，用科学的方法训练声乐艺术人才。但愿我这篇文章能起抛砖引玉的作用，并希望我几十年的教学体会能对同行有一些用处。

教学真功是启发

　　在漫长的人生旅途中，郭淑珍甘愿把心中所有的爱与热情，投入到教书育人上。她最喜欢鲁迅先生的一句话，觉得这句话说出了她的心声——教育是植根于爱的。2017 年，学生为她举办 90 岁生日音乐会，台上横幅上有 8 个大字"不忘初心　方得始终"。

　　郭淑珍在中央音乐学院的教学量，曾是全系最重也是最多的。她教的学生包括研究生、本科生、留学生、附中学生、教师进修生、干部进修生。这说明她教学方法的多样性、灵活性、针对性。她常说，声乐教育是一门独特的艺术教育，也是以培养和训练学生具备一定演唱能力和理论知识为宗旨的专业技能课。声乐教学较其他技能课程相比，更强调学生的个体差异性。古人云："事必有法，然后可成。"郭淑珍说几十年的教学实践，验证了声乐教育想要取得良好的教学效果，必须选择使用恰当的教学方法。做到既有利于技巧的传授，还要有利于调动学生的主动性和积极性。郭淑珍给学生上课时，一直采用启发式教育，借具象熟悉的比喻，启发学生理解抽象的概念。当学生还不能准确理解时，她就亲自做示范。她善于观察、分析、诱导学生，很好地把控教学节奏，为每位学生营造不同的学习生态，使学生在自然、轻松、乐观的氛围里成长进步。

　　气息训练，堪称培养学生万里长征的第一步，用专业人士的话说，"呼吸就是一切"，可见气息的训练是培养声乐人才的基础。郭淑珍从自己的学生时代就已意识这点。她常说，演唱时要有身体上的"共鸣"，如高音的头腔共鸣，中音和低音的胸腔共鸣。也要讲声音的位置，但最重要的是气息，气息对演唱者来说，就是一种动力。如同再高档的汽车，如果没有燃料，根本无法开动。只有让学生掌握了正确的呼吸方法，才能在自然的呼吸支持下演唱，才能松弛下腭、牙关、下巴、舌头、舌根等器官。郭淑珍主张最正确的呼吸是自然而和谐的呼吸，不让学生有任何负担。事实证明，自然谐调的呼吸，非但不会影响演唱，反而让演唱者可以更充分更饱满地将情感与内容表现出来。

　　郭淑珍接受能力很强，且善于总结，她调侃自己没有真本事，肚子里的"东西"都是别人给的。她的本事是，把当年老师教给她的方法再教给她的学生，用老师训练她的方法再训练她的学生。郭淑珍的第一位声乐教师，是来自美国的汉基夫人，她对郭淑珍的呼吸训练虽然严格，却不是生灌强塞。当时郭淑珍演唱了一些有难度的作品，如《核桃树》《弥赛亚》选曲，曾出现一般女高音容易出现的问题，即呼吸方法不正确导致的塌胸、喉头紧张、声音干瘪，甚至声嘶力竭。汉基夫人采取是什么方法呢？老师让她身体靠墙站，后脑勺紧贴墙壁，放松身体自然呼吸。一天二天三天……坚持了一段时间后，郭淑珍感觉在这种姿势下呼吸，演唱时胸腹部的紧张消失了，呼吸后的憋胀感也没有了。

如果说汉基夫人的种种基础训练，对郭淑珍是一种启蒙，那么柴科夫斯基音乐学院卡杜里斯卡娅教授的训练，对郭淑珍而言，就是一种升华。声乐演员都有这样的体会，唱到长乐句时，心里会产生顾虑，精神上有负担，担心最后几拍坚持不住，于是唱长句前刻意深吸多吸，以为气息足，就可以把长句唱完整唱得好，就像多吃两碗饭可多扛几天饿。郭淑珍对学生说，这样做非但达不到目的，而且还会带来比气息不足更严重的问题——肌肉紧张僵硬。一旦肌肉机能受阻，再多的气息也派不上用场，适得其反。一直以来，郭淑珍每当课上遇到学生因唱长句而特意加大吸气力度时，她耳边都会想起当年卡杜里斯卡娅教授对她说的一句话："淑珍，你不要吸那么多气，你唱到什么地方气息不够用，就再吸一口。"后来，她常回味卡杜里斯卡娅教授的这句话，感觉这句话的作用，表面上是减轻了自己的压力和顾虑，实际上起到了让呼吸变得更自然、自如的作用。

面对有些声乐教师特别强调，学生要把气吸得深些、饱满些的要求，郭淑珍认为，要求不是错误，但要考虑利弊。她在莫斯科留学时，学院有位体育教师热爱声乐，唱男中音，曾与她一起演过《叶甫盖尼·奥涅金》，饰奥涅金。按说，这位身强体壮的体育教师肺活量超强，演唱时气息不是问题，但事实是他的气总不够用。原因出在哪？出在他的呼吸不谐调，好钢没用在刀刃上。僵滞使气息没用到演唱上，反而给自己带来人为的紧张。

对于气息的训练，郭淑珍启发学生说的最多的一句话是："要用底气唱歌，要钩上底气。"什么是"钩上底气"？最初很多学生不理解，郭淑珍有多种方法启发他们的理解，这些方法都是她在生活中细心观察得来的。有时她会问学生："见过小婴儿哭吗？小婴儿哭很长时间嗓子也不哑，为什么？原因只有一个，婴儿哭用的是底气，他的小肚子一抽抽地给力。小婴儿哭没用嗓子用底气，所以嗓子不哑。"有时她又会说：自己体会一下"开怀大笑"，"开怀大笑"时哪用力多？不是嗓子而是小腹。只有假笑用嗓子干咳。她还启发学生观察正常人放松状态下的交谈，这种交谈用的就是底气，只有病人或不健康的人，说话时才会用"胸式呼吸"。郭淑珍的这些启发，让很多学生茅塞顿开豁然开朗。他们慢慢揣摩尝试用郭老师的这些方法要求自己，当他们能自如轻松地掌握了科学呼吸方法后，感觉像拿到了一把成功的"金钥匙"。

郭淑珍从教多年最深的体会，是不给学生任何负担。她认为所有负担对学生来说，都是演唱时的障碍。郭淑珍的学生说，无论哪种训练，郭老师都是由浅入深、先短再长。她永远有足够的耐心，等着你自然而然地接受体会，直至完全学会自如运用。

气息的训练离不开练声，为巩固正确的气息，郭淑珍特别重视对男女高音的学生进行中声区训练，而且坚持很长一段时间。她认为这是为自然呼吸打基础，当学生在中声区具备一定的能力，然后再训练高声区，就会轻车熟路。她说道理如同登山运动员的训练，要爬喜马拉雅山的珠穆朗玛峰，不能马上冲顶，而是先在不同高度的山坡上做适应性训练，一个高度一个高度地往上爬，当身体条件基本适应了，对山坡情况了解之后再冲刺。做任何事，道理触类旁通，打好基础、循序渐进，才能为成功创造条件。所以，她对学生的所有训练，从不留加压加量超过学生音域的作业，尽可能让他们在自然、放松的状态下认真完成。她知道，当学生可以自如地把控气息，没有任何负担地演唱，无论唱多高的音，都会顺畅、轻松地打到头腔，唱出漂亮的高音。

有人这样总结郭淑珍的气息训练，说她给学生建立了一条演唱的"无障碍通道"，使他们演唱时没有"换声区"，无论高音还是中音、低音，都像丝绸一般光滑。

为了事业传帮带

郭淑珍有 60 多年党龄，为国家艺术教育事业做出了很多贡献。凭郭淑珍的资历、能力、成就、贡献，她应该当领导。有位记者采访时也这样问她，当时郭淑珍脱口而出："我凭什么当领导，我对国家有多大的贡献可以伸手要官？比起那些为国家流血牺牲的老革命，我的贡献不足挂齿。我的能耐就是当老师，为国家培养一流的声乐人才。"

郭淑珍现已 90 高龄，截至现在除了教授职称，她最高的职务是教学组长、声乐教研室主任、声歌系副主任。郭淑珍职位不高，但管的事很多，责任心极强。最大的"野心"是创建一流教学基地、带出一流教师队伍。

郭淑珍对中国声乐教育最重要的贡献，在于她培养了一批又一批优秀学生，而这些学生后又成为一代代优秀教师，他们也像郭淑珍一样，培养他们的学生。解放军艺术学院的声乐系教授孟玲，是郭淑珍回国后教的第一批学生。如今，孟玲老师又培养出王宏伟、刘和刚、徐娜、哈辉等一批部队青年艺术骨干。现任中央音乐学院声歌系主任张立萍、教师李国玲、谢天、石垒、孙东方、刘海燕等，当年是郭淑珍的学生，现成了郭淑珍的同事。朝鲜族学生林晶现为中央民族大学音乐学院声乐系主任，张黎红为东北师范大学声乐系主任。郭淑珍还有一位特殊的学生，20 世纪 60 年代，不远万里来中国求学，如今也在从事声乐教育，她就是泰国公主——杜沙弟·帕侬荣教授（莎妮公主）。

20 世纪 90 年代，中央音乐学院声乐教师队伍青黄不接，40 至 50 岁的中年骨干教师断档。此时，身为中央音乐学院声歌系教研室主任的郭淑珍看在眼里、急在心头，想方设法地帮助青年教师提高业务水平。她在学校经费十分紧张的情况下，用自己的"老关系"，请来她在苏联留学时的钢琴老师尼娜教授。尼娜教授来了，在中央音乐学院教了半年，为中央音乐学院的年轻钢琴伴奏老师做示范，郭淑珍做尼娜教授的翻译，使青年老师的业务水平得到了一次大的提升。这之后，郭淑珍经常举办教研室教师集体课，经常听青年教师的课，把自己的经验传授给他们，帮助他们分析教学中遇到的问题，提出中肯的意见和建议。

谢天是中央音乐学院的青年教师，开始从教时，常遇到学生五花八门、千奇百怪的问题，让他无从下手，没办法让学生体会到正确的感觉。谢天自己无法解决，就把学生带到郭淑珍面前，让郭淑珍"把脉、诊断、开药"。在谢天眼里，郭淑珍可以妙手回春，稍加点拨，学生很快找到了正确感觉，声音马上有所不同，有时甚至是颠覆性的，像换了一个人。事后，谢天问郭淑珍，为什么同样的问题，他很认真很尽力地帮助学生解决，但就是效果不好，甚至越来越乱，越改越差。而您却信手拈来轻而易举地把问题解决了，难道有绝招？郭淑珍回答，没有绝招是方法。老师得清楚学生的特点与理解力，不能一张方子治百人。有些年轻老师的问题出在教学方法上，可以直接说学生哪有问题，却不知学生理解与悟性参差不齐，导致学生心理上有纠结，或对正确的方法没从心里认同，就很难有效果。当老师最重要的，一是耐心二是细心。郭淑珍特别强调，教学的对象不同，对每个学生都要采取不同的教法，因人而异，有针对性地教，就像一把钥匙开一把锁。首先是各个声部的练声区和曲目的把握，其次要了解学生之前的学习经历、心理特征。学生成绩好坏，不是简单用不用功的问题，往往是心理问题。当学生误将自己错误的方法认为是对的时候，心理上会下意识地抵制正确的方法。要学会对他们进行心理调整，心理问题解决了，演唱的问题就容易克服了。

就这样，她言传身教，在中央音乐学院培养出一批批优秀青年教师。与此同时，她又帮助、推荐在国外学有所成的青年歌唱家回中央音乐学院，充实教师队伍，提升学院的教学质量。

严师慈母一肩挑

郭淑珍与
学生吴霜合影

郭淑珍有多少学生，她自己数不清。但数不清的学生，却清楚地记着郭老师的每一件事，以及和她在一起的日子。

郭淑珍善于因材施教，专业威望极高，学生最初接触她时，多带着一种"朝圣"的心理，既崇敬又紧张，既向往又胆怯，既期待又忐忑，知道"郭先生""郭奶奶"对艺术要求极高，有"声乐界掌门师太"之称。郭老师真的那么可怕吗？但凡当过郭淑珍学生的人，都会说："郭先生是严师也是慈母。"学生们的感言，可以通过以下的"故事"来印证。

吴霜是著名评剧艺术家新凤霞的女儿，因父母的"问题"，她在"文革"时因出身不好而"被辍学"。面对家庭的不幸遭遇，吴霜仍没放弃喜爱的声乐。她说唱歌是苦闷时的安慰，绝望时的光明，也是支持她一路走来的希望。1977年，吴霜参加了中央音乐学院声乐系招生考试，招考老师一致认为她的专业成绩非常好，但质疑吴霜身材不够高。那段时间，吴霜忧心忡忡，以为心中的梦永远无法实现。没承想，有一天印有中央音乐学院大印的录取通知书，送到了她的手里。那刻，吴霜的眼泪滚滚而下……后来她得知，是郭淑珍老师在她的入学问题上据理力争，说服所有考官，坚持认为吴霜有天赋，是难得的花腔女高音，最终获得了通过。在后来的学习中，娇小的吴霜成绩优异，一直是名列前茅的好学生，不仅在国内外声乐比赛屡次获奖，还获得美国印第安纳音乐学院全额奖学金出国读书、周游世界开音乐会。30年之后的今天，提起郭老师吴霜充满感激。

世有伯乐，而后有千里马。郭淑珍老师头脑清晰、慧眼识珠，往往会比别人更敏锐地看到人才的未来。

1991年冬的一天，鹅毛大雪将古老北京城变成银白世界。郭淑珍站在窗前，望着路上厚厚的积雪，皱起眉头，她在想雪天公交车一定很慢，出租更不好找，如果迟到就影响学生上课，这不行。她穿上大衣，下楼推自行车往外走。"路上雪这么厚，哪能骑自行车啊？"老伴朱工七追出来，试图阻拦。"没事儿，我慢点骑，总不能让孩子们等着我。"郭淑珍边说边继续走。结果，骑到离学校不远的路口时，她从车上摔了下来，导致胫骨平台粉碎性骨折，被送到积水潭医院。胫骨上端与股骨下端形成膝关节，胫骨与股骨下端接触的面为胫骨平台，胫骨平台是膝关节的重要负荷结构，骨折后会使内外平台受力不均，产生骨关节炎病变。

伤筋动骨一百天。此时郭淑珍已过花甲之年，医生对她说："郭老师，您要好好养。骨折年龄越小越好恢复。"言外之意，像郭淑珍这样的年龄，更要好好静养。但在住院的一个月里，郭淑珍身在病床，心在学校，想的是怎么才能不影响学生的课。她让老伴扶她坐起，然后拿出纸笔，将所教的每个学生的作业逐一写在纸上，又请前来探望的伴奏老师给她的学生合伴奏。一个月后，郭淑珍出院了，回到家做的第一件事，是通知学生到她家上课。看着老师带病上课，学生无不感动，一位学生说："郭老师是铁打的，她爱我们胜过爱自己。"骨折没好好休息，给郭淑珍留下不可逆的后遗症，坐下后起身困难，不能长时间站立，不能走长路……

如今，90岁高龄的郭淑珍仍然还在教学生，仍然对学生严格要求。她会一字字地纠正学生的错误发音，直到做对为止。她还会对完不成功课的学生，采取加时、时量的"惩罚"。用她自己的话说，哪个学生没完成作业绝不轻饶，谁想找借口偷懒，休想逃过我的"法眼"。她也会和学生们谈笑风生地聊学习、谈生活，语重心长地告诫："抓紧时间多学习多演戏，别着急谈恋爱。"在中央音乐学院教学楼8层郭淑珍的琴房里，常有这样的场面：学生的声音位置不对，坐在沙发上的郭淑珍，马上站起来纠正做示范。学生的拍子不准，她马上叫停伴奏，手打拍子做给学生看，直到学生做对了，她才坐回沙发上。她常说："如果一个学生到下课还没唱对，我让他走了，他就会觉得自己遇到了改不了的问题，慢慢就没有了信心。我必须让学生在课堂上完全或基本做对了，让他们觉得可以做到让老师满意再走。这样做的好处是给学生自信心，让他知道多大的问题最后都能克服，老师的严厉是为自己好。"这是郭淑珍多年总结出来的教学方法，也是她"保护学生歌唱心理"的有效手段，但又何尝不是从郭淑珍身上体现的"教育是植根于爱的"。

郭淑珍"严中有爱，爱中有严"的良苦用心，现任中央音乐学院声乐歌剧系硕士生导师、副教授谢天体会最深，他说："越是在学生需要突破、战胜困难的时候，郭先生越是百般耐心，一丝不苟。她的这种严格要求，帮助学生真正突破了自己。如果没有她这种严格要求，学生需要付出更大的代价未必能达到期望的效果。"中央音乐学院歌剧中心秘书、歌剧执行制作人傅冠齐，跟着郭淑珍做了10年的助理，他的记忆里有一段关于郭淑珍爱学生的细节："每次带着学生去演出，她都会在开场前上台试声，找到演唱效果最佳的位置。去年郭先生带学生到加拿大交流，台上钢琴位置在哪儿合适她都要管；学生妆化得如何、演出服有没有褶皱，她都能挑出毛病……"

说到郭老师对学生的关爱，也有段段佳话。如果有学生得了感冒，她会到医院买药带到学校。有些外地来进修的学生家庭条件不好，郭淑珍就让他们住到自己空闲房子里，还掏钱帮他们交水费、电费、物业费。傅冠齐老师去韩国出差，她放心不下，打电话说："穷家富路。你工资不高，没多少钱，我给你备了一点，快来拿。"一位家在农村的学生，父母生了病，她买了药和营养品送给学生，叮嘱道："快回去探望一下，有什么困难告诉我。"郭淑珍有时会骄傲地说，当了这么多年老师，最开心的是，我能做到比学生的父母更懂孩子。学生找我聊音乐，还跟我聊生活上的事儿，他们的性格和优缺点，连他们父母都未必有我清楚。

2017年6月，在南方科技大学的一个音乐研讨会上，她回顾自己的教育生涯，体会最深的还是鲁迅先生的那句话"教育是植根于爱的"。郭淑珍一生获得无数奖项，除声乐比赛国际大奖外，还获得过音乐"金钟奖终身成就奖"、"柴科夫斯基国际声乐比赛"指导教师奖、"北京市先进工作者"，但她最重视最欣慰的奖是，1997年获得国家高等教育教学成果一等奖，1996年获得宝钢教育基金奖，2004年获得全国"模范教师"称号，2005年获北京市"优秀共产党员"称号。她最看重的奖是"北京市人民教师"称号，在她心里"人民教师"四个字有沉甸甸的分量，让她持之以恒，不忘初心。她希望自己像蜡烛，燃烧自己照亮学生；也希望自己是人梯，让学生站得更高。

老师之恩永难忘

2007 年，郭淑珍迎来人生第 80 个春秋，也是从教从艺的 60 年。在这意义非凡的一年，回顾老师对他们事业的帮助和人生的指点，成了历届学生不约而同去做的事情。不可思议的是，不是命题作文，但三位远隔千山万水的学生，文章的标题却用了同一个，可见郭淑珍在学生心中的感觉多么相同，似乎只有"恩师"二字，才足以表达他们对老师的崇敬。以下是三位同学文章摘录：

我的恩师郭淑珍

郭燕愉

1974 年，16 岁的我考入中央音乐学院声乐系。我能顺利踏上音乐人生的道路，这要深深地感谢我的恩师——中国著名歌唱家郭淑珍教授。花开花落，时光如水。但仿佛就是在昨天，在北京中央音乐学院的校园里，在严师慈母般的郭老师身边，那时的情景依然历历在目。

对郭淑珍老师最早的印象，是她的歌声。记得当时我兼做学校广播室的工作。有一天，当我把电台的音乐节目打开的时候，就听到一个与众不同的女高音的声音，哎呀，那么优美，那么动听。我马上用广播器转播，让整个校园都能听到。我问一位同学，这是谁在演唱？同学告诉我，这是中国第一女高音郭淑珍，还说她很快就要来咱们学校教学了。我听到了特别兴奋，不知为什么，我天天盼着郭老师来。我虽然知道是不可能，但还是做梦般地在想：这么美的声音，如果我也能跟她学该多好。

在中央音乐学院，我是班里最小的一个。可能是因为年纪太轻，声音没有完全变好，也可能其他原因，我虽然是"女高音"，却既没有高音又没有低音，什么歌都唱不了。尤其是在班里汇报的时候，心里就特别痛苦，听着别人唱，我自己却在底下暗自流泪。

那时我就像在漆黑的夜里，祈盼一盏明灯。想不到幸运之神真的会降临到我的身上，系里决定把我转到郭老师的班里。当我第一次走进郭老师的教室时，心里又兴奋又紧张。兴奋的是我的梦想实现了，紧张的是面前的郭老师好像那么严肃，我心里还真有点怕。但慢慢地就感到老师的严肃里有着对学生的真诚与耐心，是慈母一样的关怀。按规定，每星期我们只有两节声乐课，但除了这两节，郭老师还经常特殊给我多加一些课，几乎每天她都听一听，虽说每次只有10分钟左右的时间，但她都是非常耐心，认真地给我练声。

记得同郭老师学了半年多以后，有一天，老师突然跟我说，你可以用任何一种声音唱，但就是不能用现在这种声音唱。我当时很纳闷儿，真不知该用什么样的声音来唱，站在那快一小时了，一声也发不出来。郭老师耐心地看着我，那眼神至今还记得，是含着慈爱，含着鼓励。不知为什么，我决定模仿男中音试试。唱了以后，老师笑了，说我是女中音，可以想象我当时吃惊的样子。但听了郭老师对我的分析以后，就觉得非常有道理。原来老师已经对我观察很久了，她认定从我的身体结构，从声音，甚至长相都像女中音。尤其是在听我模仿男中音时，说我实际上是在用女中音的声音唱，这样，我的喉结是自然下来的。她认为这是对的。从那以后，因为郭老师帮助我改了声部，我的声音进步得很快。郭老师就像一盏明灯，照亮了我学习声乐的道路。从此，我对自己的前途充满了信心。

郭老师除了在声音技巧上对我精心指导外，在声乐艺术上对我的影响也是极为深刻的。记得我在毕业考试演唱的曲目中有一首歌是《赛琳娜》，郭老师给我做全面辅导，特别在演唱艺术上严格要求，启发我不光是用面部和形体来表现快乐、悲伤、痛苦、仇恨等不同的情感，更重要的是怎样用声音来表现这些不同的情感。在我演唱完之后，几位老师说我很好地表达了作品的内涵，非常为我的演唱所感动。在学习演唱舒曼的《女人的爱情生活》时，我当时只有20岁。郭老师又耐心地帮助我去理解、分析作品，用声音和表情去刻画一个女人从恋爱到结婚、生孩子、最后做寡妇的内心世界。郭老师还鼓励我好好学习表演，包括形体、舞蹈的训练，还叮嘱我多读书，提高文化素质上的修养，开阔视野，丰富自己的想象力。

回顾在郭老师身边的那些日子，还让我难忘的是，我不仅跟郭老师学到了声乐的演唱技巧，也理解了艺术与做人的关系。记得有一次上课时，我有些心不在焉地跟老师练唱，郭老师一下子就看出来了，问我为什么？我跟老师说可能是阴天，情绪不太好。郭老师先是笑了，然后非常严肃地跟我说，如果将来你作为一名职业歌唱家的话，就不能光凭情绪来歌唱了。因为一年365天当中，可能你只有几天的感觉是特别好的，那么其他时间就要靠过硬的声乐技巧来保证高质量的演出水平，而且这种对高质量的要求不是别人能给你的，而是你自己本身得有这种特别的需要，才有可能做得到的。这次谈话，如长鸣的钟，几十年一直响在我的耳边，无论是在舞台上，还是在进修学习时，对我的艺术事业的影响是非常深刻的。日积月累，我悟出了老师的良苦用心，也悟出了艺术的最高境界。

　　敬爱的老师，学生没有辜负您的谆谆教导。带着您的培养，当我走出母校，拿到美国伊斯曼音乐学院的硕士学位以后，又来到茱莉亚音乐学院的歌剧中心、旧金山歌剧中心继续进修。之后，便一直活跃在美国、欧洲的国际歌剧舞台上，其中包括美国的旧金山歌剧院、华盛顿歌剧院、北卡来罗纳歌剧院、微尔基尼亚歌剧院、奥佳斯达歌剧院、田纳西歌剧院、康乃迪卡特大歌剧院；斯波来特音乐节、查乐思维乐夏天音乐节、梅殿音乐节、阿斯本音乐节。在欧洲包括德国慕尼黑国家歌剧院、法国巴黎巴府狱歌剧院、奥地利维也纳人民歌剧院、瑞典歌德堡歌剧院、德国曼海姆国家歌剧院、翰诺威国家歌剧院、维玛尔国家歌剧院、波朗什外克国家歌剧院、爱森歌剧院、当穆实大特国家歌剧院、佛莱堡歌剧院、比乐费乐特歌剧院、奥地利萨尔兹堡国家歌剧院等等，并成功地在30多部经典歌剧中塑造了众多不同的人物形象，其中包括《阿依达》中的公主阿沐奈莉丝、《假面舞会》中的巫婆巫丽卡、《游吟骑士》中母亲阿簇且娜、《女武神》中的女神福丽卡、《莱茵河之金》中的女神福丽卡和女神爱尔妲、《上帝之黄昏》中的女武士娃尔特劳特，并得到媒体与观众的好评。当老师从乐、从教60周年与生日来临的时候，学生愿把这些成绩当作一件礼物送给您，您一定会感到欣慰的。

　　岁月匆匆，师恩如海。当我们庆祝郭淑珍老师80华诞之际，我虽在海外，但知道此时正是北京最好的季节。香山岭上满眼都是金黄色、火红色，这不正象征老师桃李满天下的收获吗？敬爱的老师，您多像一棵参天的大树啊，您为海内外的学生无私地洒下浓浓的绿荫……

　　我祝愿我的恩师健康长寿，永葆艺术青春！

2007 年 10 月

　　（作者介绍：郭燕愉，美籍华人女中音歌唱家，曾被美国著名音乐杂志《美国音乐》评选为十大优秀青年歌唱家之一。现在德国曼海姆国家歌剧院担任主演。）

我的恩师郭淑珍

金顺爱

2005 年春，我以访问学者身份，被国家留学基金会派到莫斯科国立柴科夫斯基音乐学院进行高级研究、访问活动。柴科夫斯基音乐学院是世界历史最悠久、音乐大师最集中的音乐学院之一。在学院大理石的"金榜"上，雕刻着学院历届优秀毕业生的名字，我一眼就看到了三个熟悉的字——郭淑珍，因为我是郭老师的学生。

1995 年，已过而立之年的我，成为中央音乐学院声歌系进修生，拜郭淑珍为师。当时，作为师范大学毕业的我，在声乐演唱技巧、语言、作品等方面跟老师要求还有很大距离。在这种情况下，郭老师却很耐心地一字一声地教我如何做，并根据我的声音特质，结合大量作品，运用独特的教学方式，充分挖掘了我的声音潜质。她先是为我反复示范作品，归正读音，帮我克服对外国艺术歌曲语言把握不到位的问题，使我能够准确地理解、表达歌曲内涵，真正做到与艺术共融。她那份严谨的态度和高度的敬业精神让我折服，激发了我对声乐学习火一般的热情与信心。1996 年，我又考取了中央音乐学院声歌系研究生班，继续师从郭淑珍教授，系统地学习声乐。在郭老师的学生中，我的年龄偏大，在外国艺术歌曲的把握上有一定困难，那段时间情绪波动比较大，由于急躁嗓子经常发炎，郭老师鼓励我树立信心。当我去她家找资料时，她将剥好的柚子端到我面前，说：柚子败火，对嗓子好。没人知道老师这一句话八个字，温暖了我一生。

跟随郭淑珍教授的 3 年研究生学习，是我一生中最宝贵的财富，让我对声乐这门艺术有了更深入的理解和认识，受益匪浅，以至于对我现在的声乐教育有着巨大促进作用。在她的悉心指导下，我无论是发声技巧，还是对歌曲的诠释与把握，都在短时间内上升到新的高度。

郭淑珍老师在教学上非常严谨，对声音质量要求非常高。她会注意到每个学生声音中细微的变化，又常常抓住这些点滴变化，扩大声音的闪光点、缩小不足。郭老师不仅强调声乐技巧的重要性，还告诉我们不能让歌唱技巧束缚了对歌曲本身情感的阐释，应不断发挥想象力，用心歌唱，融情入声，声情并茂。这样，才能把歌唱好，把作品表现完整，从而给人以美的享受。我想，用"完美"来形容郭老师对艺术的要求不为过。她是艺术美的耕耘者、播种者。

郭老师同样非常注重对学生艺术品德和道德行为的培养,始终主张做一名优秀的歌唱家,首先要成为高尚的人，一个对社会有用的人，要树立强烈的事业心和责任感，用真诚、朴实的心对待生活、对待事业。正是在郭老师的言传身教下，经她培养的多位具有高尚艺术品德的声乐演唱家站在世界舞台上。郭老师的高尚品质及坦诚的精神让我感动，让我在自己的教学过程中，用这种品格去影响和引导我的学生。

郭老师，真的感谢您。作为您的学生，我愿努力工作，以培养优秀学生的方式来回报您对我的培养。在此，诚挚地祝愿老师身体健康，永远年轻。

2007 年 12 月于长春

（本文为庆贺郭淑珍从教从乐 60 周年而写，金顺爱现任东北师范大学音乐学院副院长、教授。）

难忘恩师——郭淑珍教授

谢天

"想当艺术家，先学会做人"是郭老师对我们这些怀着艺术梦的学生入学后的第一堂主课。她说："不是进了音乐学院你就能成音乐家、歌唱家。只有学会了做人，做一个踏踏实实、本本分分、谦虚谨慎的人，你才有可能在艺术的殿堂里有所收获。"这看似简单的几句话，却道出了郭老师对艺术人生的深切领悟。

从进校开始，郭老师就为每个学生制定了学习计划，并且按照计划一步一步地带学生进入音乐的世界，从来不急于求成。对学生出现的问题都能找到解决的办法，效果总是立竿见影。在学生眼里，郭老师是一个特别严厉的人，其实这是因为在专业上对我们有着近乎苛刻的要求（也是老师之所培养出那么多优秀学生的重要原因）。其实，这只是表面现象，在她心里所有学生都像她的孩子，她对我们关心爱护会贯穿整个学习过程。有同学做错了事，或出现什么问题，她从来不马上批评，一定要了解事情的真相，然后有针对性地帮助，给你改正的机会。记得有一位唱女高音的同学，进校时成绩一般，但后来进步很快，郭老师非常看

2003 年，郭淑珍的研究生、男高音歌唱家
谢天在台北世界华人歌唱大赛荣获
"三个最佳"——最佳中国艺术歌曲演唱奖、
最佳民歌演唱奖、最佳新人奖后，与恩师合影

好她。但在大学三年级时，她突然开始旷课，成绩下滑得厉害，这时学校希望系里给她警告处分。也有人劝郭老师说，这个学生太不好了，您别再管她了。但郭老师没有放弃，她把这位同学找到琴房，和她进行了一次长谈，了解到她是因为感情上出了问题，同时又与父母闹了矛盾，丧失了学习兴趣和信心。找到了问题的根源，老师让这位同学明白了，人要分清事情的轻重，要把控好自己的人生。之后，她又建议学校给这位同学一次机会。由于郭老师的帮助，这位同学很快恢复了学习热情，并在毕业时专业考到全班前列。事后，大家都说是郭老师独具慧眼，郭老师却说她是不想让一个孩子失去机会。

让我们感动的是，郭老师对毕业了的学生，依旧关怀备至。无论谁在专业上出现问题，只要你去请教她，她都会给以全力帮助，或是抽时间上课或是给以详细的建议。对于不是她的学生，郭老师同样热情相助。我们总能在老师的课房里看到新面孔，开始很好奇，后来知道都是前来求助的人，有远道而来的崇拜者，有怀揣梦想的少年学子，也有意气风发的青年才俊。无论是谁，郭老师都义务给他们上课。她说这样做，是因为声乐圈需要新人。

都说老师是人类灵魂的工程师，雕刻着人类的文明和历史。在我们的一生中，"老师"这个神圣的称谓起着举足轻重的作用。一个人的一生会遇到许多老师，但真正能影响他一生、改变他命运的老师并不多。我们是幸运的，能遇到像郭淑珍这样的老师。

（本文为庆贺郭淑珍从教从乐 60 年而写，谢天现为中央音乐学院声歌系副教授。）

歌剧如同试金石

　　培养更多的优秀歌剧人才，是郭淑珍的理想，也是她的心结。郭淑珍之所以格外重视学生歌剧才能的培养，源于她自己受益于歌剧舞台的锻炼。

　　从专业角度讲，演唱歌剧的能力，是对声乐演员整体素质的检验，也是衡量专业水平的"试金石"。优秀的歌剧艺术家不仅演唱水平高，可以从容演唱大量有难度、技巧复杂、表现力强的咏叹调，还要有与同台演员、乐队、合唱队的默契配合。歌剧较之其他戏剧不同的是，歌剧演员并非只看重独唱，掌握高难度演唱技巧，完美演唱咏叹调，与此同时，还要起到舞台核心作用，世界优秀歌剧艺术家，每年都要穿行在世界多个国家，与当地的歌剧院联袂上演多部经典歌剧。

　　歌剧是舶来的剧种。京剧是中国传统的舞台精粹，是植根于中国大地的艺术，是人们从小耳熟能详的生活内容。对中国人来说，京剧的长腔短调高唱低吟，如同家里的饭菜，好吃不好吃，闻闻就知道。但西方歌剧从时空到地域，从唱腔到表演都离中国太远。所以，歌剧在中国不仅观众的认知度不高，甚至学声乐的学生也对歌剧训练不重视，认为学好了也无用武之地。的确，不少中国著名歌唱家，一辈子没唱过歌剧。有的歌唱家，一生只唱几首歌，从青年唱到白头。

　　郭淑珍为什么如此重视学生歌剧素质的培养，是她认为只会唱歌不会演歌剧的人，成不了歌唱家，这是专业层面的评判标准。更重要的是，她意识到中国改革开放后，经济快速发展，与世界的沟通越来越多，中国希望走到世界舞台的中央，只有经济上的腾飞远远不够，文化艺术发展也要尽快跟上。文化是一个国家的精神积淀，也是文明发展的重要标志。中国要以包容的胸怀走向未来，就要在文化建设方面真正做到，古为今用，洋为中用，百花齐放，推陈出新。我们要向世界证明，中国人不仅可以保护好自己的文化传统，也能接受外来的文化艺术。她希望越来越多的声乐人才，视野更宽、能力更强、目标更远、成就更大。改革开放后，郭淑珍培养的学生，已经在世界的歌剧舞台崭露头角，取得了骄人成就，如邓韵在美国大都会歌剧院担纲主角，张立萍曾在美国纽约大都会歌剧院、英国皇家歌剧院等世界著名歌剧院担任第一主演，郭燕愉在德国曼海姆国家歌剧院担任主演，等等。这些学生的成功，让郭淑珍更加坚信，中国能培养出一流的歌剧艺术家。

创办中心不冠名

1988 年，上海音乐学院成立周小燕歌剧中心，也是中国的第一个歌剧中心。周小燕是我国著名花腔女高音歌唱家、声乐教育家。她 1917 年 8 月 17 日出生于武汉，毕业于巴黎俄罗斯音乐学院，被誉为中国美声声乐教育大师，先后荣获了中国音乐艺术最高荣誉奖"金钟奖"，法国政府授予的"法国国家军官勋章"等。代表作品有《长城谣》《最后的胜利是我们的》《蚌壳》。2016 年 3 月，周小燕去世，享年 99 岁。

郭淑珍是周小燕生活中的朋友，也是事业上的挚友，友谊长达半个多世纪。两人同为中国声乐界的"泰斗"，同为中国歌剧艺术的发展竭诚奉献，在中国歌剧界有"南周（小燕）北郭（淑珍）"之说。周小燕歌剧中心成立时，郭淑珍专程到上海祝贺，在成立现场，有人跟郭淑珍说："郭先生，这回您落在周先生后面了，您什么时候把郭淑珍歌剧中心建起来啊。"郭淑珍笑笑说："没什么落后不落后的，只要是中国成立了歌剧中心，我就开心。"

郭淑珍的到来，周小燕很开心，感谢郭淑珍一直以来对她的关心和帮助。郭淑珍离开前，周小燕拉着郭淑珍的手说："我期待着郭淑珍歌剧中心尽快成立，到时我一定去北京祝贺。""我会抓紧去做这件事，让中央音乐学院歌剧中心早日成立。"郭淑珍笑着回答。"干吗是中央音乐学院歌剧中心？我认为还是叫郭淑珍歌剧中心好。"周小燕看着郭淑珍，希望郭淑珍接受她的提议。

2004 年，中央音乐学院歌剧中心成立了。成立前，不少人也像周小燕所建议的那样，建议冠名郭淑珍歌剧中心。认为郭淑珍不仅一直引领中国歌剧发展，而且在世界歌剧界享有盛誉，用她的名字冠名可以提高歌剧中心的知名度。的确，郭淑珍在很多国家的歌剧界有新老朋友，他们很多人通过郭淑珍了解了中国和中国声乐教育，通过她在国际声乐比赛中屡屡获奖的学生，了解中国有不少歌剧人才。还有很多人应郭淑珍之邀，来中国教学、当评委，做中央音乐学院荣誉教授，比如美国著名歌唱家杰西·诺尔曼、世界三大男高音之一西班牙著名歌唱家多明戈、俄罗斯著名男低音歌唱家皮尼亚日、美国著名女高音歌唱家玛蒂娜·阿洛尤、意大利著名男高音歌唱家兼歌剧艺术大师贝尔冈齐等等，都因郭淑珍而来，以郭淑珍冠名歌剧中心，是众望所归。但是，郭淑珍不同意，她说名称不重要，重要的是能够培养出歌剧人才。众人拾柴火焰高，叫中央音乐学院歌剧中心实至名归。只要能在中心培养学生，我心满意足。

1997 年 12 月，郭淑珍与周小燕教授一起参加
中央音乐学院举办赵梅伯教授从教 70 周年座谈会
——
郭淑珍与周小燕教授合影

　　按照郭淑珍的主张，中央音乐学院歌剧中心没冠她的名字，但确定了郭淑珍教授为负责人，确定了引进世界先进歌剧教学和排演方法，结合中国传统戏剧独有的表演特色，探索具有中国特色，歌剧表演人才培养的运作模式。10 多年过去了，歌剧中心在郭淑珍的指导和培养下，一大批年轻的歌剧人才脱颖而出，成为中国歌剧舞台的新秀，如：柯绿娃、冯国栋、谢天、吴艳彧、王心、郝幸娃、温雅欣、孙雪曼、宋丰润、王瑾、梁辰、金久湝、苏文博、王宏瑶、徐森等，能够胜任歌剧中重要角色的青年人百余名，有 26 人获国际比赛大奖。

　　成立歌剧中心，是郭淑珍多年的梦想。这个梦始于 50 年前，她在柴科夫斯基音乐学院的舞台上排歌剧时就在想，如果中央音乐学院也有这样的音乐厅多好，有了音乐厅也可以排歌剧，让中国观众走出家门就可欣赏。没承想这个梦，她一做就是几十年，直到国家政通人和、经济发展；学院建设加快、教学提升时，终于梦想成真。

　　国家恢复高考后，在中央音乐学院第一届扩大招生时，郭淑珍便开始着手培养歌剧人才，虽说那时教学条件有限，但她觉得培养人才的事不能等，能做多少做多少。其实，中央音乐学院一直很重视歌剧人才的培养，早在 1954 年，学院从苏联聘请专家后，就把学习表演歌剧纳入声乐系的教学计划中。当时，苏联专家首先对中央音乐学院的教师进行训练，比如我

中央音乐学院歌剧中心

国著名声乐教育家喻宜萱、沈湘都曾在苏联专家的指导下，参加过歌剧演出，实际了解体验了歌剧艺术的魅力，从中感受领悟到歌剧对声乐系学生的重要。

尽管郭淑珍满腔热忱希望学生们尽早地接触歌剧，但所面临的困难，也是她没想到的。合唱队人员不够，她就把前来进修的学员召集到一起；为不挤占正课时间，她就利用业余时间辅导。那时，她几乎没有休息日，自掏腰包托朋友从国外带回歌剧录像带，与同学们一起观摩，帮助分析剧中人物，然后再辅导演唱。还有一大问题，是缺乏资金。为此，她用业余时间义务给学生排练。在她的带动下，所有老师和同学都不要报酬，他们说郭老师能做到的，我们也能做到。郭淑珍请来了导演韩冰，组织学生们因陋就简地排练了意大利歌剧《艺术家的生涯》。第二年，她又组织学生们排演了中国歌剧《女人心》。在郭淑珍看来，中国最高音乐学府走出的毕业生，在校期间没参加过歌剧的演出，是他们的终生遗憾，也是她作为老师的严重失职。她要想尽一切办法，让学生们在毕业前至少参演一部歌剧，如果条件所限，哪怕演一幕或一折也行。

前行的路艰难而又漫长，但不管有什么困难，郭淑珍从不言放弃。曾有两次教育部给学校拨款，郭淑珍据理力争，但最后还是花落人家。也许苍天有眼，被郭淑珍的执着打动，这时一位从国外专学歌剧的人出现在郭淑珍面前，他叫吴龙。吴龙是著名钢琴家，同时也是享誉世界音乐舞台的杰出歌剧声乐艺术指导。他曾以全 A 的成绩，获得美国布法罗纽约州立大学音乐硕士学位。在布法罗的 5 年期间，他担任布法罗歌剧院艺术指导，曾与世界著名指挥家、歌唱家合作排演了 20 余部歌剧，被誉为"学者型钢琴演奏家"。他的到来，让郭淑珍感到非常开心。之后，吴龙与郭淑珍一起，成功排演了 4 部歌剧。为节约开支，布景是请人画的，服装是找专业团体借的，乐队请的是本校学生乐队。他们的演出仍非常成功，终于感动了上级部门。后来，为支持歌剧事业的发展，决定每年拨款 100 万元。

郭淑珍在落成的音乐厅里走走停停，看不够地看，像是到了自己盼望已久的新房，兴奋之情溢于言表。其实，音乐厅建设时她没少来，设计者也曾带着图纸多次征求她的意见，音乐厅是她看着"长"大的，但此刻她还是抑制不住激动，对同事和同学说：这回可要好好排歌剧，不负众望，做出成绩。这时，她完全忘了自己已是近八旬的老人，觉得人生又走到了一个新阶段，她要像勇敢的水手，扬帆再远航。

愿做歌剧守望者

中央音乐学院歌剧中心成立后，声歌系在校生入学就可以接触到歌剧，从演唱训练到表演训练，毕业前都要正式参加几部歌剧的排练演出，把学到的东西用于实践。作为教研室主任的郭淑珍要求，从音乐学院声歌系毕业的学生，如果没演过歌剧是一种遗憾，甚至是一种耻辱。她常对学生们说，能演歌剧的才是合格的毕业生，才算没白上音乐学院。每当歌剧排练时，郭淑珍准时出现在排练场，该到的学生她数人头，没到的必须有充分的理由。如果她有事去不了排练场，就委托一位老师记名单，无故缺席的她亲自谈话。每到歌剧排练时，想偷懒的学生们相互打听："郭奶奶今天来不来？"如果郭奶奶来，乖乖提前做"功课"。面对这位奶奶级的可爱老师，学生们背后调侃：郭奶奶不仅是歌剧中心掌门人，还是歌剧中心把门人。

郭淑珍的追求很明确，中心的责任也很具体。学生通过排演歌剧，提高自身文化修养，了解不同国家的音乐风格，体验演唱与表演的结合，熟悉与乐队的配合。她强化学生歌剧意识，尽可能多地给学生创造排练演出机会。自中心创建以来，她已组织学生排练并上演了多部经典歌剧：莫扎特作品《女人心》《蒂托的仁慈》《魔笛》，威尔第作品《阿依达》《茶花女》，普契尼作品《蝴蝶夫人》《艺术家的生涯》，柴科夫斯基作品《伊奥兰塔公主》《叶甫盖尼·奥涅金》等，在学院并到社会上演出。

有一段佳话，可以折射郭淑珍对歌剧艺术的关注。国家大剧院即将落成时，有一天，她与学生途经长安街，看到大剧院工地建设热火朝天，便兴奋地说："大剧院快建好了，咱们得进去演出啊。这么好的歌剧院，需要很多优秀歌剧艺术家和演员，咱中央音乐学院的师生们得进去多多演几场。现在咱演得太少了，我不甘心。"国家大剧院落成那年，恰逢中央音乐学院建院55周年，郭淑珍灵机一动，找到院领导，说："国家大剧院就要落成了，学校建院55年校庆，咱得去国家大剧院演歌剧啊。这些年中央音乐学院为国家培养了那么多优秀人才，又在世界舞台为国家争了光，张立萍、袁晨野、彭建亮、王海涛……借国家大剧院落成的机会，我们上演歌剧，既是庆祝国家大剧院落成，也可以向社会展示我们的教学成果，一举两得的好事，必须做。"

郭淑珍强烈的事业心感动了校领导，一致同意她的建议，并请郭淑珍担任"校庆"组委会负责人。那年的校庆活动，郭淑珍不但把全院各系有关人员召到一起，搞了多场音乐会，

2006 年，郭淑珍与意大利导演
弗朗切斯科（右二）及主演合影
—
郭淑珍与《魔笛》剧组主要演员合影

让大家有机会展示自己的教学成果，而且还推出了一批新人。尤其值得一提的是，声歌系排演了经典歌剧《茶花女》。排戏要用钱，学院经费紧张。怎么办？郭淑珍想到了募捐，自家三口每人捐 1 万，有人跟她开玩笑说，您女儿朱珍珍是音乐学院的副教授，捐 1 万元可以理解，为什么把老伴朱工七也拉进来捐 1 万，人家可是中央乐团的。郭淑珍笑笑说，过去他上过中央音乐学院，现在是中央音乐学院家属，当然要捐。见郭淑珍捐了，全院许多老师都积极响应，郭淑珍很快筹到 100 万元。郭淑珍的学生吴艳彧，刚在中国国际声乐大赛中获 1000 美元奖金，在恩师的感召下，毫不犹豫地将全部奖金捐出来。那年，中央音乐学院声歌系排演的《茶花女》，在北京 21 世纪剧院连演 4 场，场场座无虚席。

以下为郭淑珍策划主持排演的世界经典歌剧：

2004 年，莫扎特作品《蒂托的仁慈》（指挥旅意指挥家吕嘉，中国首演）

乐队：中央音乐学院青年合唱团

2005 年，威尔第作品《茶花女》（以色列著名歌剧导演考夫曼执导，指挥胡咏言）

乐队：中央音乐学院青年交响乐团；演出剧院：北京 21 世纪剧院

2006 年，莫扎特作品《魔笛》（意大利导演弗朗西斯科·韦斯执导，指挥张泽敏）

乐队：中国爱乐交响乐团；演出剧院：北京中山公园音乐堂、上海东方艺术中心

2007 年，普契尼作品《蝴蝶夫人》（百慕大导演凯瑞·博杰斯执导，指挥李心草）

乐队：国家交响乐团；演出剧院：北京国家大剧院歌剧厅

2005 年，中央音乐学院声乐歌剧系歌剧《茶花女》演出后，
受到时任国务院副总理李岚清（右四）、孙家正部长（左四）接见
第一排：张建一（左一）、李心草（左二）、郭淑珍（左三）、张立萍（右五）、
郭向远（右三）、王次炤（右二）、袁晨野（右一）

2010 年，柴科夫斯基作品《叶甫盖尼·奥涅金》（俄罗斯著名歌剧导演尼古拉·库茨涅佐夫执导，指挥俄罗斯指挥家帕维尔·兰多、林涛）

乐队：中央音乐学院交响乐团及俄罗斯柴科夫斯基音乐学院歌剧院管弦乐团

这个剧组分别在北京国家大剧院、北京音乐厅、中山公园音乐堂、21 世纪剧院、天桥剧院、上海东方艺术中心、广州大剧院、天津大剧院、福州大剧院、宁波大剧院、厦门大剧院、深圳大剧院上演。2010 年赴俄罗斯参加在莫斯科举办的中俄"汉语年"活动。2011 年，该剧在文化部举办的中国歌剧节上获得七项大奖。郭淑珍获终身成就奖。

2013 年，威尔第作品《阿依达》（美国导演达蒙·普蜀密斯执导，指挥林涛）上演，合唱团成员全部是中央音乐学院声歌系的学生。

此剧公演时，意大利大使文化参赞史芬娜致信中央音乐学院歌剧中心，她在信中写道：威尔第对意大利人来说，谈论他如同谈论自己的父亲。中国只是在近几年才接触意大利歌剧。但在我看来，在很多方面中国人和意大利人性格相近，包括在面对人生大事时容易激动和感

2006 年，郭淑珍担任艺术总监的歌剧《魔笛》上演，
女高音柯绿娃饰演女主角帕米娜，男低音蔡俊军饰萨拉斯特罗

动的性格特征。也许，出于这个原因，中国对意大利的音乐传统、尤其是美声传统满怀兴趣和激情。为此，中国对这位歌剧大师的敬佩让我尤其感动。

为更好地在中国普及歌剧艺术，郭淑珍在声乐歌剧系组建了中央音乐学院青年合唱团，团员为本科一至三年级优秀学生。她说建歌剧中心，不能只培养几个人，只培养能演主角的人，而是要培养一批热爱歌剧、为歌剧发展做贡献的人。这里既要成为培养歌剧人才的摇篮，也要成为歌剧艺术的孵化器。坚持不懈的努力，既锻炼了学生，也为提升歌剧水平创造了条件。合唱在歌剧中具有极其重要的地位，合唱团不是呆板地排成队站在舞台上唱，而是剧中重要组成部分，合唱团的使命，可以很好地烘托剧情，增加艺术感染力。而且，群众演员饰演的人物各有不同，也要训练他们把握好人物的特点。郭淑珍对合唱团的学生们同样高标准要求，一丝不苟。该团曾多次参加中央电视台及社会各类大型演出。2002 年 9 月与世界著名指挥家小泽征尔先生合作，赴日演出歌剧《蝴蝶夫人》，获得极高评价。

2003 年 12 月，青年合唱团在人民大会堂举行的北京新年音乐会上，与伦敦爱乐乐团及其他一些兄弟团体合作演出了贝多芬第九交响乐第四乐章《欢乐颂》，受到广泛关注和一致好评。2004 年青年合唱团应邀赴慕田峪长城参加雅典奥运会北京火炬传递仪式并担任合唱演出，影响巨大。2007 年 12 月，在国家大剧院再次成功演出贝多芬第九交响乐第四乐章《欢乐颂》。2008 年 7 月青年合唱团与耶鲁大学合作演出马勒交响曲，成功的演出令当地观众刮目相看。2009 年，学院 70 院庆在中央音乐学院音乐厅演出贝多芬第九交响曲第四乐章《欢乐颂》。2009 年 11 月，在国家大剧院演出《星光》。2012 年 1 月，在国家大剧院演出中国近现代著名词曲作家作品音乐会。应美国耶鲁大学国际合唱节的邀请，合唱团于 2012 年 6 月 18 日至 27 日赴美国访问，作为特邀合唱团参加音乐节活动。在纽黑文的耶鲁大学斯普拉格音乐厅、波士顿的哈佛大学桑德斯大厅和纽约具有历史意义的法拉盛高中礼堂演出，并在首届纽约华人合唱节上与纽约著名的华人合唱团一起交流和演出，取得了巨大成功。自 2004 年至今，青年合唱团先后承担了声歌系 7 部歌剧的合唱部分演出，《蒂托的仁慈》《茶花女》《魔笛》《蝴蝶夫人》《叶甫盖尼·奥涅金》《阿依达》《女人心》等，每一次都圆满完成了演出任务，得到了来自社会各界、国际社会、国际友人的关注。2015 年 8 月为纪念世界反法西斯 70 周年，在国家大剧院合唱团演出《黄河大合唱》，在社会上引起巨大反响。

请求接见五分钟

作为国家表演艺术的最高殿堂、中外艺术交流的最大平台、中国文化创意产业重要基地的国家大剧院，于 2007 年 12 月 22 日正式投入使用。大剧院位于北京市中心天安门广场西侧，现已成为新北京十六景之一的地标建筑，她静卧在一池清澈的湖水中，身旁有绿草、树木与鲜花相伴，营造出人与人、人与艺术、人与自然和谐共融的诗情画意……

郭淑珍一直关注国家大剧院的建设，希望期待了 49 年的大剧院早日建成。她知道早在 1958 年，国家已将大剧院的建设项目提上议程，但由于种种原因，建设被一拖再拖。半个世纪的等待，郭淑珍对大剧院的情感不是一个"深"字了得，在她心里大剧院是梦和理想的家。正因为如此，郭淑珍格外关注国家大剧院的情况，与时任国家大剧院院长陈平成了好朋友，积极支持大剧院的各项活动，愿意为大剧院的文化建设做贡献。且不谈登上国家大剧院台舞台演唱的中国歌唱家，有多少是郭淑珍的学生，郭淑珍自己也一直积极参与大剧院的活动，如：

2010 年 12 月 7 日，郭淑珍带领中央音乐学院歌剧中心的师生，在国家大剧院歌剧厅演出歌剧《叶甫盖尼·奥涅金》，以纪念俄国著名作曲家柴科夫斯基诞辰 170 周年。这是国内第一部用俄语演唱的俄国经典歌剧。

2011 年，国家大剧院举办"市民高雅艺术殿堂文明行"活动，活动组联系郭淑珍，希望她作为志愿者，与观众交流。"没问题，我愿意当这个志愿者。"这是郭淑珍的回答，事后她又精心做了准备，成为这项活动中年龄最大的志愿者。

2010 年 8 月，在国家大剧院举办的纪念中国人民抗战胜利暨世界反法西斯战争胜利 70 周年音乐会上，已是 88 岁高龄的郭淑珍再次登台演唱《黄河怨》。

2017 年 12 月 2 日，国家大剧院艺术资料中心举办"走进唱片里的世界"艺术普及教育活动，90 岁高龄的郭淑珍又是活动的第一位嘉宾，而且她还带来了一批名声卓著的朋友与学生——李谷一、刘秉义、吴霜、廖昌永、幺红等。

郭淑珍支持国家大剧院，不仅在参加各项活动和演出上，最重要的是，她敢于指出问题。那天，陈平院长接到郭淑珍电话，电话中郭淑珍说："我知道你忙，但再忙也得挤出五分钟接见我一次。""没问题，我知道您又看出问题想提建议了，我一定认真聆听。"陈平院长知道郭老太一定又有好的想法了，马上约见郭淑珍。

国家大剧院外景

　　郭淑珍急切找院长陈平的事确实重要。那天前，国家大剧院请到德国歌唱家演出，计划共演三场。第一场演出非常成功，演出结束后，大剧院派人上台献花。没承想，当晚德国歌唱家喉咙出现不适，而且情况紧急，有可能影响明天的演出。一时间所有人都蒙了，票卖出去了，不演怎么向观众解释？众人不知所措，有人想到了郭淑珍，这人是郭淑珍的朋友，他想出现这种情况，只有经历丰富的郭淑珍可能知道问题出在哪。

　　夜深人静，郭淑珍家的电话响起急切的铃声。郭淑珍拿起电话，朋友言简意赅地把德国歌唱家的情况告诉她。"根据你说的情况看，可能是花粉过敏，我想办法吧。"郭淑珍回答得很肯定。放下电话，郭淑珍马上联系中央音乐学院校医，电话中她对影响校医休息深表歉意，又说情况紧急，别无选择。果不其然，那位德国歌唱家是过敏体质，花粉导致喉咙不适。由于中央音乐学院校医及时对症脱敏治疗，症状很快缓解。

　　郭淑珍要求约见陈平院长的目的，是希望国家大剧院内不要再摆放可能致人过敏的植物，演出后的献花，也要挑选不会产生花粉过敏的鲜花。有些对常人不是问题的问题，对用嗓子的艺术家可能就是危险。

　　陈平院长非常感激郭淑珍的建议，从此以后，国家大剧院内摆放的都是不会致人过敏的植物，献花也精心挑选。

　　郭淑珍给陈平院长提的另一个建议，是国家大剧院应尽早成立合唱团。国家大剧院接受了郭淑珍的建议，于2009年成立国家大剧院合唱团，2010年正式亮相，至今先后演出了由大剧院制作的歌剧《西施》《卡门》《茶花女》《图兰朵》《托斯卡》《赵氏孤儿》《弄臣》《塞维利亚理发师》《漂泊的荷兰人》《罗恩格林》等近 20 部歌剧，艺术水平获得了业内人士及观众的一致赞誉。作为国家大剧院驻院团体，合唱团先后出访韩国、日本以及香港地区参加演出交流活动。

从艺从教70载

2017年，郭淑珍走过人生90载，按中国习俗对年龄段的划分，她进入耄耋之年。

对常人来说，年逾九十，已是屈指可数。那么，这个年龄的郭淑珍，虽然满头白发，受过伤的腿让行动略有影响，但还一如既往，每周给8个本科生分别上课，这是她从教以来工作量最少的一年。以往她每周要给十几位本科生、研究生上课。90岁这年，她去了6个国家和地区当声乐比赛的评委或交流访问，到国内多个城市参加各类学术活动，我们又应当用怎样的目光去注视她呢？如今，所有认识郭淑珍的人，似乎都忘记了她的年龄，国内外各种声乐比赛、学术交流的组织者，从未因她的年龄而担心她不会出席。在他们看来，郭淑珍永远是一位敬业的教授，一位充满活力初心不改的艺术家，有她参加便体现一种水平、一种高度。郭淑珍的确是一个高度。90岁这年，她站到国际歌剧界荣誉最巅峰，荣获歌剧界最高荣誉奖——奥斯卡歌剧奖。国务院前副总理李岚清，对郭淑珍的敬业精神深表敬佩，以留苏同学身份赠诗郭淑珍——

　　赠郭淑珍教授
　　出国求知离故土，秉烛夜读惜光阴。报国之路虽有别，异曲同工有作为。
　　而今吾辈皆耆老，喜看后生更有为。朝阳晚霞交相映，延绵不息永生辉。
　　　　　　　　　　　　为我国早期留苏同学而作
　　　　　　　　　　　　李岚清

中央音乐学院虽处喧哗都市中心但却静谧典雅，保存完好的王府建筑，历经了100多年风云变幻，依然不减当年皇家风范。自划归中央音乐学院使用后，这座古老的王府见证了几代中国音乐家的成长，其中包括周广仁、郭淑珍、林耀基、刘诗昆、殷承宗、薛伟、袁晨野、郎朗等一批批音乐教育家、演奏（唱）家。陈怡、陈其钢、瞿小松等一批当今走向世界的作曲家，也曾在这里留下他们作品首演的音乐会。这里还迎来了梅纽因、帕瓦罗蒂、斯特恩、帕尔曼、阿什肯纳奇、阿格里奇、梅塔、小泽征尔、迪图瓦、文格洛夫等世界级音乐家的大师班课。柏林爱乐乐团、费城交响乐团、克利夫兰交响乐团、法国国家交响乐团、以色列爱乐乐团等世界级一流乐团，也曾在这里一展风采。2017年6月18日，中央音乐学院歌剧中心又举行了一场特殊的音乐会，即"不忘初心 方得始终——郭淑珍教授从艺从教 70 周年师生音乐会"。

音乐会之所以特殊，不是因为其豪华的演员阵容，登台演唱者均为中国一线最优秀的歌唱家，如王秀芬、张立萍、吴碧霞、吴霜、王宏伟、刘和刚、泽旺多吉等，还有青年实力派新秀，如冯国栋、王宏尧、孙媛媛、谢天、李佳轩等，而是因为所有歌唱家都心怀一种感恩，借歌声表达对从教 70 年恩师的敬仰，对年满 90 岁慈母的祝福。

这是一个温馨而美好的夜晚，树叶在微风中低语，繁星在夜幕上闪亮，古老王府沉默了多年的石狮子，似乎也露出了微笑，好像它最清楚郭淑珍虽然已青丝变白发，额头多了皱纹、脚步略有迟缓，但初心不改，信心依旧，永远走在追求事业的路上。

中央音乐学院俞峰院长在演出前代表学院发表热情洋溢的致辞。他说，郭淑珍老师是一位德艺双馨的艺术家，又是教书育人的辛勤园丁。她长期坚持在声乐教学第一线，不仅教授声乐技巧，还注重对学生的思想政治教育，为声乐学科和国家艺术事业的发展，呕心沥血，无私奉献。学院在她 90 岁生日之际为她举办这样一个纪念活动，是要以她为榜样，弘扬她的这种爱国、爱党、爱学院、爱学生、爱事业的精神，引领大家努力提高专业音乐教育的质量和水平。作为新中国培养的第一代女高音歌唱家、声乐教育家，郭淑珍教授在三尺讲台一站就是半个多世纪，桃李天下，硕果累累。她在教学上最突出的特点是中西贯通、科学从教。她重视基础训练，注重对学生性格、气质的培养，帮助学生建立正确的歌唱方法并养成健康的歌唱心理。同时她还讲究因材施教，充分发挥学生个人的潜力，重视教学的针对性和有效性。她常常身体力行，言传身教，以自己对艺术的全心投入感染学生，启发学生用"脑"学习，用"心"歌唱，用"情"动人，她是在用心血浇灌每一位学生……

虽说是学院是为郭淑珍从教 70 年办音乐会，但最忙的却是郭淑珍。在她看来办好这场音乐会的意义在于展示教育的价值。多年的教育经历，使她对古人教育理念感悟深刻。"一年之计，莫如树谷。十年之计，莫如树木。终身之计，莫如树人。"卢梭说：在所有一切有益于人类的事业中，首要的一件，即教育人的事业。这场音乐会便印证了教育的伟大。这场音乐会参加演出的几十位学生，仅是郭淑珍教授无数学生中的代表，他们以独唱、重唱、合唱等形式，演唱了 30 多首高难度的中外经典声乐作品（艺术歌曲、歌剧选段和片段），演出时长近 4 个小时，是声乐艺术的饕餮盛宴，后被中央电视台播放。音乐会中有几个环节感人至深：一是由郭淑珍教授本科在校学生演唱的小合唱《老师，我总是想起你》，朴实无华的歌词，抒情温婉的旋律，真情满怀的演唱，表达了学生们对老师无限的爱戴与敬意，台上台下，歌声心声水乳交融。二是学院歌剧中心同学表演的柴科夫斯基歌剧《伊奥兰塔公主》片段。《伊奥兰塔公主》是郭淑珍近期为学生排演的又一部新戏，通过排练和演出，同学们的声乐技巧和舞台表演能力都得到了很大的提升。最让人难忘的，是郭淑珍教授和爱徒王秀芬以公开课的方式讲解、演唱《黄河怨》，她用短短几分钟的讲解和示范，让在场的人再次感受到艺术大家的学识修养和人格魅力，但感触更深的，是教育的传承力量、是老师的红烛精神。

中央音乐学院声歌系马洪海教授，与郭淑珍合作了 13 年，共同排演了 7 部歌剧。他说：郭老师的事业心谁都比不了。她做到了为培养学生倾注全部心血，不辞辛劳。我们成功排演过的每部歌剧背后，都有她的大量付出。是她带着我们战胜了很多难以想象的困难和坎坷。由于她对艺术有完美的追求，所以对我们就有严格的要求。曾经很多人认为她的要求过于苛刻，不能理解甚至抱怨，但当歌剧最终呈现在舞台上的一刻，我们真正懂得了艺术来不得半点"偷工减料"，没有台下的十年功，就没有台上的一分钟。结果都是令人振奋和感动的。跟她合作的人往往会有特别大的压力，来源于她对艺术一丝不苟、精益求精的要求。她带我们出国交流演出，为了保证演出质量倒时差，早上 7 点钟就要求大家联排，每一次演出的节目她都要逐字逐句亲自修改和审定，要求大家做事要用心，要做就要做得专业。她这些对艺术负责和严谨的治学态度，如春雨润物，潜移默化地影响我们所有中青年教师。

解放军艺术学院孟玲教授，回忆起当年的学习，她说：郭老师让我去学习京剧、京韵大鼓、单弦、河北梆子，豫剧等戏曲，把这些艺术的精华吸收、借鉴到演唱中去，这都对我后来的教学产生了非常大的影响，使我的教学内容更加丰满、游刃有余。虽然我是美声唱法，但我也教出了很多优秀的民族唱法和流行唱法的学生，这些都得益于当年老师对我的要求。郭老师十分好学，这么大年纪了还是场场歌剧演出必看，而且一个剧目不同版本要看几遍，她常说："不去听，不去看，怎么学习，怎么进步。"有这样的老师在前面做榜样，作为她的学生，我岂敢对自己的学生不尽心尽力尽责。

总政歌舞团歌唱家王秀芬说，如果用一个词来形容郭老师的精神，我想只有两个字——"奉献"。她把一辈子都无私地奉献给了音乐，有点时间就一心投入到音乐和歌唱事业中，正是这种无私的奉献精神，让我们认识到教师这份职业多么伟大和崇高。从老师的身上，我们看到选择这份神圣的职业，要付出多少心血，要担当多少责任。

中央音乐学院声歌系主任张立萍教授说：郭淑珍教授把毕生的心血都投注给了教育事业，中国的音乐教育事业要以她为榜样，她是一个丰碑立在前面，教我们学习做人，学习如何做一个好老师。后面的年轻教师都应该向郭老师学习，以后我们都会从舞台回归到以教育为主的阶段，有她90岁退而不休的标杆，看着她在讲台上的风采，我们能做的，只有一刻不停向前走。

郭淑珍教授与所有参演者联袂演唱的《我爱你，中国》，是音乐会的结束曲，在深情悠扬的歌声中，俞峰院长、郭淑兰书记、声乐歌剧系主任张立萍教授，一起推上生日蛋糕的小车。那刻，郭淑珍泪光闪闪，她感到了从未有过的幸福与欣慰，她说，艺术改变了她的人生命运，教师赋予了她人身价值，作为新中国培养起来的第一代歌唱家，她要为国家栽培出更多的声乐新苗，这是她最大的中国梦。

大胆开拓新丝路

　　加拿大素有"枫叶之国"的美称。加拿大虽地处寒温带与寒带，但东南部气候温凉，降水充沛，满山遍野生长着枫树。枫树给了加拿大最美的秋天，火红的枫叶像是秋天带给音乐的盛装，华美、高贵、艳丽、多姿。在这美好的季节，中国中央音乐学院与多伦多音乐学院强强联手推出"金秋十月"多伦多联合音乐会，意在增进两国青年艺术人才的交流，加强东西方文化的相互了解。

　　为筹备赴加拿大的首次演出，郭淑珍与歌剧中心全体师生很早就开始准备。她是一个追求完美的人，尤其在她衷爱的歌剧艺术方面，更是精益求精。此行上演的曲目是柴科夫斯基的最后一部歌剧《伊奥兰塔公主》。排练时间集中在"七月流火"的暑假，每逢排练的日子郭淑珍必到，坐在排练厅门口清点人数，所有人不准随便请假，更不准无故缺勤。年轻人难免有时懈怠，但见 90 岁的郭老师，放弃休息顶着烈日指导排练，再没人敢不认真。

　　2017 年 10 月 13 日下午，两国青年艺术家在加拿大多伦多音乐学院举行了"新丝路"国际音乐比赛暨中外民族声乐展。当晚八点，又在加拿大广播电台音乐厅（CBC Glen Gould Studio）举办了"中国优秀音乐家系列"音乐会。加拿大国际艺术家音乐与舞蹈协会主席、多伦多音乐学院院长叶曲凌先生在致辞中表示，作为一位加拿大籍华人音乐家，前些年被邀请回到中国首都北京的国家大剧院演出时，就萌生要举办一个加拿大和中国音乐交流的艺术节。这次恰逢中国著名女高音歌唱家、教育家、我的恩师郭淑珍教授提起要准备赴北美的音乐之旅，从而决定举办 2017 加中音乐艺术节。

　　音乐会在加拿大多伦多艺术中心举办，郭淑珍担任艺术总监、马洪海教授担任声乐指导的柴科夫斯基歌剧《伊奥兰塔公主》上演，演出大厅座无虚席。音乐会的指挥邀请了意大利著名指挥家，多伦多音乐学院客座教授里昂纳德 – 夸得利尼先生，演奏为多伦多音乐学院乐团，中国青年艺术家在台上完美呈现的歌剧，深深打动了现场观众。

　　离开加拿大，郭淑珍一行又来到美国耶鲁大学音乐学院举办专场演出。用郭淑珍的话说，之所以带着学生不远万里演出交流，一是展示中国声乐教育的发展水平，二是让世界了解中国文化，三是让学生"开眼界"。这是她的责任，只要力所能及，她愿意给学生们创造更多更好的机会，让歌剧艺术在中国扎根、开花。

前去上音送祝福

上海的初冬，有种特殊的凉意。飘落的梧桐叶，在寒霜里将最后的梦留给蓝天。

晚上 10 点多钟，从北京开往上海的"复兴号"缓缓停靠虹桥站，郭淑珍走下车，高兴地向前来接站的上海音乐学院声乐系教授宋波挥手，宋教授推着轮椅跑过来，激动地拥抱郭淑珍，说："了不起的郭老师，我代表上海音乐学院、代表廖昌永副院长，欢迎您来参加我们学院的校庆。""用不着客气，上海音乐学院的大事、喜事，就是我的大事、喜事，别说你们请我，即使不请，我知道了也要来。"

2017 年 11 月 27 日，上海音乐学院迎来创建 90 周年纪念日。上海音乐学院前身是民主革命家、教育家、思想家蔡元培先生和音乐教育家萧友梅博士，于 1927 年 11 月 27 日共同创办的"国立音乐院"，也是中国第一所独立建制的国立高等音乐学府，首任院长为蔡元培先生。1929 年 9 月更名为国立音乐专科学校。新中国成立后学校曾用名"中央音乐学院华东分院"，1956 年改名为上海音乐学院。廖昌永副院长介绍说，在学院邀请嘉宾时，他第一位想到的是郭淑珍教授。在他眼里，郭淑珍除了是中国声乐界"泰斗"，是他的恩师周小燕先生的挚友，还是一位既慈祥又严厉的母亲，所以每次见到郭淑珍，他总是亲切地称郭淑珍"妈"。

邀请郭淑珍到上海来参加建院 90 周年音乐会、周小燕诞辰 100 周年纪念会，学院筹备方曾有顾虑，毕竟郭淑珍已 90 高龄，无论坐飞机还是乘高铁，对这般年纪的老者来说，都是一种考验。带着试试的想法，筹备组同志联系了中央音乐学院声歌系秘书傅冠琪，请求傅老师征求郭淑珍的意见。"告诉小廖，我一定去必须去。"郭淑珍马上答应。傅老师又说，上海音乐学院表示，为照顾郭老师的健康安全，可有一名随行人员同往。上海音乐学院的好意，郭淑珍心领神会，但她却说："我自己没问题，又不是泥捏纸糊的，国都出了几次，去趟上海算什么，系里的老师要上课，学生要考试，不能因为我而影响他们。"傅老师笑了，说："我跟他们说了您没问题，人家还是担心，要不就找个学生陪您？""一人去还是两人去，是费用的问题吗？你跟我这么多年了，他们不明白，你还不明白？我不能耽误学生上课。给我订往返票，27 号去，29 号回。""太紧了吧？"傅老师希望郭淑珍多在上海待一天，郭淑珍不容置疑地告诉他："别啰嗦了，就照我说的办。"

11 月 28 日晚，郭淑珍在上海交响乐团音乐厅参加了纪念周小燕先生诞辰 100 周年暨校庆 90 周年音乐会，她对身旁的宋波教授说，周先生在天有灵，看到她有这么多优秀的学生，她所热爱的上海音乐学院有如此大的发展，一定欣慰。周先生走了，但她的精神在，她的事业在，她是中国也是上海音乐学院的瑰宝。音乐会最后，会场突然暗淡、寂静，这时大厅内回响起熟悉、悦耳的歌声："万里长城万里长，长城外面是故乡。高粱肥，大豆香。遍地黄金少灾殃。自从大难平地起，奸淫掳掠苦难当。苦难当，奔他方，骨肉离散父母丧……"那刻，周先生像重回人间，她的音容笑貌再次浮现在所有人面前。郭淑珍眼眶湿润了，脑海里浮现一幕幕与周先生在一起的场景。

11 月 29 日上午，郭淑珍又参加了周小燕先生诞辰 100 周年座谈会，会上主持人请郭淑珍发言，坐在会场主宾席的郭淑珍站起身，先转身面向观众招手致意。她没有讲稿，却滔滔不绝地说了半小时，从周先生的性格讲到周先生的为人，从周先生对事业的追求讲到周先生严谨的治学态度。内容有声有色，在场观众一次次报以掌声，掌声中既有对年高 90 岁前辈郭淑珍的敬仰，也有对"南周（小燕）北郭（淑珍）"两位"泰斗"真挚友谊的赞颂。讲述中郭淑珍讲了一段感人的"花絮"。当年周小燕办歌剧中心遇到资金困难，到北京请她帮助。她当即表示尽全力支持，周小燕特别高兴。这时，她严肃地说："帮忙可以，我有个条件。""什么条件？"周小燕问。"条件是你要努力戒烟。吸烟对人体伤害很大，我坚决反对。"郭淑珍说，这是她第一次对周小燕提要求，虽然态度很严肃，但周小燕却紧紧握住郭淑珍的手，说："我听你的，一定少吸，尽量不吸。"

访谈走进大剧院

2017 年 12 月 2 日，国家大剧院艺术资料中心主办的"走进唱片里的世界"艺术普及教育活动，在凛冽的寒风中拉开帷幕，第一位主讲人是郭淑珍，这是主办方精心选择和安排的。除了郭淑珍一直是国家大剧院的义务高参，积极支持国家大剧院的工作，还因为郭淑珍是首届中国"金唱片"奖得主、"金钟奖"终生成就奖获得者、多个重量级国际声乐比赛的评委，中国声乐界的国宝级人物。

活动一周前，大剧院两位年轻工作人员拜见郭淑珍，表达了国家大剧院的意愿，希望郭老师作为此项活动的首位访谈艺术家。得知这项活动是公益性的普及教育，郭淑珍当即答应。"你们打算以什么形式访谈？""准备请电视台的资深主持人。"听对方这么回答，郭淑珍皱起了眉，说：为什么请电视台的，这是国家大剧院的访谈，应该是国家大剧院的风格与形式。如果又像朱军在中央电视台《艺术人生》里访谈我那样，咱这活动岂不是"炒冷饭"？"您有什么好点子？"来者被郭淑珍的一席话，说得有些惭愧。"可以这样，我找几位演唱风格各异的学生，让他们现场表演，通过他们的演唱，让观众了解什么是花腔女高音、什么

郭淑珍在大剧院接受访谈

是抒情女高音，什么是歌剧咏叹调，什么是艺术歌曲……我觉得这样才能达到普及的效果。"

　　刚从上海赶回，又来参加国家大剧院的活动，如此紧张的节奏，即使年富力强的人也会疲惫，但郭淑珍却一如既往，精神抖擞准时准点地出现在国家大剧院。那天，前来参加活动的观众早早等在门外，有年长的也有年轻的，有北京的也有外省市的。人们冒着严寒赶来，对艺术的追求，对艺术家的敬仰，不是一个"爱"字了得。

　　穿着玫红色外套，内搭香槟色裙装，一头银发、满面笑容，90岁的郭淑珍先生，稳步走到观众面前，她向观众深深鞠躬以示感谢，让在场所有人感动万分，没想到这位大艺术家、教育家如此谦和、平易近人。她拒绝了递过来的话筒，大声作自我介绍。她诙谐地称自己"今年不是91，是19"，还有很长的艺术之路。

　　这天免费前来给郭淑珍"助阵"当活动志愿者的，都是"大腕"。如曾经搭档郭淑珍演出《叶甫盖尼·奥涅金》的男中音歌唱家刘秉义，歌坛不老松著名歌唱家李谷一，著名花腔女高音歌唱家、"评剧皇后"新凤霞和剧作家吴祖光之女吴霜，中央歌剧院副院长、著名女高音歌唱家，曾参演《图兰朵》《西施》等多部国家大剧院制作以及原创剧目的幺红。上海音乐学院副院长、著名男中音歌唱家廖昌永，也专程从上海赶来。

　　演唱间隙，一位银发苍苍的老乐迷给郭淑珍送上一条红围巾，希望老艺术家身体健康。郭淑珍立即回以深深的一鞠躬，并将围巾戴在脖子上，连声说"这围巾真暖和"。

迎来歌剧最高奖

意大利是歌剧发源地，为使这古老的歌剧艺术永葆青春，"维罗拉/我的舞台"基金会、意大利艺术联合会、歌剧交响乐基金会等机构于 2010 年创立了"奥斯卡国际歌剧奖"。奥斯卡国际歌剧奖项每年固定举办，如同美国国家录音艺术与科学学院每年固定举办格莱美音乐奖一样，被公认为世界级歌剧大奖，为歌剧的复苏起到了积极的促进作用。它传播的理念是：歌剧是一门以生活和文化为主要背景的舞台表演形式，是一所学习牺牲精神和不断奉献精神的学院。

毫无疑问，歌剧是声乐和古典演唱艺术最高级别的形式，作为国际上唯一且极具权威性的"奥斯卡国际歌剧奖"，也是世界上对歌剧表演艺术家们最具感召力和最高级别的奖项，每届都会将此奖颁发给当年在国际舞台上最耀眼的歌剧艺术家。此奖前五届的获奖名单中汇集了众多国际大名鼎鼎的声乐艺术家，排在世界第一的意大利盲人歌唱家安德烈·波切利，也曾获得此奖殊荣。席琳·迪翁曾经这样评价盲人歌唱家："如果上帝会唱歌，他的声音就跟安德烈·波切利唱歌的声音一样。"

2017 年 12 月 20 日，第 6 届奥斯卡国际歌剧节的颁奖活动设在中国最美丽的海南岛，这一歌剧的盛会吸引了世界歌剧界的目光，让众多歌剧艺术家心驰神往，满怀憧憬，期望得此盛誉。郭淑珍应邀参加颁奖活动，但却不知她会得奖。

颁奖现场绚丽而华贵。场外，美丽的南海演奏着浪漫的乐章，飞翔的海鸥在天空起舞，像是不请自来的演员；场内，华灯盏盏打造出水晶般剔透的世界，衬托出歌剧艺术的高雅、高贵。2017 年"第 6 届奥斯卡国际歌剧奖"颁奖典礼的新闻发布会，于 6 月 30 日在意大利维罗纳 Filarmonico 歌剧院的 Maffeiana 大厅隆重召开，中国海南省是在众多国家城市竞争中胜出，成为第 6 届颁奖典礼举办地。虽然在中国海南举行颁奖活动，但意大利带来了强大的阵容，其中包括世界闻名的意大利西西里合唱团，该团被意大利著名歌剧评论家恩里克·斯汀克里评论为"艺术盛宴"的合唱团。此外，国际知名交响乐团——意大利斯卡拉蒂交响乐团，也来到本届颁奖晚会现场，为观众演奏经典歌剧。

颁奖开始了，美轮美奂的舞台背景，是一面巨幅投影幕布，当上面出现意大利已故著名歌唱家帕瓦罗蒂的剧照，当他的歌声在大厅里回响时，全场哗然，观众再次为这位天才歌唱家倾倒。此次活动颁发了最佳男高音、最佳女高音、最佳乐队指挥、最佳导演等 16

个奖项。

　　最佳导演奖颁给了洛伦佐·马里亚尼（Lorenzo Mariani），最佳男高音约翰·奥斯本（John Osborn），最佳女中音卢西亚娜·蒂茵提诺（Luciana Dintino），最佳男中音亚历山德罗·科贝（Alessandro Corbelli）。获奖者在现场演唱了《唐卡洛》选段 *O don fatale*、《灰姑娘》选段《塞维利亚理发师》等曲目。之后，又颁出了特殊金歌剧奖，纪念女高音歌唱家丹妮拉·德西（Soprano Daniela Dessi），纪念男低音歌唱家艾莫·温柯（Ivo Vinco），以及最佳指挥、最佳造型设计、最佳布景设计等奖项。意大利著名的西西里歌剧合唱团获得特殊金歌剧表彰奖，并为现场观众演唱了脍炙人口的中国歌曲《我爱你，中国》。

　　当颁奖嘉宾宣布女高音歌唱家郭淑珍、著名指挥家汤沐海、女高音歌唱家吉万纳·卡索拉（Giovanna Casolla）、男中音歌唱家里奥·努奇（Leo Nucci）获得金歌剧奖——职业生涯成就奖时，没有任何心理准备的郭淑珍迟疑了片刻，没想到自己荣获此奖。直到身边的学生兴奋地说："老师，您获奖了，上台领奖啊。"她才起身向舞台走去。

　　一路热烈掌声相伴，一路崇敬目光相随，当身着白色长裙黑色外套的郭淑珍站到舞台中央时，观众感到这位 90 岁高龄的艺术家，是那么光彩夺目。她用自己的经历告诉世人，艺术可以让灵魂升华，可以让生命单纯，热爱艺术的人，内心永远是温暖而光明的。就像她在现场演唱的《好一朵美丽的茉莉花》那样，平凡而圣洁，朴素而高雅……

后记

　　当在几番修改的书稿上敲下最后一个句号时，有种终于翻过一座大山的感觉，轻松快慰，无以言表。就像当年登过泰山之后，回头仰望五岳之首，深刻在心里的，只有巍峨与壮美，何时想起何其庆幸没中途退却，记忆里装进一山的风景。

　　对我而言，著名歌剧艺术家、声乐教育家郭淑珍先生也是一座大山，她近一个世纪的传奇经历，跨越几个时代的感悟体会，其丰富、厚重、生动、曲折，若不深入采访了解，是无法想象的。从文盲小伙计的女儿，到中国歌剧界领军者、中国声乐教育家、有世界影响力的歌唱家，郭淑珍的艺术人生折射出中国教育划时代的变化，呈现出新中国成立后实施培养人才的战略，以及近年来中国艺术教育改革创新的成果，等等。说实话，撰写这本书酷似两年在翻越，万丈山崖一步步攀登，无限风光一点点欣赏，有过迷茫有过困惑，有过疲惫有过气馁，但也有过感动有过满足。好在最终坚持了下来。回首自问毅力从何而来？一是不舍放下这个选题，二是不愿辜负战友厚望。

　　去年春节后的一天，中央音乐学院出版社社长张伯瑜教授把撰写郭淑珍艺术人生这本书的任务交给我。说来巧，那天我们随意找了天津海河边的一家咖啡厅，这家咖啡厅有百年历史，当年是德租界德国俱乐部的一部分，现格局、设施还保留原样，弥散着沉积的安静与褪色的浪漫。我们坐下谈有关写书的事，当时并没想到影响郭淑珍一生的"官立中"，距咖啡厅不过百米，现仍是学校——天津海河中学。事后遐想，假如可以"穿越"，兴许那刻能看到穿白衫黑裙的郭淑珍，骑着父亲攒的自行车，从窗外马路上闪过……这种偶然可能是种特别安排，只是不知谁的这番美意。

　　平心而论，对我这个有30多年新闻龄的"老记"来说，在报纸上开过个人专栏、写过无数新闻报道，创作过小说、作品集，撰写郭先生传记应该不算难。伯瑜教授大概也这么认为，所以把这本书交给我写，当时他说中央音乐学院建院以来，曾涌现一大批才华横溢的艺术家、教育家，他们有追求、有热情、有成果、有作为，为中国音乐教育的发展做出过不能磨灭的贡献，应该把他们写下来留给后人，遗憾的是他们中已有相当一部分人去逝，所以想为健在的写传。他想到的第一位，就是年满90岁的郭淑珍。这之后，他一直在找适合写的人。最后选由我写，不知算不算他在对的时候选中对的人，还是我幸运正好撞在"幸运"上，总之算是"他情我愿"地想把这本书做好，既是向声乐教育大家郭先生致敬，也是给后来热爱声乐艺术的人留下一个传奇。

但是，这本书真的不那么好写。以为郭先生一定会积极配合，除了提供资料外，还会尽可能地多谈多讲。没承想，一年里我除了联系不上她，就是在中央音乐学院声歌系走廊沙发上等。以为90岁高龄的人不再那么忙，即使还在教学，也不会常离开北京。结果是，教学的事她很忙，国内外的活动更忙，想找到她，不是一个"难"字了得。一直叮嘱自己要耐心要等待，抓住机会见缝插针，还要努力做好"功课"。功夫不负有心人，多次进京采访，多次参加她的活动，甚至跟她一起去上海参加上海音乐学院校庆活动，终于感觉与郭先生越走越近，越聊越多。发现她之所以艺术之树长青，因为她心底深藏对事业的爱，始终不断在汲取营养。举个例子，今年春节前"歌剧之王"多明戈领衔在国家大剧院演出歌剧《泰伊斯》，共演四场，郭先生看了三场，她说要了解当代歌剧艺术方方面面的变化，包括舞美、服装、灯光。再比如，她经常出国担任声乐大赛评委，通过参赛者的演唱了解世界声乐教育的变化，用以充实她的教学。还发现，她之所以健康长寿，因为她心无旁骛活得单纯，内心阳光透明，为人直率磊落。不为得失烦恼，不为名利困惑，不为仕途钻营，这种看似淡然的心态，其实背后是坚强的信念和坚定的目标。曾问她，您是新中国培养的第一代歌唱家，20世纪50年代加入党组织，用艺术为国家民族政策、外交事业做过积极贡献，多次受到党和国家领导人接见，这些别人没有的"硬件"，应该是从政为官的资本。她反问："我凭什么当官，我有多大贡献？我的价值就是培养学生，这就是我的追求。"听罢这番话，顿悟这不是一种觉悟，而是一种境界。猜想她心里一定有道风景线，也许不自知，但却很独特。

一直以来，因郭先生的名望、贡献、成果，撰写和拍摄她的人很多，但却少有记录反映她一路走来时代、社会、家庭、教育对她产生的影响，而这些恰恰是她成长、成才、成就的重要因素。可以说，不了解这些背后的故事，就无法真正解读郭淑珍。所以，在撰写过程中，我想为读者呈现真实、生动的郭淑珍，除大量查找与她有关的时代资料，以还原她的生长、教育环境外，又通过不同年代报道她的文章，拼接起她所走过的艺术之路。再用有色彩的文字、有温度的细节，展示她那时那刻的心灵感受，告诉读者郭淑珍如何一步步走来。

在我眼里郭先生是一个"奇迹"，通过她我懂得了，成功属于永不停步的人，属于永远在坚守的人。郭先生走到今天，初心从未改变，她踏踏实实做人，认认真真做事，在平凡的艺术人生中，享受面朝大海、春暖花开的幸福。

最后，再次感激张伯瑜教授对我的信任。我想对他说，此书也许未达到他期望的高度，但我真的非常努力了。还想对郭先生说，您这座山对我而言太高大，虽然想记下每道风景，但肯定还有遗落，希望得到谅解。当然，最希望得到读者认可，愿你们从中了解到这位中国歌唱家、教育家美丽多彩的艺术人生，哪怕是冰山一角，也是一种享受。

作者

师爱如歌　桃李满园

宋学军

中央音乐学院声乐歌剧系郭淑珍教授虽已是耄耋之年，但她的日常时间几乎都被教学和排练填满。由于有着歌唱的功底，她说起话来比年轻人还要中气十足，语速快，语气长，密密匝匝如连珠炮一般；而她那热情开朗、好强率真的性格，则让她做起事来风风火火，不达目的绝不罢休。她堪称声乐界的"掌门师太"，但学院里的晚辈们私下里却都叫她"郭老太太"。其中有几分景仰，也有几分敬畏。"郭老太太"的直率、厉害是学院里出了名的，而"郭老太太"的随和、可亲，对学生的耐心、细心，也是大家的真实感受。

喝"洋墨水"的民族歌唱家

1927 年出生于天津的郭淑珍，从小喜爱唱歌，中学时代曾积极参加业余歌咏活动。1946 年她考入国立北平艺术专科学校音乐系，随美籍教师汉基夫人学习声乐。1949 年 10 月，她同艺专音乐系一起并入新成立的中央音乐学院，师从沈湘教授。1952 年郭淑珍本科毕业并留校任教，翌年，作为国家选派的第一批留苏调干生，赴莫斯科音乐学院学习歌剧与音乐会演唱，师从苏联人民艺术家卡杜尔斯卡亚教授。1958 年她以优等生的成绩毕业，并荣获"歌剧和音乐会优秀歌唱家"称号。她的名字被镌刻在莫斯科音乐学院的金榜上，成为唯一获此殊荣的中国音乐家。

1959 年郭淑珍载誉归国回母校执教，并成为中央实验歌剧院的一名歌唱演员。除了教学，她长期活跃在音乐舞台，曾在国内多个城市举办独唱音乐会，受到周恩来总理等国家领导人的高度赞扬；也曾随中国艺术家代表团、中国青年音乐家演出团等多个国家文化代表团赴欧洲、美洲、亚洲的多个国家和我国港澳地区访问演出，好评如潮。她还曾为电台、唱片社录制了许多音乐节目和唱片，担任了多个国内外重大声乐比赛的评委和评委会主席。

作为新中国培养的第一代女高音歌唱家，郭淑珍虽然学的是美声唱法，喝的是"洋"墨水，她却一直都很重视民族声乐艺术的发展。"我从小就听母亲的电台匣子里播放的京剧，我知道那是我的根。"受到母亲的影响，郭淑珍从小就十分喜爱梆子、京戏、评戏等民间戏曲艺术，20 世纪 50 年代初曾随中央音乐学院师生参加"中央西南地区少数民族访问团"，赴西南少数民族地区演出和采集民歌一年有余，对我国民族民间音乐并不陌生。在苏联学习期间，她深刻理解民间音乐文化在形成俄罗斯声乐学派过程中所起的作用和所占据的位置。她认为，"古为今用，洋为中用"的两个"用"字意义不同，第一个"用"是继承，继承本民族博大精深的东西，第二个"用"是借鉴，借鉴外国优秀音乐元素、经验。声乐表演和教学不应该有狭隘的民族概念，艺术的最高境界是真善美，"歌声是要唱进大家的心里去，这才是音乐的目的"。她借鉴中国传统声乐技法，根据中国语言的声韵特点，创造性地解决了用美声唱法演唱中国歌曲时普遍存在的发声、吐字和行腔之间的矛盾和问题。她的演唱吐字清晰，融情于声，声情并茂，形成了独具特色的演唱风格。她曾在中南海为毛主席演唱歌剧《小二黑结婚》中的那个著名唱段《清粼粼的水来蓝蓝莹莹的天》，也曾以一首怀念周总理的歌曲《敬爱的周总理》，令世界著名指挥家小泽征尔泪流满面。小泽征尔后来在接受香港《大公报》采访时激动地说："这位女高音的独唱，与其说是追悼一位政府高级官员，毋宁说是比丧失了自己的父亲还要悲恸……郭淑珍的表现力在中国音乐家中达到了最高的水平。"①

而让国人最为熟知、甚至影响了整整一代人的，则是她演唱的《黄河大合唱》中的那首著名唱段《黄河怨》。那是"文革"末期的1975年，为纪念聂耳逝世40周年、冼星海逝世30周年，中央乐团复排《黄河大合唱》（在民族文化宫、首都体育馆、北京展览馆等场馆演出）。当郭淑珍接到邀请其演唱《黄河怨》的通知时，正和中央音乐学院师生一起在京郊昌平"开门办学"。因"文革"影响，业务受到冲击，多年不唱歌了，她对自己没有信心，整整三天都睡不好觉。当她把心里的忐忑和焦虑告诉中央音乐学院的老院长赵沨时，赵院长建议她去听一位美国著名歌手的演唱，意在提醒她把注意力都放到歌曲的感情上，有了真情实感，演唱自然就会打动人心。郭淑珍曾经亲身经历过抗日战争，对那个时代有着深切的感受。当严良堃在重庆指挥"孩子剧社"公演《黄河大合唱》时（1940年），作为爱国青年，在天津上中学的郭淑珍也喜欢上了其中的《黄水谣》《黄河怨》等歌曲。公派赴苏联学习期间，苏联音乐家用俄语演唱的完整版《黄河大合唱》曾经给她留下深刻印象。1957年，她参加第六届世界青年与学生联欢节古典歌曲演唱比赛，其中的一首参赛曲目就

---

① 《小泽征尔谈中国乐坛》，载香港《大公报》1977年1月21日。

是《黄河怨》，最终她获得比赛第一名和金质奖章，这也是中国歌唱家在国际声乐比赛中夺取的第一枚金质奖章（1955 年在第五届比赛中她曾获得三等奖）。同年，她和指挥家李德伦一起，受邀与苏联国家交响乐团、苏联国家合唱团合作，演出了完整版的《黄河大合唱》。但是那个时候她对作品的理解还不是很深入。为了能够像赵院长所说的那样充分理解歌曲所反映的思想内涵，让真挚的情感打动观众，郭淑珍从几个方面做足了功课：她认真阅读冼星海《黄河大合唱》的创作札记，回想自己小时候遭遇日本鬼子轰炸的情景，把歌词一句一句像过电影一样在脑子里放；她还借鉴了俄罗斯民歌中用轻声表现俄罗斯妇女内心痛苦的演唱手法和现代京剧《智取威虎山》中李勇奇母亲哭诉家史时的表达方式。正是这种强烈而真诚的情感，再加上她那纯美而富有穿透力的声音、清晰的吐字和对气息良好的控制，使这首凄美悲切、如泣如诉的哀歌，感动了成千上万的中国人。郭淑珍后来回忆说，彩排那天当她在舞台上唱完这首歌时，发现自己的手都是冰凉的。演出后指挥李德伦对她说："你把我唱哭了。"其实，现场被这首歌深深打动的不仅是李德伦，作为当年《黄河大合唱》复排演出的舞台监督，中国实验歌剧院副院长金纪广回忆起那个令人难忘的历史瞬间依然激动万分：那时大家的心情都十分压抑，当身穿藏蓝色演出服、像雕塑一样站在舞台上的郭淑珍，用凄婉而悲怨的声音唱出"风啊"的时候，我的眼泪唰地一下就掉了下来。而当歌曲结束时，我发现台下很多人也都和我一样潸然泪下。"这天籁般的歌声和发自肺腑的真挚情感，真的是让大家久违了。"

之后的 1977 年，郭淑珍又随中国艺术家代表团访问联邦德国，与钢琴家刘诗昆合作演出钢琴伴奏版《黄河怨》；1985 年，她受邀与小提琴演奏家、指挥家林克汉合作，在香港荃湾大会堂演出千人合唱版《黄河大合唱》，在当地引起极大的轰动。2015 年，为了纪念中国人民抗日战争暨世界反法西斯胜利 70 周年，郭淑珍向学院领导提出在国家大剧院举办以"铭记历史珍爱和平"为主题的专场音乐会，演唱《黄河大合唱》。从提议到演出不到半年的时间，她带领声乐歌剧系和管弦系的 350 多名学生加班加点进行排练。为了能够让"90后"的年轻学生真正理解这部恢宏的音乐史诗，她和他们一起看抗战电影，阅读历史文献，甚至把自己的老搭档、著名指挥家严良堃请来指导排练。8 月 26 日晚，当一袭银灰色晚装的郭淑珍携手身着黑色演出礼服的严良堃走上国家大剧院的舞台时，全场观众无不为两位年龄相达 180 岁的白发艺术家用生命礼赞"黄河"的壮举所感动。郭淑珍细腻而用情的演唱沁人肺腑，那凄婉而悲怨的歌声，充溢了整个音乐厅，也浸润着观众们的心田。这一幕，距离 1975 年的那次复排《黄河大合唱》恰好 40 年。

妙手回春的声乐良师

郭淑珍的前半生，可以用歌声飘四海来形容，而她却归功于时代的造就。后半生，她把工作重心逐渐转向声乐教学，用艺术实践经验和舞台积累铺满七尺讲台。无论是歌唱还是教学，她对待艺术的态度始终如一，那就是真诚、严谨与执着。

俗话说艺高人胆大，郭淑珍凭借自己丰富的舞台实践和教学经验，凭着相信科学的勇气和对艺术的执着精神，曾做出了许多在声乐教育界引起轰动的事情。

著名歌唱家吴碧霞原本是中国音乐学院的一名民族声乐专业学生，年纪轻轻即已蜚声歌坛。她在攻读硕士学位时（1998 年），该院院长、著名声乐教育家金铁霖教授希望她能够接受一些美声训练，并为她聘请郭淑珍教授担任硕士导师。郭淑珍经过对其嗓音条件的考查、分析，凭借自己多年的执教经验，从她的具体情况出发，采用美声的技术、方法施以教学。在郭老师的精心调教下，吴碧霞学习美声唱法不到两年，就在第一届"中国国际声乐比赛"中夺冠并获得"最佳中国作品演奏奖"（2000 年），之后又连续在第八届西班牙比尔巴厄国际声乐比赛（2000 年，第一名）、第四届波兰玛纽什卡国际声乐比赛（2001 年，第二名）和第十二届柴科夫斯基国际音乐比赛（2002 年，声乐组别银奖）等一系列国际声乐比赛中取得骄人的成绩。如今她已成为中国音乐学院声乐系教授。

郭淑珍的另一个传奇故事是为后来成为美国大都会歌剧院的签约演员邓韵改声部。20 世纪 70 年代初，广州军区歌舞团独唱演员邓韵以一曲花腔女高音《毛主席关心咱山里人》而小有名气，但是赞美之声并不能医治她心中难言的痛苦，她唱了多年的女高音，越唱越吃力，患了严重的职业病——双侧声带小结，每演完一次都要休息两天才能再唱。她曾一度失去歌唱的信心，多次打报告请求改行。后来单位派她到北京拜师以解决演唱中的问题，几经周折她最终找到郭淑珍。郭老师起先并没有答应，因为她觉得邓韵已是一名较为成熟的歌唱演员，如若让她重新调整自己的演唱方法，不知她是否能够适应，也不知最后的效果会怎样。

面对郭淑珍的顾虑和犹豫，邓韵软磨硬泡地坚持了很长时间，直到郭老师把她收入门下。经过对邓韵的观察，郭淑珍坦率地给她指出："你的声音条件不错，但不会唱，发声有问题。"郭老师首先纠正邓韵的演唱方法，对她施以科学的发声训练。半年后，邓韵的喉门打开了，呼吸通顺了，共鸣位置找到了，声音宽厚了，歌唱起来不再痛苦了，显示出自己的声音本质。根据听觉经验，郭老师判断她应是女中音而不是之前一直唱的女高音，于是便带她去做嗓音医学检查，检查结果表明，邓韵的声带结构确实属于女中音。因此，郭老师建议她改声部。这一举措在当时的声乐界引起不小震惊，很多人都认为不可思议。郭淑珍在恩师著名声乐教育家沈湘教授的支持下，顶住舆论的压力，继续对邓韵进行艰苦的训练。邓韵也克服了生理和心理的障碍，与老师密切合作。经过技术上的重新改造，当邓韵以女中音的身份重新登台演唱时，面貌焕然一新。她惊喜地感到自己的歌唱更加自如了，音色有了光泽，音域也明显增宽。而这种鲜明的变化，也令众人惊叹不已。邓韵逢人便说："是郭老师给了我第二次艺术生命，她不愧是一位妙手回春的声乐良师。"

一般来讲，在声乐教学中教师比较偏重于感觉和经验，习惯于以自己的听觉判断学生的演唱，而学生则凭着自己的感觉和爱好歌唱。这就很容易引起声部的误判。郭淑珍认为声乐表演也是一门科学，她一改以往声乐教学片面强调听觉经验的弊端，将声乐教学与艺术嗓音医学相结合，使声部确定这一关系教学成败、关系到演唱者艺术生命的关键问题得到较好解决。在郭淑珍的学生中还有多人改声部成功了，"声部判断及其训练"这一教学成果曾在1997年被教育部评为全国优秀教学成果一等奖。

中西结合、因材施教，不拘一格降人才，是郭淑珍在教学上不断取得丰硕成果的重要原因。她重视基础训练，注重对学生性格、气质的培养，帮助学生建立正确的歌唱方法并养成健康的歌唱心理。同时她还充分发挥学生个人的潜力，重视教学的针对性和有效性。她常常身体力行，言传身教，以自己对艺术的全心投入感染学生，启发学生用"脑"学习，用"心"歌唱，用"情"动人。

现已留母校任教的青年男高音歌唱家谢天也是郭淑珍的爱徒，刚入郭老师门下的时候，由于嗓音条件和心理素质等原因，一到高音就发怵，找各种借口停下来不敢唱。他对高音的胆怯没有逃过郭老师的法眼，但郭老师从来没有责怪过他，而是让他自己去摸索，去感受。

直到有一天，谢天终于突破了那个高音，郭老师也非常激动，握着他的手说："你知道吗？
为了这个音我等了 4 年，我相信我的学生能唱上去。"听到这番话，谢天的眼泪夺眶而出。
都说郭老师严厉，但是这份严厉是被爱包裹的。学生们不无感慨地表示："郭老师是在用心
血浇灌我们。"

　　从教半个多世纪，郭淑珍培养了方初善、邓韵、温燕清、张立萍、王秀芬、韩芝萍、潘
淑珍、郑莉、王静、幺红、孙砾等一大批享誉海内外的优秀歌唱家。而她早期的学生孟玲，
也已成为解放军艺术学院的声乐教授，其门下的刘和刚、王宏伟亦为观众们所喜爱。

浓得化不开的歌剧情结

　　翻开郭淑珍的荣誉簿，一个个光荣的称号和奖项令人赞叹：1989 年获首届国家金唱片奖；
1996 年获宝钢教育基金全国优秀教师特等奖；2004 年被评为全国模范教师；2007 年被中国
音协授予"金钟奖"终身成就奖，获得全国百名英才教育十大英才称号；2009 年获得全国
高等教育名师称号；2012 年获得北京市人民教师称号……然而已是古稀之年的郭淑珍并没
有躺在荣誉簿上，她要把自己早年的歌剧之梦托付给年轻一代。

　　早年在苏联留学时，郭淑珍曾成功主演柴科夫斯基的《叶甫盖尼·奥涅金》和普契尼的《绣
花女》等著名歌剧，这让她有了一个浓得化不开的歌剧情结。她认为，歌剧是一门综合艺术，
最能体现一个国家的艺术实力。随着经济的发展和国家文化大发展大繁荣战略的提出，各地
都在建大剧院，却鲜有好的歌剧演出。原因很多，其中最重要的一点就是歌剧表演人才的缺乏。
歌剧演员不仅要有唱功，还要会肢体语言和舞台形象的塑造，同时更要具有丰富的文化修养。
优秀歌剧演员的稀缺可以说是一个世界性的问题，而歌剧人才的培养单靠课堂教学是远远不
够的，他们还需要一定的舞台实践。排演歌剧需要大量的人力、物力、财力和时间的保障，
音乐学院是教学单位，有些条件还不具备。但郭淑珍的性格是，只要认定的事情就一定要坚
持做下去。2004 年她创建了中央音乐学院歌剧中心，希望通过自己的努力，为学生们搭建
一个艺术实践的平台。迄今该中心已成功用原文排演了《蒂托的仁慈》《茶花女》《魔笛》《蝴
蝶夫人》《叶甫盖尼·奥涅金》《阿依达》《伊奥兰塔公主》等 7 部歌剧。剧组在北京、上海、
广州、福州、深圳、宁波、武汉等国内多个城市的著名剧院演出，受到业内人士和广大观众

的好评。其中《叶甫盖尼·奥涅金》曾于2010年赴俄罗斯参加在莫斯科举办的中俄"汉语年"活动，并在文化部举办的首届中国歌剧节（2011年）上获得包括演出奖、优秀指挥奖（林涛）、优秀表演奖（柯绿娃、谢天）、表演奖（冯国栋）、特别奖（郭淑珍）6项大奖。《阿依达》也在第二届中国歌剧节上斩获多个奖项。

每次排演歌剧，郭淑珍都身兼多个角色，从对演员的声乐指导到舞台上的导演排戏，从与学院内部相关部门的工作协调到和演出剧场的合同签订，从海报、宣传册的制作到与合作单位的联系洽谈，她都亲力亲为，事无巨细。她做事的严谨和高规格，也感染着身边的每一个人。

也许是出生在六一儿童节，也许是大半生都与歌唱、与青年学生相伴，郭淑珍的心态一直都很年轻，会用手机上网、发微信。然而，年逾九旬的高龄还是让她有着时不我待的紧迫感："华龄未敢虚度，老年更应奋发"。在中央电视台《艺术人生》访谈节目中，主持人朱军请她的学生和同事用一种动物来形容郭淑珍，结果大家给出的答案出奇地一致——牛。大家都说她是"俯首甘为孺子牛"，而郭淑珍却笑着说自己是"不用扬鞭自奋蹄"。

原载《中华文化画报》2017年第5期

声情并茂　文质彬彬
——女歌唱家郭淑珍

何乾三

雏燕凌飞　茁壮成长

郭淑珍 1927 年 6 月 1 日生于天津一个小商人家庭，母亲会唱不少民歌、民谣，培养了郭淑珍这方面的兴趣。天津是个商业城市，早就成为著名的戏码头，各地方剧种和曲艺的名角纷纷到这里来演出。淑珍从小就喜欢听曲艺、梆子、京戏、评戏等等。

中学时期，淑珍用功读书，成绩总是名列前茅。同时又利用校内外一切学音乐的机会发展自己的志趣。天津基督教男、女青年会合唱团她都去参加，李洪宾、张肖虎等老师发现了她唱歌的才能，并为她打开了学习西洋音乐艺术的大门。1946 年中学毕业，次年她考取了国立北平艺专音乐系。声乐主科老师是美国女中音歌唱家珍妮·汉基夫人，她恰当地确定了郭淑珍所属的声部——女高音，并按照德国声乐学派的路子对她进行了严格的基本训练。这期间郭淑珍接触了不少西欧古典乐派的室内乐作品。汉基夫人离校以后，系主任赵梅伯博士接任郭淑珍的主科老师，使这位特别用功的学生获益匪浅。

1949 年秋，郭淑珍随北平艺专并入中央音乐学院，成为著名歌唱家沈湘教授的学生。这期间她较多地接触了意大利歌剧作品。无论从意大利语的发音到乐曲的表现等等，沈湘都给了她许多帮助和启发。

1950 年郭淑珍参加中央西南民族访问团赴云南少数民族地区边为群众演出，边采集民歌，为期一年半。她演唱曲目中有《翻身道情》《王二嫂过年》等民族色彩浓郁的歌曲，这是她在声乐民族化方面所进行的初步尝试。

1952 年郭淑珍毕业后留校任教。转年被国家选派为第一批留苏的调干学生。作为莫斯科音乐学院歌剧与音乐会演唱专业的学生，她全力投入了学习。郭淑珍的主科老师是苏联人民演员、莫斯科大剧院声乐艺术指导叶莲娜·克列缅契耶夫娜·卡杜里斯卡娅教授；歌剧表演教师是表演大师斯坦尼斯拉夫斯基的高足格·克里斯奇和木·梅里特采尔。郭淑珍在这里受到了极为严格、正规的"科班教育"。她对每门功课、每次艺术实践、每种声乐基本功和技巧训练都认真对待、一丝不苟，总是几十次、几百次地练习。老师连声称赞："中国学生这种精神真了不起！"即使"民歌"课要求用俄罗斯地方方言演唱，她也刻苦钻研，唱得连苏联同学都齐声叫好。由于郭淑珍的勤学巧练，进步很快，出色地掌握了作为一名优秀的歌唱演员所应具备的基本知识、技巧和艺术修养。

　　当她还是二、四年级学生时，先后参加了第五、六届世界青年与学生联欢节古典歌曲比赛，分别荣获三等奖和一等奖。著名意大利歌唱家迪托·斯蒂帕代表评委会向郭淑珍授予一等奖奖状和金质奖章时，由衷地祝贺这位年轻的歌唱家前程远大。

　　1958 年郭淑珍上 5 年级时，著名的斯坦尼斯拉夫斯基音乐剧院和乌克兰里沃夫市大剧院先后邀请她担任世界著名歌剧《叶甫盖尼·奥涅金》中的女主角塔姬雅娜和《绣花女》中的女主角咪咪。她出色地创造了这两个角色，赢得了高度的赞扬。

　　1958 年 11 月 1 日，郭淑珍毕业于莫斯科国立柴科夫斯基音乐学院声乐系，获优等生毕业证书，并被授予歌剧和音乐会优秀 (技艺纯熟的) 演唱家称号。由国家考试委员会主席、苏联人民演员、男高音歌唱家哈那耶夫提议推荐并得到考试委员会全体成员通过，将郭淑珍的名字镌刻在莫斯科音乐学院的金榜上。迄今为止，郭淑珍是唯一得到这种殊荣的中国音乐家。

　　毕业后，郭淑珍应苏联文化部的聘请，到外省歌剧院演出上述两部歌剧，获得很大成功。在此之前，这两部歌剧已在音乐学院歌剧馆各演出过数十场，均受到热烈欢迎。

　　1959 年郭淑珍学成归国，到中央实验歌剧院当演员，同对，在中央音乐学院任教至今。

　　30 多年来，郭淑珍的演唱活动非常频繁，除"文革"中被迫停止演唱 10 年外，她一直活跃在国内外舞台上，用中、俄、德、英、意等多种语言演唱歌剧选曲和艺术歌曲，曲目非常广泛。1962 年在中央实验歌剧院公演的歌剧《叶甫盖尼·奥涅金》中，她再次担任女主角。她多次在各大城市举行个人独唱音乐会，也曾到农村为农民举行过专场音乐会。她曾因数次出色地完成为来华访问的外国国家元首的演出而受到周总理的赞扬。她还曾为电影《怒吼吧！黄河》《艰苦的历程》录配插曲。这些年间，她曾经随中国艺术团、中国青年音乐家代表团等先后出访过苏联、联邦德国、瑞士、奥地利、波兰、美国、加拿大、古巴、委内瑞拉、哥伦比亚、朝鲜、菲律宾，中国香港和澳门等地。她的优美深情的歌声受到各国人民的高度赞扬，她用原文演唱的各国民间歌曲，给当地听众留下了深刻的印象。

　　莫斯科广播电台曾多次录制郭淑珍演唱的西欧及俄罗斯作曲家的声乐作品，并对外作专题介绍。我国中央人民广播电台和国际广播电台也经常播放她演唱的歌曲，1979 年并以"歌唱家的 30 年"为题，专门介绍了她的歌唱生涯。中国唱片社先后录制了她演唱的唱片 9 张(与其他音乐家合录的不计算在内）。1989 年全国首届"金唱片奖"评选中，她演唱的外国歌剧选曲荣获"金唱片奖"。

郭淑珍 1955 年加入中国音乐家协会，历任第三、四届常务理事及表演艺术委员会副主任。1978 ～ 1986 年，她担任中央音乐学院声乐系副主任，并任声乐教研室主任至今。

音随意转　情随音出

郭淑珍天生一副好嗓子，具有良好的音乐感，思维敏捷，记忆力强，想象力丰富，音乐素质很好。但仅有这些还不足以成为歌唱家，还必须具有很高的音乐审美能力和正确的创作思想。郭淑珍从学音乐起就受到唱声为唱情的教育，特别是在苏联学习的 5 年中，深受俄罗斯声乐学派美学观念的熏陶。通过自己的艺术实践，她选择的是既要忠于原作，又要充分发挥表演者的创造性，赋予乐曲以新的光彩的道路。那就是真实性与创造性相结合的道路，也是许多伟大的艺术家已经证实是正确的道路。她说："美在于能够充分表达作品的内容，合乎情理，合乎当时时代的要求，同时又要在今天的条件下把它们完美地表现出来。"

无论是演歌剧还是艺术歌曲，郭淑珍都要下苦功夫，从内容到形式，从人物内心情感到性格特征，从历史文化背景到今天时代的要求，她都要尽可能深入、细致地分析、理解和体验，并依据作品所处时代和风格的不同，采取不同的演唱表现方式进行艺术处理，力求完美地把乐曲所蕴含的情感内涵和精神实质表现出来。

50 年代，为了塑造塔姬雅娜的形象，郭淑珍阅读了大量中文和俄文的普希金的作品以及同时代的其他文学家和评论家的著作；她多次漫步在莫斯科和列宁格勒著名的画廊和博物馆，在列宾和弗路别里等大师们的绘画前流连忘返；她追溯自幼熟悉的中国民间文艺中动人的妇女形象；她细心体察和揣摩俄罗斯少女追求爱情的复杂的心理体验等等。她首先在自己心灵中找到了与塔姬雅娜的情感相撞击而又相契合的点，并用自己的歌声和举止反复实践、反复检验，直到将一个天真、纯洁、富于幻想并在内心充满激情的俄罗斯少女的形象活生生地在歌剧舞台上树立起来。

以撰写夏里亚宾传记而著名的评论家格罗绍娃曾在《真理报》上评论说："郭淑珍扮

演的塔姬雅娜正是普希金和柴科夫斯基式的女主人公。"①之后，又在《女工》杂志上对郭淑珍的成功表演作了细致的描绘，给予了高度的评价。

郭淑珍沿着情感与理智相结合的创作道路，执着地追求她的艺术理想，但是要达到"理想"的艺术是不容易的。

几十年前，还在郭淑珍当学生的时候，就演唱过《黄河怨》，声音非常漂亮，反映不错，但她自己总不满足。"文革"之后的 1975 年，音乐界决定重新演出聂耳、冼星海作品。郭淑珍兴奋地接到参加选拔的通知。预选时她希望能把《黄河怨》唱出新意来，但如何表现，心中无数，与此同时她更担心自己的声音。当时赵沨同志一句话，别人可能不在意，却牵动了她的心。赵沨同志说："我有一张唱片，法国人唱的歌曲，声音一般，但充满了感情。"正在苦苦追索如何表现歌曲感情的郭淑珍听此话后，彻夜未眠，反复琢磨怎样才能把《黄河怨》愤怒而悲痛的情绪表现出来。她回忆起抗日战争时期中国人民所经受的苦难，自己在家乡沦陷以后的所见所闻……她重温冼星海在创作札记中所说的："《黄河怨》代表被压迫的声音，被侮辱的声音，音调是悲惨的，是含着眼泪唱的一首悲歌。假如唱的人没有这种情感，听众必然没有同感的反应。"郭淑珍的心扉被打开了，她反复吟诵："宝贝啊，你死得这样惨……命啊，这样苦……"突然她想起了现代京剧《智取威虎山》中，李勇奇的母亲哭媳妇的场面，李妈妈用颤抖的声音喊了一声"媳……妇……"想到这里，郭淑珍不禁打了一个寒噤。

正式选拔，郭淑珍唱完后，只感到全身麻木，台下一片寂静……一位多次听过《黄河大合唱》的老音乐家由衷地赞叹道："太好了！"郭淑珍这才意识到刚才自己唱的时候，的确很动情。她也看见评委、著名指挥家李德伦正在擦眼泪。郭淑珍在这里巧妙地使用了气声、弱声和颤音，并通过在音色、音量、力度上的细致变化，把这首悲歌唱得情真意切，如泣如诉，感情的波澜层层地推进，高潮之处，令人潸然泪下。一位评论家说她"用歌声描绘出一幅民族灾难的图画，用歌声塑造了被压迫、被侮辱的妇女的典型。"②而在技巧上她也

① E.格罗绍娃《中国女歌唱家的成功》，载苏联《真理报》1958 年 7 月 28 日。

② 周扬《情深意亦深——听著名歌唱家郭淑珍唱〈黄河怨〉》，载《文化广场》1980 年第 11 期。

达到了炉火纯青的地步。郭淑珍演唱《黄河怨》几十年，这次终于找到了最恰当的表现手段，达到公认的最高水平。

歌唱艺术要求演唱者具有高超的技巧，技巧应当服务于艺术表现，而艺术表现要借助于技巧，二者的对立统一是音乐表演艺术中的重要美学原则之一。郭淑珍深知其中的奥秘，通过长期刻苦的学习和艺术实践，她在各方面都达到很高的水平。

呼吸是唱歌的基础，气息控制的好坏直接影响艺术表现。郭淑珍正确而熟练地掌握了控制呼吸的方法，她气息宽广、流畅、上下贯通，为各声区音色、力度、音量的变换提供了众多的可能性，从而使她的声音具有高度的灵活性与适应性。正因为如此，她能够根据艺术表现的需要，在各种层次上作细致的对比与变化。

共鸣位置稳定、声音富有穿透力，声区转换自然、流畅是郭淑珍技巧娴熟的标志。她的低音丰满、中音厚实、高音明亮，音色圆润，近听不噪，远听不虚，特别是高声区的轻声演唱更是充满魅力，听众可以在音乐厅的最后一排清楚地听到那优美、轻远而富有弹性的声音。

郭淑珍既能把《月亮颂》唱得抒情、典雅而富于灵气；又能把《珠宝之歌》唱得清脆、华丽，令人陶醉；而在莫斯科交响乐团伴奏下演唱的《库玛咏叹调》又如此充满激情，绘声绘色，把戏剧女高音的特点表现得淋漓尽致。当她唱抒情小品如鲁宾斯坦的《夜》和拉赫玛尼诺夫的《在我窗前》《丁香花》等歌曲时，又是那样音中有画、画中有诗，余音袅袅，耐人寻味。

音乐是人类一种共通的语言。唱歌作为一门群众性最强的艺术，在音乐民族化的要求面前，首先要解决的是如何运用西洋美声唱法来演唱中国歌曲。郭淑珍对我国民间音乐并不陌生，她对有关音乐民族化的倡导以及"洋为中用"的方针，欣然接受，并热情地进行了探索。

注意观察生活中人们所使用的语言、语调、语气等的表现意义，已成为郭淑珍向生活学习的一个重要部分。她主张向民间艺人学习，不仅学如何咬字，更重要的是学习他们如何表现情感。

郭淑珍不同意以演唱方法来划定曲目，认为最地道的民歌也能用美声唱法来演唱。她说：

"美的标准不在于采用什么样的形式，而在于把内容表现出来。演唱方法主要是一种生理机制，它虽然包括一定的审美习惯在内，但用它来概括某一种民族的声乐文化是过于狭隘的。"[①]她主张通过各种科学的唱法把中国作品中的内在意蕴揭示出来，用它来打动听众。

郭淑珍的保留节目中，中国歌曲的曲目很丰富。她演唱的古今诗词歌曲如《蝶恋花》《八十书怀》《鬲溪梅令》《阳关三叠》等，格调清新，气韵生动，赋予欣赏者以广阔的艺术想象的空间；而演唱《我站在铁索桥上》《红旗在蓝天下飘扬》《十月里响起一声春雷》等时，则声音明亮、豪情满怀，阳刚之气，催人奋发。其它像《玫瑰三愿》《塞外村女》《康定情歌》《洪湖水浪打浪》《玛依拉》等歌曲，由郭淑珍演唱起来，则优美抒情，委婉动人，另是一番情趣和风味。她唱的《岩口滴水》曾于1959年国际比赛中获奖。

演唱中国歌曲取得如此巨大的成就不是偶然的，郭淑珍是一位勤于思考、善于分析的歌唱家，她认为研究中国作品是搞好演唱和教学的基础。每唱一首歌，她要求经过研究—理解—艺术处理的过程，她强调没有研究就没有表演的艺术性可言。所谓研究不是纯理论性的，而是要落实到具体的歌词、旋律、和声、结构上，要找出它们的内在旨意和逻辑关系。她认为休止符和呼吸的"气口"都是音乐的组成部分，都有各自的表现意义，都应当根据上下文作适当的艺术处理。至于演唱者的眼神、姿态、面部表情和动作，也都应当为艺术表现服务。

其次，由于东西方语言的差异，运用美声唱法演唱中国歌曲要面临许多问题，单就"字正腔圆"来说，就不是一蹴而就的。正如一位评论家所说："西洋唱法是打开喉咙，这样我国语言的特点所在的某些声母音（字头），如舌齿音、翘舌音等，复合韵母及前、后鼻音等的字音，便不容易把音序的层次交代得清楚。中国字又是有声调的，除旋律音阶外，歌者非得把每一个字的前置音的导向细致设计，否则就很难把字音'吐'得准确清楚，说到运腔圆滑，可是更高深的技巧了……"[②]但是听了郭淑珍演唱中国歌曲以后，他兴奋地写道："她已经在非常高级的程度上，并且有创造地解决了发声与吐字、行腔之间的矛盾。"郭

① 王次炤《郭淑珍中国作品演唱和教学述评》，载《中央音乐学院学报》1989年第2期。

② 黄颂武《声乐艺术的"洋为中用"——郭淑珍演唱听后》，载香港《新晚报》1978年8月24日。

淑珍的演唱"雄辩地证明西洋唱法通过民族化（主要是从声情、声腔、声字三个方面）的实践，完全可以为我国声乐艺术服务，成为百花齐放的一朵鲜花"。

富于个性是艺术表演家技艺成熟的标志。郭淑珍深入系统地学习并掌握了俄罗斯声乐学派的方法和风格特征，但她没有停留在这一点上，经过数十年的艺术实践，她不仅积累了丰富的经验，而且早已形成了自己独特的风格。人们说她的歌唱优雅中热情洋溢，雄浑中委婉细密，复杂中见单纯，纯朴中寓华美。真可谓音随意转，情随音出，声情并茂，文质彬彬。

这些特点在郭淑珍所演唱的各种歌曲中都能以不同的面貌体现出来，比如她演唱的几首缅怀周总理的歌曲，那真挚而深邃的情感，真是拨动了千万人的心弦。世界著名指挥家小泽征尔听了她的演唱后感动得泪流满面。他说："这位女高音的独唱表演，与其说是追悼一位政府的高级人员，毋宁说是比丧失了自己的父亲还要悲恸……郭淑珍的表现力在音乐家中达到了最高水平。"①

郭淑珍的演唱极富分寸感，她的歌声含蓄细致，有时到了令人惊异的地步，比如《黄河怨》的第一句："风啊，你不要叫喊；云啊，你不要躲闪；黄河啊……"她竟从"ppp"的最弱声开始，以均匀而稳步增长的气息、音量和音色上的控制，持续在 11 个小节中唱出渐强的效果，从而逐渐地把听众引入了一种凄苦而不安的期待之中。

郭淑珍的演唱极富层次感，往往以音色、音量、力度等方面细致入微的变化，多层次地表现或描绘歌曲的情绪和意蕴。而层次之间的转换又天衣无缝，给听众的印象是完美如一的。前不久，一位上海听众在文章中回味 30 年前听郭淑珍演唱的情景："她的歌声，像一支彩色的画笔，一笔一笔勾勒出一位纯情的日本少女的形象，精细之处，毫发毕现。她的回忆，她的回忆中的痛苦，她在痛苦中的企望，她在企望中想象着欢快，这欢快支持着她的期待，而期待又转化为回忆……这一切极美妙、极深沉、极细腻、极醇厚的感情，都是从乐曲和歌声中描绘出来，使人赞叹，不，来不及赞叹。"②

---

① 《小泽征尔谈中国乐坛》，载香港《大公报》1977 年 1 月 24 日。
② 商友敬《晴朗的一天》，载《新民晚报》1991 年 6 月 3 日。

精心培育　桃李芬芳

郭淑珍不仅是一位才华横溢、技艺高超的歌唱家，还是一位卓越的声乐教育家。30多年来，她先后教过100多名中外学生，如：邓韵、郭燕愉、温燕青、魏晶、方初善、王秀芬、周亨芳、韩芝萍、杨瑞琦、张立萍、郑力等等。

1982年，郭淑珍作为教练，带领胡晓平、温燕青赴匈牙利参加国际声乐比赛，胡晓平获一等奖，温燕青获特别奖；1986年，她又作为教练，带领于吉星、龚东健、张风宜赴莫斯科参加第八届柴科夫斯基国际声乐比赛，于吉星获四等奖，张风宜获特别奖。1988年，郭淑珍本人获全国艺术院校艺术歌曲演唱比赛指导教师奖。她的教学有以下特点：

1．帮助学生树立坚强的事业心，培养坚韧不拔的精神

她说："唱歌与歌唱艺术是不同的两回事。既然要把唱歌当成事业来干，那么，坚定不移的事业心和坚持不懈的努力就是首要的。艺术上来不得半点虚伪，认真严肃的精神才是最可贵的。"

2．要求学生养成健康的歌唱心理与良好的演员素质

由于唱歌这种艺术创造行为与人们身心的关系最为密切，演唱者是否具有健康的心理状态，直接影响他们的发声、呼吸、运腔和艺术表现。在课堂上，她不仅示范演唱，并且时刻都在有针对性地解除学生的心理负担，指给他们正确地克服困难的途径，树立他们的信心。不仅如此，她还注意对学生从性格、气质、修养上的培养。学生们深切地体会到："郭老师是在用心血浇灌我们。"他亲昵而诙谐地说："郭老师是我们的'铁'老师。"

3．因材施教，充分发挥学生的潜力

声乐教学中，判断学生的声部是因材施教的关键。她每接受一名学生，决不先入为主。总是仔细研究学生的声音情况，以便准确地判断他们的声部。比如：邓韵原来唱了多年女高音，并在南方出了名。但她越唱越吃力，嗓子常出毛病。1978年拜她为师后，郭淑珍经过几个月的观察分析，果断地决定邓韵由女高音改为女中音，并加强了基本训练。邓韵如今在艺术上的成就，充分证明声部的准确判断的确是声乐教学中不可掉以轻心的问题。学生声部确定以后，她便进一步根据学生的具体情况拟定教学计划，并不断修订。即使学生到了五年级，她仍然不断地调整教学方案，千方百计挖掘学生的潜力。

4. 基础第一，艺无止境

郭淑珍总是强调学声乐打基础最重要，基础好坏影响学生的发展，何况"艺高人胆大"。要培养学生健康的表演心理，如没有坚实的基本功，学生也难于真正克服紧张感。一、二年级是打基础最重要的时期，她总是引导学生循序渐进地学习和掌握唱歌所需要的基本技巧。

在教学中，郭淑珍特别强调学生要用心学，坚决反对那种扯开嗓子不动脑筋地"唱"。她要求学生主动通过自己的感觉和体验，去觉察自己内在的生理和心理运动的状态，领会所学技巧和艺术表现的要领，而不要盲目地模仿老师。

不言而喻，郭淑珍在教给学生技巧的同时也在引导他们走正确的艺术创造的道路，培养他们艺术上精益求精、不断进取的精神。

郭淑珍始终坚持在教学与演出的第一线，雄风不减当年，她的信念是："要对得起事业，对得起人民，对得起自己，把自己的东西贡献出来，就是最大的幸福。"

原载《中国近现代音乐家传（第四卷）》

（向延生主编，春风文艺出版社，1994 年出版）

郭淑珍培养的学生及所获奖项

郭淑珍从事声乐教育几十年来，培养了数百名中、外学生，其中不乏在国内外乐坛大放异彩。

邓韵、张立萍、温燕青、郭燕愉、吴碧霞、幺红、王秀芬、方初善、孟玲、韩芝萍、潘淑珍、[泰]莎妮、周享芳、杨瑞琦、魏晶、郑莉、宋祖英、王静、林晶、郑绪岚、孙媛媛、李国玲、王燕、冯国栋、陈亚洲、柯绿娃、吴艳彧、谢天、王宏尧、孙砾、王瑾、关月英、陶英、邓于蓉、贾春雷、方新、付慧勤、傅红、黄楠、金顺爱、刘小丽、李志琼、陆薇、宿慧、郑力、张璋、潘凌云、李媛、王辰、吴霜、谭美兰、郭小先、平慧玲、许晶、黄静、王向红、李广先、于敏、赵劲松、薛红萍、叶曲凌、张黎红、仓传得、刘五红、张暴默、余庆海、张晓明、石垒、刘嵩虎、刘晓菲、吴霖、潘小芬、刘玉梅、祁苓、翟小茹、常恩特、王静莹、金久谐、李红梅、章广阔、温牧雅、李晶晶、王欣等。

以下为郭淑珍部分学生中外声乐比赛获奖成绩：

温燕青（女高音），1982年获匈牙利布达佩斯第二届科达伊——艾凯尔国际歌剧比赛特别奖。1989年、1990年、1991年连续在圣地亚哥、大都会声乐比赛中获奖。

王秀芬（女高音），1985年获全国首届聂耳冼星海声乐作品演唱比赛一等奖，同年获法国图鲁斯第三十三届国际声乐比赛荣誉奖。

张立萍（女高音），1988年获全国艺术院校艺术歌曲演唱比赛二等奖，1992年获波士顿国际教师声乐比赛一等奖。

幺红（女高音），1993年获法国马赛第四届国际歌剧比赛第一名，1996年获文化部第一届全国声乐比赛美声组一等奖。

邓韵（女中音），著名旅美女中音歌唱家，第一位在美国纽约大都会担任主要角色的中国歌唱家，1995年评为美国十大杰出华人妇女。

潘淑珍（女高音），1995年获全国第二届聂耳冼星海声乐作品演唱比赛一等奖，1996年获文化部第一届全国声乐比赛美声组一等奖。

魏晶（女高音），1985年获法国图鲁斯第三十三届国际声乐比赛第四名。

夏蘅（女高音），1997年获比利时国际歌剧比赛优秀奖。

李国玲（女高音），1998年获波兰华沙第三届玛纽什科国际声乐比赛女声组第三名，

2005 年获意大利圣·玛格丽特国际声乐比赛第一名。

　　吴碧霞（抒情花腔女高音），2000 年获西班牙第八届毕尔巴鄂国际声乐比赛第一名，2001 年获波兰华沙第四届玛纽什科国际声乐比赛第二名，2002 年获莫斯科第十二届柴科夫斯基国际声乐比赛第二名，2000 年 11 月荣获第一届中国国际声乐比赛第一名、最佳中国作品演唱奖。

　　王燕（次女高音），2000 年获莫斯科德尔菲国际声乐比赛女声部第一名，2001 年获首届中国政府声乐大奖——金钟奖。

　　柯绿娃（女高音），2006 年获日本第二届长崎蝴蝶夫人国际声乐比赛第一名。

　　谢天（男高音），2007 年获第十三届柴科夫斯基国际声乐比赛荣誉奖。

　　吴艳彧（女高音），中国国际声乐比赛第一名，2003 年获波兰华沙第五届玛纽什科国际声乐比赛女声组优秀奖。